普通高等教育规划教材

低碳经济概论

李克国　主编

中国环境科学出版社·北京

图书在版编目（CIP）数据

低碳经济概论/李克国主编. —北京：中国环境科学出版社，2011.7

高等院校教材

ISBN 978-7-5111-0601-8

Ⅰ. ①低… Ⅱ. ①李… Ⅲ. ①气候变化—影响—经济发展—高等学校—教材 Ⅳ. ①F061.3

中国版本图书馆 CIP 数据核字（2011）第 106902 号

责任编辑 沈 建
责任校对 尹 芳
封面设计 玄石至上

出版发行 中国环境科学出版社
（100062 北京东城区广渠门内大街 16 号）
网 址：http://www.cesp.com.cn
联系电话：010-67112765（总编室）
发行热线：010-67125803，010-67113405（传真）
印 刷 北京东海印刷有限公司
经 销 各地新华书店
版 次 2011 年 7 月第 1 版
印 次 2011 年 7 月第 1 次印刷
开 本 787×960 1/16
印 张 13.75
字 数 255 千字
定 价 26.00 元

《低碳经济概论》编委会

主　编　李克国

副主编　赵忠宝　郝素琴　王　滢　杨　卓

李晓亮　陈光宇

编　委（按姓氏笔画排序）

王　滢　张瑞芳　李克国　李晓亮

杨　卓　陈光宇　赵忠宝　郝素琴

前 言

2003 年，英国政府在《我们能源的未来——创建低碳经济》能源白皮书中首次提出低碳经济的概念。低碳经济理念始于人类应对气候变化和能源安全，随着经济的发展，低碳经济的内涵也不断深入和拓展。目前，低碳经济已经被看做是应对气候和环境变化的必然选择，是经济转型的目标，是循环经济的体现，是绿色产业的前提，是生态文明的基础，是科技革命的核心，是持续发展的必然。

2010 年，中国的 GDP 总量已超过日本成为世界第二，二氧化碳排放也超过美国成为世界第一。这使得中国在不断增强国际影响力的同时，也成为国际社会关注的焦点。作为世界第二大经济体、全球最大出口贸易国、工业化和城市化进程最快的国家，中国的资源能源和环境是否能够满足经济增长的巨大需求，成为一大问题。因此，节能减排不仅来自国际的压力，更主要是出于中国自身发展的需要。中国的“十二五”规划将把绿色发展作为经济社会发展的基本原则，这将大大推进中国的节能减排与环境改善，为实现中国的对外承诺提供保障。

本书是为高等院校低碳经济教学而编写的。全书共 11 章，分别是低碳经济的产生与发展、低碳经济发展战略、低碳经济与制度创新、低碳经济与技术创新、碳计量、低碳经济评价体系、低碳产业、低碳城市建设、新能源产业、低碳生活、中国低碳经济案例分析。书后并列有附录。

本书由中国环境管理干部学院、东北大学秦皇岛分校、河北农业大学的教师李克国、郝素琴、赵忠宝、杨卓、王滢、陈光宇等共同编写。具体分工如下：第一章由李克国编写，第二章由王滢编写，第三章由陈光宇编写，第四章由李晓亮编写，第五章由赵忠宝编写，第六章由赵忠宝编写，第七章由赵忠宝、张瑞芳编写，第八章由杨卓、张瑞芳编写，第九章由王滢编写，第十章由郝素琴编写，第十一章由杨卓编写，附录由李克国、郝素琴编写。全书由李克国负责总体设计和统稿。

本书的编写和出版得到了中国环境管理干部学院领导和中国环境科学出版社领导的大力支持，特别是沈建同志的热情帮助，在此致以衷心的感谢。

由于本书写作时间较为仓促，加之我们水平有限，书中一定会存在一些错误。我们衷心希望有关专家、读者提出宝贵意见。

编　者

2011 年 5 月 12 日

目 录

第一章
低碳经济的产生与发展

引言 随着全球人口增长和经济发展，大气中温室气体随之不断增长，由此导致全球气候变化（主要表现为气温升高）。为了应对气候变化，人类进行了深入探索，“碳足迹”、“低碳经济”、“低碳技术”、“低碳发展”、“低碳生活方式”、“低碳社会”、“低碳城市”、“低碳世界”等一系列新概念应运而生。本章将介绍低碳经济的基本知识。

本章学习目标 通过本章学习，了解气候变化及其影响、应对全球气候变化的实践、经济发展与碳排放、低碳经济的理论基础、低碳经济发展误区、国内外低碳经济发展概况、发展低碳经济的意义等内容。

第一节 低碳经济产生的背景

一、全球气候变化

（一）气候变化

气候变化是指气候平均状态统计学意义上的巨大改变或者持续较长一段时间（典型的为10年或更长）的气候变动。《联合国气候变化框架公约》（UNFCCC）第一款中将“气候变化”定义为：“经过相当一段时间的观察，在自然气候变化之外由人类活动直接或间接地改变全球大气组成所导致的气候改变。”

1988年11月，世界气象组织（WMO）和联合国环境规划署（UNEP）联合建立了政府间气候变化专门委员会（IPCC），就气候变化问题进行科学评估。IPCC分别于1990年、1996年、2001年出版了三次气候变化评估报告。2001年IPCC第三次评估报告指出，1860—2000年全球平均气温上升了0.4～0.8℃（见图1-1），20世纪90年代是20世纪最暖的10年。有许多证据表明，过去50年观测到的全球增暖大部分归因于人类活动的影响。近百年来，许多观测资料表明，地球气候正经历一次以全球变暖为主要特征的显著变化，中国的气候变化趋势与全球的总趋势基本一致。2007 年政府间气候变化专门委员会全球气候变化研究第四次评估报告表明，气候变暖的原因除了自然因素影响以外，主要是归因于人类活动，特别是与人类活动中排放 CO_2 的程度密切相关。

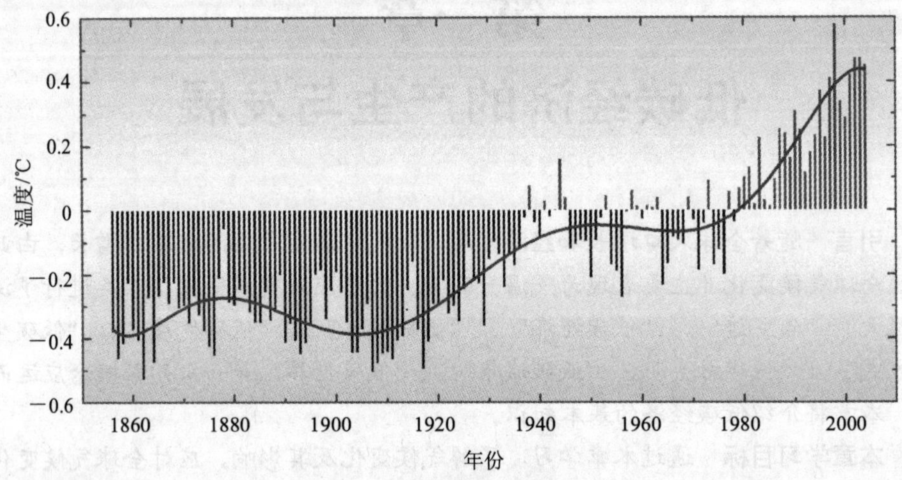

图 1-1　全球地表温度变化

我国近百年的气候也发生了明显变化：一是近百年来，中国年平均气温升高了 0.5～0.8℃，略高于同期全球增温平均值。二是近百年来，中国年均降水量变化趋势不显著，但区域降水变化波动较大。三是近 50 年来，华北和东北地区干旱趋重，长江中下游地区和东南地区洪涝加重。四是近 50 年来，中国沿海海平面年平均上升速率为 2.5 mm。五是中国山地冰川快速退缩，并有加速趋势。

中国未来的气候变暖趋势将进一步加剧，未来气温将继续升高（2020 年中国年平均气温将比 2000 年升高 1.3～2.1℃）、年平均降水量将呈增加趋势、境内的极端天气与气候事件发生的频率增加、干旱区范围可能扩大、沿海海平面仍将继续上升、青藏高原和天山冰川将加速退缩甚至消失。

（二）气候变化的影响

全球气候变化会导致冰川消融加快、海平面上升、热带雨林减少、部分动植物消失、极端天气更加频繁、气候难民增加等危害。《中国应对气候变化国家方案》将气候变化对中国的影响归纳为以下几方面：

（1）对农牧业的影响。粮食作物减产、农业生产布局和结构将出现变动、农业成本增加、潜在荒漠化趋势增大、家畜疾病的发病率提高。

（2）对生态系统的影响。森林类型的分布北移、森林生产力和产量呈现不同程度的增加、森林火灾及病虫害发生的频率和强度可能增高、内陆湖泊和湿地加速萎缩、冰川与冻土面积将加速减少、积雪量可能出现较大幅度减少、对物种多样性造成威胁。

（3）对水资源的影响。北方的宁夏、甘肃等部分省（区）多年平均径流量可能明显减少，水资源短缺矛盾可能加剧。南方的湖北、湖南等部分省份可能显著增加，由此可能增加中国洪涝和干旱灾害发生的概率。

（4）对海岸带的影响。沿岸海平面仍将继续上升，台风和风暴潮等自然灾害的概率增大，海岸侵蚀加重，滨海湿地、红树林和珊瑚礁等典型生态系统损害程度也将加大。

（5）对其他领域的影响。气候变化可能引起热浪频率和强度的增加，由极端高温事件引起的死亡人数和严重疾病将增加。气候变化可能增加疾病的发生和传播机会，增加心血管病、疟疾、登革热和中暑等疾病发生的程度和范围，危害人类健康。同时，气候变化伴随的极端天气气候事件及其引发的气象灾害的增多，对大中型工程项目建设的影响加大，气候变化也可能对自然和人文旅游资源、对某些区域的旅游安全等产生重大影响。另外由于全球变暖，也将加剧空调制冷电力消费的增长趋势，对保障电力供应带来更大的压力。

二、应对全球气候变化的实践

气候变化是国际社会普遍关心的重大全球性问题。气候变化既是环境问题，更是发展问题。为了应对气候变化，人类进行了不懈努力。1972 年 6 月 5 日至 16 日在瑞典首都斯德哥尔摩召开了联合国人类环境会议，这次会议第一次把环境问题提高到全球议事日程，开启了关于环境问题的国际性对话、合作和讨论，环境问题正式进入国际性事务。

1992 年 6 月 3 日至 14 日，联合国在巴西里约热内卢召开了联合国环境与发展会议，全球 183 个国家参加，有 102 位国家元首或首脑参加这次会议。在这次会议上，150 多个国家签署了《联合国气候变化框架公约》（以下简称《框架公约》）。这是世界上第一个为全面控制二氧化碳等温室气体排放、应对全球气候变暖给人类经济和社会带来不利影响的国际公约。《框架公约》的目标是减少温室气体排放，减少人为活动对气候系统的危害，减缓气候变化，增强生态系统对气候变化的适应性，确保粮食生产和经济可持续发展。公约确立了 5 个基本原则：一是“共同但有区别的责任”原则，要求发达国家应率先采取措施，应对气候变化；二是要考虑发展中国家的具体需要和国情；三是各缔约方应当采取必要措施，预测、防止和减少引起气候变化的因素；四是尊重各缔约方的可持续发展权；五是加强国际合作，应对气候变化的措施不能成为国际贸易的壁垒。

公约自 1994 年 3 月 1 日生效，缔约方每年召开会议，以评估应对气候变化的进展。

表 1-1 《联合国气候变化框架公约》缔约方 15 轮会议

时间	地点	主要成就
第一次会议 1995 年 3—4 月	德国 柏林	通过了《柏林授权书》，同意就 2000 年后应对气候变化的行动进行谈判，以期最迟于 1997 年签订一项协议书明确规定在一定期限内发达国家所应限制和减少的温室气体排放量
第二次会议 1996 年 7 月	瑞士 日内瓦	就“柏林授权”所涉及的“议定书”起草问题进行讨论，未获一致意见
第三次会议 1997 年 12 月 11 日	日本 京都	通过《京都议定书》，规定从 2008 年到 2012 年期间，工业发达国家的温室气体排放量要在 1990 年的基础上减少 5.2%，其中欧盟削减 8%，美国削减 7%，日本削减 6%。 《京都议定书》规定了“国家间进行排放额度‘排放权交易’、以‘净排放量’计算温室气体排放量、绿色开发机制和‘集团方式’完成减排任务”四种灵活的碳减排方式
第四次会议 1998 年 11 月	阿根廷 布宜诺斯艾利斯	一直以整体出现的发展中国家集团分化为 3 个集团，一是环境脆弱、易受气候变化影响，自身排放量很小的小岛国联盟（AOSIS），自愿承担减排目标；二是期待以清洁发展机制（CDM）获取外汇收入的国家，如墨西哥、巴西和最不发达的非洲国家；三是中国和印度，坚持本国发展权利，不承诺减排义务
第五次会议 1990 年 10—11 月	德国 波恩	通过了《框架公约》附件一所列缔约方国家信息通报编制指南、温室气体清单技术审查指南、全球气候观测系统报告编写指南，并就技术开发与转让、发展中国家及经济转型期国家的能力建设问题进行了协商
第六次会议 2000 年 11 月 2001 年 7 月	荷兰海牙 德国波恩	谈判形成了欧盟—美国—发展中大国（中、印）的三足之势，美国强制要求减少其排放额度，会议僵持不下。 美国布什政府退出《京都议定书》，日本与欧盟等联合通过了“没有美国参加的妥协方案”
第七次会议 2001 年 10 月	摩洛哥 马拉喀什	通过了马拉喀什协议文件。该协议为《京都议定书》附件一缔约方批准《京都议定书》并使其生效铺平了道路
第八次会议 2002 年 10 月	印度 德里	通过《德里宣言》，强调抑制气候变化必须在可持续发展的框架结构内进行，敦促工业化国家在 2012 年年底以前把温室气体的排放量在 1990 年的基础上减少 5.2%
第九次会议 2003 年 12 月	意大利 米兰	俄罗斯拒绝批准其议定书，致使该议定书不能生效；为了遏制气候变化，会议通过了约 20 条具有法律约束力的环保决议
第十次会议 2004 年 12 月	阿根廷 布宜诺斯艾利斯	围绕《联合国气候变化框架公约》生效 10 周年以来取得的成就和未来面临的挑战、气候变化带来的影响、温室气体减排政策以及技术转让、资金机制、能力建设等重要问题进行了讨论

时间	地点	主要成就
第十一次会议 2005 年 11 月	加拿大 蒙特利尔	最终达成了 40 多项重要决议。其中包括《京都议定书》第二阶段温室气体减排谈判，以进一步推动和强化各国的共同行动，切实遏制全球气候变暖的势头
第十二次会议 2006 年 11 月	肯尼亚 内罗毕	达成“内罗毕工作计划”等决定，以帮助发展中国家提高应对气候变化的能力；在管理“适应基金”的问题上取得一致，基金将用于支持发展中国家具体的适应气候变化活动
第十三次会议 2007 年 12 月	印度尼西亚 巴厘岛	会议通过了“巴厘岛路线图”，致力于在 2009 年年底前完成后京都时期全球应对气候变化新安排的谈判并签署协议。 “巴厘岛路线图”共有 13 项内容和 1 个附录。主要内容包括：（1）强调了国际合作。（2）把美国纳入进来。（3）强调了适应气候变化问题、技术开发和转让问题以及资金问题。（4）为下一步落实《框架公约》设定了时间表
第十四次会议 2008 年 12 月	波兰 波兹南	八国集团领导人就温室气体长期减排目标达成一致。八国寻求与其他缔约国共同实现到 2050 年将全球温室气体排放量减少至少一半的目标
第十五次会议 2009 年 12 月	丹麦 哥本哈根	与会国达成《哥本哈根议定》，维护了各国应对气候问题“共同但有区别的责任”原则，就发达国家实行强制减排和发展中国家采取自主减缓行动做出了安排，但这一协议并无强制约束力，低于此前各界对于此次会议的预期
第十五次会议 11—12 月	墨西哥 坎昆	一是坚持了《框架公约》、《议定书》和巴厘岛路线图，坚持了“共同但有区别的责任”原则；二是就适应、技术转让、资金和能力建设等发展中国家关心问题的谈判取得了不同程度的进展

资料来源：中国人民大学气候变化与低碳经济研究所. 低碳经济[M]. 北京：石油工业出版社，2010.

第二节 低碳经济的产生与发展

一、经济发展与碳排放

碳排放量增加是气候变化的主要根源，碳减排是解决气候变化的根本措施。历史上，工业化国家的碳排放具有一定规律：碳排放强度的倒 U 形曲线、人均碳排放量的倒 U 形曲线、碳排放总量的倒 U 形曲线（见图 1-2）。主要发达国家从碳排放强度高峰和人均碳排放量高峰之间所经历的时间在 24～91 年之间，平均为 55 年左右。

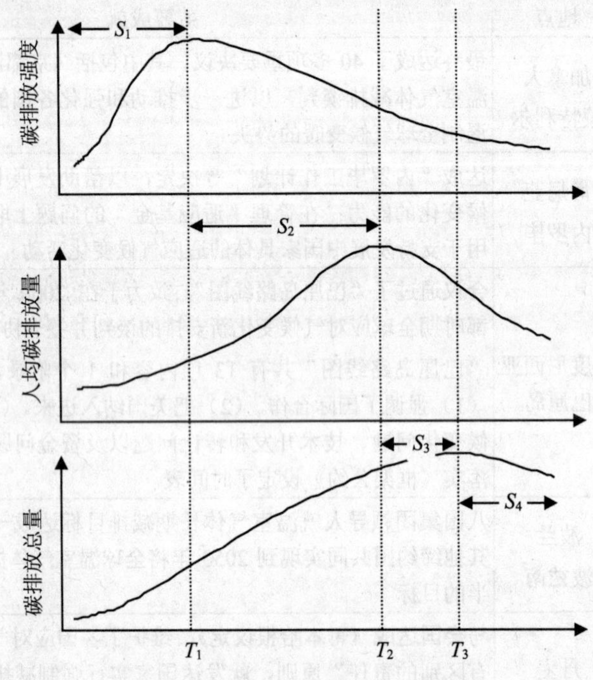

图 1-2 碳排放三大高峰变化示意图

二、低碳经济的理论基础

传统的经济增长模式导致全球气候变暖、资源枯竭和严重的环境污染，为了人类社会的持续发展，必须对传统的经济增长方式进行改革。英国政府在《我们能源的未来——创建低碳经济》能源白皮书中首次提出了低碳经济的概念。

低碳经济是以低能耗、低污染、低排放为基础的经济模式，是人类社会继农业文明、工业文明之后的又一次重大进步。低碳经济实质是能源高效利用、清洁能源开发、追求绿色 GDP 的问题，核心是能源技术和减排技术创新、产业结构和制度创新以及人类生存发展观念的根本性转变。

英国环境专家鲁宾斯德将低碳经济定义为：低碳经济是一种正在兴起的经济模式，其核心是在市场机制基础上，通过制度框架和政策措施的制定和创新，推动提高能效技术、节约能源技术、可再生能源技术和温室气体减排技术的开发和运用，促进整个社会经济朝向高能效、低能耗和低碳排放的模式转型。

中国环境与发展国际合作委员会将低碳经济定义为：一个新的经济、技术和社会体系，与传统经济体系相比在生产和消费中能够节省能源，建设温室气体排放，同时还能保持经济和社会发展势头。

发展低碳经济是一场涉及生产模式、生活方式和国家权益的全球性革命。低碳经济是在不影响经济发展的前提下，通过技术创新和制度创新，降低能源和资源消耗，尽可能最大限度地减少温室气体和污染物的排放，实现减缓气候变化的目标，促进人类的可持续发展。人类能源利用的发展轨迹，就是一个从高碳时代逐步走向低碳时代的过程，就是从不清洁到清洁、从低效到高效、从不可持续走向可持续、从高碳经济走向低碳经济的过程。

正确理解低碳经济应该注意三点：第一，低碳经济是相对于高碳经济而言的，因此，发展低碳经济的关键在于降低碳排放强度，通过碳捕捉、碳封存、碳蓄积降低能源消费的碳强度，控制 CO_2 排放量的增长速度。第二，低碳经济是相对于新能源而言的，是相对于基于化石能源的经济发展模式而言的。因此，发展低碳经济的关键在于促进经济增长与由能源消费引发的碳排放“脱钩”，实现经济与碳排放错位增长（碳排放低增长、零增长乃至负增长），通过能源替代、发展低碳能源和零碳能源控制经济体的碳排放弹性，并最终实现经济增长的碳脱钩。第三，低碳经济是相对于人为碳通量而言的。因此，发展低碳经济的关键在于改变人们的高碳消费倾向，减少化石能源的消费量，减缓碳足迹，实现低碳生活。

低碳经济是一种新的经济发展形态，冯之浚教授提出了低碳经济的理论基础包括生态足迹理论、“脱钩”理论、库兹涅茨曲线、“城市矿山”理论。

（一）生态足迹理论

“生态足迹”这一概念最早由加拿大生态学家 W. 雷斯在 1992 年提出，并在 1996 年由 M. 魏克内格完善。生态足迹是指生产某人口群体所消费的物质资料的所有资源和吸纳这些人口所产生的所有废弃物质所需要的具有生物生产力的地域空间。生态足迹将每个人消耗的资源折合成为全球统一的、具有生产力的地域面积，通过计算区域生态足迹总供给与总需求之间的差值——生态赤字或生态盈余，准确地反映了不同区域对于全球生态环境现状的贡献。生态足迹既能够反映出个人或地区的资源消耗强度，又能够反映出区域的资源供给能力和资源消耗总量，也揭示了人类持续生存的生态阈值。生态足迹的意义在于可以判断某个国家或区域的发展是否处于生态承载力范围内：如果生态足迹大于生态承载能力，那么生态环境具有不可持续性，必然危机生态安全，导致社会经济发展的不可持续性；反之，生态安全会持续稳定，可以支撑社会经济发展的可持续性。根据“生态足迹”理论，逐渐引申出了“碳足迹”的概念，用于衡量各种人类活动产生的温室气体排量。“碳”耗用得多，导致地球变暖的 CO_2 和其他温室气体也就制造得多，“碳足迹”也就越大。

（二）“脱钩”理论

1966 年，国外学者提出了关于经济发展与环境压力的“脱钩”问题，首次将“脱钩”概念引入社会经济领域。近年来，“脱钩”理论的研究进一步拓展到能源与环境、农业政策、循环经济等领域，并取得了阶段性成果，当前“脱钩”理论主要用来分析经济发展与资源消耗之间的相应关系。对经济增长与物质消耗之间的关系的大量研究表明，工业发展初期，物质消耗总量随经济总量的增长而同比增长，甚至更高；但在某个特定阶段后会出现变化，经济增长时物质消耗并不同步增长，而是略低，甚至开始呈下降趋势，出现倒 U 形，这就是“脱钩”理论。从“脱钩”理论看，通过发展低碳经济大幅度提高资源生产率和环境生产率，能够实现用较少的水、地、能、材消耗和较少的污染排放，换取较好的经济社会发展。

（三）库兹涅茨曲线

“脱钩”理论证实了低碳经济的可能性，但从高碳经济到低碳经济的转型并非是一个一帆风顺的线形道路。美国普林斯顿大学的经济学家 G. 格鲁斯曼和 A. 克鲁格经过研究发现，大多数污染物的变动趋势与人均国民收入的变动趋势之间呈倒 U 形关系，因此提出环境库兹涅茨曲线假说。他们认为经济发展和环境压力有如下关系：经济发展对环境污染水平有着很强的影响，在经济发展过程中，生态环境会随着经济的增长、人均收入的增加而不可避免地持续恶化，只有人均 GDP 达到一定水平的时候，环境污染才会反而随着人均 GDP 的进一步提高而下降。也就是说，在经济发展过程中，环境状况先是恶化而后得到逐步改善。换言之，从高碳经济到低碳经济的转型轨迹就是人类经历生态环境质量的“过山车”。相关的制度创新、技术创新和生态创新也许不能够改变倒 U 形轨迹，但人类应当可以削减倒 U 形轨迹的“峰度”和“上坡路”的里程，最低的现实要求是控制倒 U 形的峰顶不高于人类持续生存的生态阈值，并促进倒 U 形尽早经过“拐点”。

（四）“城市矿山”理论

“城市矿山”的概念，是日本东北大学选矿精炼研究所教授南条道夫等提出的，就是指蓄积在废旧电子电器、机电设备等产品和废料中的可回收金属。按“城市矿山”理念统计，日本国内黄金的可回收量为 6 800 t，占世界现有总储量（42 000 t）的 16%，超过了世界黄金储量最大的南非；银的可回收量达 60 000 t，约占全世界总储量的 23%，超过了储量世界第一的波兰；稀有金属铟是制作液晶显示器和发光二极管的原料，目前面临资源枯竭，日本藏量约占全世界储量的 38%，位居世界首位。日本虽然是一个资源贫困国，但从这些数字看，又可说是一个“城市矿山”。他们指出，目前这些“城市矿山”资源大多是使用完被丢弃的制品，往往被当做“废物”处理，而城市中这样的废物数量巨大，因而被称为是沉睡在城市里的"矿山"，它比真正的矿山更具价值。日本已对包括液晶显示器和汽车在内的多种产品，提出了金属回收计划。实际上，"城市矿山"理论与新中国成立后提出的"再生资源综合利用"和目前循环经济中的"静脉产业"理论是相通的。它为我们依靠技术创新和政策支持加强再生资源利用，提高能源效率，实现高碳向低碳转变，提供了重要参考。

三、低碳经济发展误区

（一）低碳经济是高投入经济

低碳经济需要以科技进步为支撑，用新技术替代传统技术需要经济投入。低碳经济在关系国民经济发展的诸方面确实需要高投入，但低碳经济还体现在居民日常生活的方方面面，某些方面有时并非需要高投入，只是居民生活方式和思维方式改变的问题。

（二）低碳会限制经济发展

低碳意味着取缔高污染、高排放的企业，这将会缩减就业机会。很多人认为，低碳经济就意味着下岗失业，于是将低碳经济与贫困联系在一起。实际上低碳经济与贫困之间并无直接联系，在低碳工程建设的过程中，会为居民提供更多的新型就业岗位进而提升更多的经济价值。发达国家相对于发展中国家而言具有更强的经济竞争力，于是在低碳经济的发展过程中更多的机会将被发达国家占有，这对发展中国家是一种损失。在低碳经济的发展过程中确实给发展中国家提出了很多挑战，但发展中国家在此过程中避开了传统经济发展方式的弯路，并使居民能够在低碳经济中享受生活，在此过程中快速地学习发达国家的成功经验。

（三）低碳即抛弃传统

低碳经济并不意味着完全抛弃传统产业，但是很多人认为低碳经济就意味着完全抛弃传统的煤炭电力、石油电力等产业。实际上低碳经济并不一定完全抛弃传统产业，在有效地替代传统产业的同时快速发展低碳产业才是对低碳经济的正确理解。

（四）低碳经济是政府的事

发展低碳经济需要依靠政府制定政策、规划，实际上政府并不完全代表低碳，低碳经济需要政府，政府负责制定发展低碳经济的相关法律、政策、制度、规划、示范。低碳经济更需要企业和普通百姓的配合。企业是低碳经济的主体，居民日常生活包括使用一盏灯、一张纸在内的点滴行为都与低碳相关，低碳经济也是普通居民的事情。

（五）低碳经济就是循环经济

循环经济和低碳经济都是以绿色科技和生态经济伦理为支撑点，是人类未来发展的方向。循环经济侧重于整个社会的物质循环，强调在经济活动中如何利用“3R”原则以实现资源节约和环境保护，提倡在生产、流通、消费全过程的资源节约和充分利用。而低碳经济是针对碳排放量来讲的，提高能源利用效率和采用清洁能源，以期降低二氧化碳的排放量缓和温室效应，使在较高的经济发展水平上，碳排放量比较低的经济形态。

四、国外低碳经济发展情况

（一）英国的低碳经济

低碳经济最早见诸政府文件是在 2003 年的英国能源白皮书《我们能源的未来——创建低碳经济》。2008 年 11 月 26 日，英国议会通过了《气候变化法案》，该法案要求英国政府必须致力于发展低碳经济，到 2050 年达到减排 80%的目标。2008 年 12 月 1 日，成立了英国气候变化委员会，负责就英国的碳预算水平、实现碳预算的政策措施等向政府提供独立的咨询和建议。委员会于当天提交了其第一份相关报告——《创建低碳经济——英国温室气体减排路线图》。报告详细阐述了英国 2050 年的温室气体减排目标以及实现目标的原则、方式和路径，提出了一个涵盖 2008—2022 年三个五年期碳预算的未来减排路线图。

2009 年 4 月，布朗政府宣布将“碳预算”纳入政府预算框架，使之应用于经济社会各方面，并在与低碳经济相关的产业上追加了 104 亿英镑的投资，英国也因此成为世界上第一个公布“碳预算”的国家。

2009 年 7 月 15 日，英国发布了《英国低碳转换计划》、《英国可再生能源战略》，标志英国成为世界上第一个在政府预算框架内特别设立碳排放管理规划的国家。具体内容包括以下三个方面：①大力发展新能源；②推广新的节能生活方式；③向全球推广低碳经济的新模式。

（二）美国的低碳经济

2007 年 7 月 11 日，美国参议院提出了《低碳经济法案》，低碳经济的发展道路将成为美国未来的重要战略选择。

奥巴马政府推出了新能源战略，2009 年 1 月，美国提出了“美国复兴和再投资计划”，2009 年 2 月 15 日，美国正式出台了《美国复苏与再投资法案》，投资总额达到 7 870 亿美元，到 2012 年，保证美国人所用电能的 10%来自可再生能源，到 2025 年这个比率将达到 25%，联邦政府将投资 900 亿美元提高能源使用效率并推动可再生能源发展。

2009 年 6 月 28 日，美国众议院通过了《美国清洁能源和安全法案》。这是美国第一个应对气候变化的一揽子方案，不仅设定了美国温室气体减排的时间表，还引入温室气体排放权配额与交易机制。根据这一机制，美国发电、炼油、炼钢等工业部门的温室气体排放配额将逐步减少，超额排放需要购买排放权。奥巴马政府认识到全球低碳经济的发展趋势，希望美国能够走在新能源技术前列，成为最大的清洁能源技术出口国，而不是最大的石油进口国。奥巴马政府也期待通过这一方式，既能刺激经济增长，增加大批就业岗位，又能为美国的持久繁荣确立更加雄厚的新技术优势。

（三）日本的低碳经济

2007 年，日本环境部提出的低碳规划，提倡物尽其用的节俭精神，通过更简单的生活方式达到高质量的生活，从高消费社会向高质量社会转变。

2008 年，日本政府通过了“低碳社会行动计划”，将低碳社会作为未来的发展方向和政府的长远目标。“低碳社会行动计划”提出，在未来 3～5 年内将家用太阳能发电系统的成本减少一半，到 2030 年，风力、太阳能、水力、生物质能和地热等的发电量将占日本总用电量的 20%。“低碳社会行动计划”还提出，从 2009 年起将就碳捕获与埋存技术开始大规模验证实验，争取 2020 年前使这些技术实用化。为了推动能源和环境技术发展，日本政府还制定了以下两个方面的具体措施：一是限制措施，日本《建筑循环利用法》规定，改建房屋时有义务循环利用所有建筑材料，使得日本由此发明了世界先进的混凝土再利用技术。二是提供补助金，日本政府正在探讨恢复对家庭购买太阳能发电设备提供补助的制度，降低对中小企业购买太阳能发电设备提供补助的门槛。此外，从 2009 年开始，日本政府向购买清洁柴油车的企业和个人支付补助金，以推动环保车辆的普及。

（四）韩国将“低碳绿色增长”作为国家战略

韩国制定了《低碳绿色增长的国家战略》，确定了从 2009 年到 2050 年低碳绿色增长的总体目标，提出大力发展低碳技术产业、强化应对气候变化能力、提高能源自给率和能源福利，全面提升绿色竞争力。

韩国低碳绿色增长的主要内容和政策措施包括以下几个方面：一是减少能源依赖。2008 年 8 月，韩国公布《国家能源基本计划》，提出提高资源循环率和能源自主率的要求，其中，资源循环率将由 1995 年的 5.5%提高到 2012 年的 16.9%，能源自主率由 2007 年的 3%提高到 2012 年的 14%，2050 年实现能源自主率超过 50%。同时要降低能源消费中煤炭和石油的比重，从目前 83%下降到 61%；扩大太阳能、风能、地热等新能源与再生能源的比重，从 2006 年的 2%提高到 2030 年的 11%，2050 年达到 20%以上。二是提升绿色技术。2009 年初，韩国公布了《新增动力前景及发展战略》，提出了 17 项新增长动力产业，其中有 6 项属于绿色技术领域，包括新能源和再生能源、低碳能源、污水处理、发光二极管应用、绿色运输系统、高科技绿色城市。三是通过发展低碳产业扩大就业。根据韩国政府估算，发展再生能源产业比制造业多创造 2～3 倍的就业。尤其是发展太阳能产业、风力发电业，需要 8 倍于普通产业的就业人口。作为环保努力的一部分，韩国政府还将投资 3 万亿韩圆用于扩大森林面积，并提供 23 万个就业岗位。

五、中国的低碳经济

近年来，中国政府提出了加快建设资源节约型、环境友好型社会的重大战略构想，不断强化应对气候变化的措施，先后制定了一系列促进节能减排的政策，对低碳经济的发展起到了推进作用。

2007 年 9 月 8 日，胡锦涛总书记在亚太经合组织（APEC）第 15 次领导人会议上，短短的一篇讲话中有四句话讲到了“碳”：“发展低碳经济，发展低碳能源技术，促进碳吸收技术发展，增加碳回归。”并建议建立“亚太森林恢复与可持续管理网络”，共同促进亚太地区森林恢复和增长，减缓气候变化。这充分表明了中国发展低碳经济的理念和决心。

2008 年 4 月，温家宝总理在全国节能减排工作电视电话会议上强调，要建立健全节能减排工作责任制和问责制，把节能减排各项工作目标和任务逐级分解到各地和重点企业，并落实为政绩和业绩的考核指标。

2008 年 10 月 29 日，国务院新闻办公室发表了《中国应对气候变化的政策与行动》白皮书，详细阐明了气候变化与中国国情、气候变化对中国的影响、应对气候变化的战略和目标、减缓气候变化的政策与行动、适应气候变化的政策与行动、提高全社会应对气候变化意识、加强气候变化领域国际合作、应对气候变化的体制机制建设等重大问题的原则立场和多种积极措施。

2008 年新增的 4 万亿元人民币刺激经济投资计划中，共有 5 800 亿元用于节能减排、生态工程、调整结构、技术改造等与应对气候变化相关的项目，其中直接用于节能减排、可持续发展方面的资金达 2 100 亿元，用于自主创新和产业结构调整的资金达 3 700 亿元。

2009 年 8 月 27 日，全国人大常委会通过《关于积极应对气候变化的决议》，决议指出，必须以对中华民族和全人类长远发展高度负责精神，进一步增强应对气候变化意识，根据自身能力做好应对工作，坚定不移地走可持续发展道路，从中国基本国情和发展的阶段性特征出发，积极应对气候变化。决议提出了积极应对气候变化的一系列具体措施，包括控制温室气体排放，增强适应气候变化能力、充分发挥科学技术的支撑和引领作用、发展绿色经济、低碳经济等，并要求把积极应对气候变化作为实现可持续发展的长期任务纳入国民经济和社会发展规划。

2009 年 9 月 22 日，国家主席胡锦涛出席联合国气候变化峰会，并发表了题为《携手应对气候变化挑战》的重要讲话。胡锦涛指出，全球气候变化深刻影响着人类的生存和发展，是各国共同面临的重大挑战。今后，中国将进一步把应对气候变化纳入经济社会发展规划，并继续采取强有力的措施：一是加强节能、提高能效工作，争取到 2020 年单位国内生产总值二氧化碳排放比 2005 年有显著下降；二是大力发展可再生能源和核能，争取到 2020 年非化石能源占一次能源消费比重达到 15%左右；三是大力增加森林碳汇，争取到 2020 年森林面积比 2005 年增加 4 000 万 hm^2，森林蓄积量比 2005 年增加 13 亿 m^3；四是大力发展绿色经济，积极发展低碳经济和循环经济，研发和推广气候友好技术。

在 2009 年 12 月 7—18 日召开的哥本哈根联合国气候变化大会上，作为发展中国家，虽然中国没有被纳入强制减排计划中，但中国政府仍然对外宣布了将在 2020 年将单位 GDP 碳排放比 2005 年减少 40%～45%的目标，表明配合国际社会承担大国社会责任的决心。

2010 年 7 月 19 日，国家发改委发文："国家发展改革委关于开展低碳省区和低碳城市试点工作的通知"，确定首先在广东、辽宁、湖北、陕西、云南五省和天津、重庆、深圳、厦门、杭州、南昌、贵阳、保定八市开展试点工作。2011 年 2 月 23 日，江苏省低碳经济试点推进会在南京市召开，会上公布了全省低碳经济试点单位，其中城市 4 家、园区 10 家、企业 10 家，并举行了授牌仪式。

中国走低碳经济的道路，既符合当前经济社会可持续发展的要求，也符合全球气候环境合作的要求。中国应该积极应对低碳经济，建立与低碳发展相适应的生产方式、消费模式和鼓励低碳发展的国际国内政策、法律体系和市场机制，最终实现由"高碳"时代到"低碳"时代的跨越，真正实现中国经济社会、人与自然的和谐发展。中国沿着低碳经济的道路和平崛起，将为人类社会特别是广大发展中国家提供一个全新的发展模式。

第三节 发展低碳经济的意义

一、发展低碳经济是实现科学发展观的需要

改革开放以来，我国经济实现跨越式增长，但是，经济增长是以资源的空前

消耗和严重生态环境破坏为代价（见图 1-3）。资源过度的开发和不合理的利用，致使生态环境的严重恶化，威胁我国经济的可持续发展。

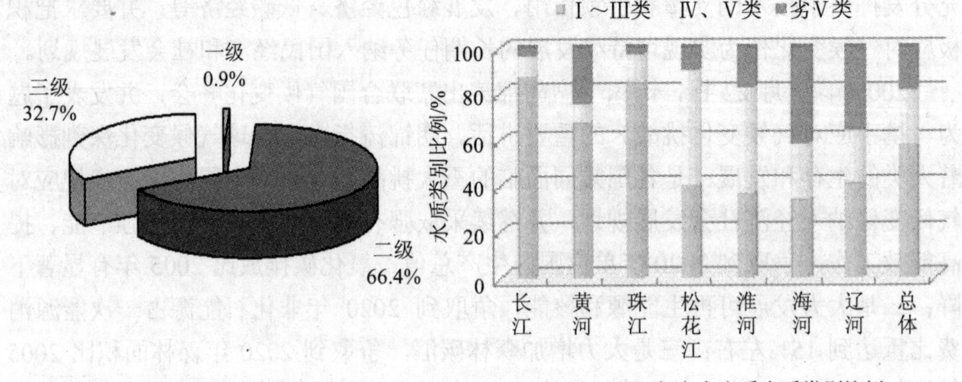

图 1-3 2009 年我国环境质量

虽然中央早已提出科学的发展观和正确的政绩观，但一些地方仍以资源高消耗和环境重污染来换取一时的经济增长；还把 GDP 作为发展的全部，还以廉价卖资源或补贴低价出口换取 GDP。如果我们口袋里的钱多了，但生存的环境恶化了，空气变脏了，水变黑了，就与发展本意背离了，也不是中央要求的科学发展。发展低碳经济更多的是转变发展方式，减轻单位 GDP 的资源量和环境代价，把提高人的物质和精神生活作为发展目标，既要重视资源的经济价值，也要重视其生态价值、精神价值和社会价值，通过向自然资源投资来恢复和扩大资源存量，运用生态学原理设计工艺与产业流程来提高资源效率，通过宣传引导来改变消费习惯，使发展的成果更好地为人民所共享。

二、发展低碳经济是优化产业结构、转变经济增长方式的重要途径

在目前我国产业结构中，工业比重偏高，低能耗的服务业比重偏低；而工业结构中，高碳的重化工业占工业比重的 70%左右。我国处于快速工业化和城市化阶段，大规模的基础设施建设需要钢材、水泥、电力等的供应保证，这些“高碳”产业既是我国新一轮经济增长的带动产业，也无法通过国际市场满足国内的巨大需求，即这些产业的发展有其合理性。但以此为理由，千方百计地推进重化工业的发展，我国的资源支撑不了，环境容纳不了；更何况还要给子孙留有足够的资源和空间。因此，通过发展低碳经济，提高资源、能源的利用效率，降低经济的碳强度，成为提高我国国际竞争力、应对气候变化的必然要求，是促进我国经济结构和工业结构优化升级的重要途径。

三、发展低碳经济是解决我国能源安全的有效措施

我国能源资源总量较为丰富，但人均能源拥有量较低，人均能源拥有量远低于世界平均水平。煤炭和水力资源人均拥有量相当于世界平均水平的 50%，石油、天然气人均资源量仅为世界平均水平的 1/15 左右。中国原油对外依存度已经超过 50% 的国际警戒线，10 年后中国的原油对外依存度将超过 60%。同时我国能源利用效率偏低，能耗水平明显高于发达国家（见表 1-2）。我国一次能源生产的 2/3 仍然是煤炭，煤炭属于“高碳”能源。资源和能源密集型产品大量出口，又增加了我国单位 GDP 的碳强度。

表 1-2　部分产品能耗对比

项目	我国平均水平（标煤）	国际领先水平
火电煤耗	379 g/（kW•h）	312 g/（kW•h）
大中钢厂可比能耗（以钢计）	705 g/t	610 g/t
水泥综合能耗	157 g/t	127.3 g/t
原油加工能耗	112 kg/t	73 kg/t
乙烯加工能耗	1 004 kg/t	629 kg/t
大型合成氨能耗	1 200 kg/t	970 kg/t

能源安全涉及对外战略、国家安全、战略经济利益以及分配格局等多层次的战略性问题，是维护经济安全和国家安全、实现现代化建设战略目标的必然要求。因此，发展低碳经济可以降低能源需求和碳排放水平，确保能源安全。

四、发展低碳经济是依靠技术进步和创新支撑跨越式发展的可能路径

与发达国家相比，我国技术水平落后、研发和创新能力有限，这是我国由“高碳”经济向“低碳”经济转型面临的最大挑战。虽然《联合国气候变化框架公约》、《京都议定书》和《哥本哈根协议》要求发达国家向发展中国家转让技术，但执行情况不好。改革开放以来我国的“市场换技术”政策，虽然汽车等技术含量高的产品市场被外国公司占领，但并没有得到多少核心技术和知识产权。面对低碳经济的新挑战，必须要自主开发低碳技术。发展低碳能源技术、二氧化碳收集储存技术研发等已纳入我国“973 计划”、“863 计划”等科技支撑计划。发达国家在这些技术上起步不久，我国的差距并不大。只要加大低碳技术研发力度，可以实现这个领域的跨越式发展。

五、发展低碳经济是我国应对国际挑战的重要途径

国际社会普遍存在这样的共识："碳排放"将成为今后重要的国际战略资源。二氧化碳排放权有可能是继石油等大宗商品之后又一新的交易品种，欧美国家已经形成了碳交易货币和碳金融体系，"碳排放"技术及其产品将成为重要的国际战略资源和资产。2008 年金融危机以来，各国纷纷以低碳经济作为经济的新增长点，有的国家甚至为保护"碳技术"设立了"碳关税"。而中国处在工业化中期阶段，在国际贸易中，出口的产品主要是资源和能源密集型产品，因此对能源消耗特别大。发达国家正在用这种新的"绿色壁垒"，打压中国经济，遏制中国经济的发展。因此，在国际上，坚持"双轨制"的同时，应积极发展低碳经济，抓住低碳革命的历史机遇。

发展低碳经济，不仅可以与发达国家共同开发相关技术，还可以直接参与新的国际游戏规则的讨论和制定，以利于我国的持续发展。

思考题

1. 名词解释：气候变化、温室效应、温室气体、低碳经济。
2. 简述气候变化缔约方会议。
3. 简述低碳经济的产生与发展。
4. 简述我国发展低碳经济的必要性和主要对策。

参考文献

[1] 冯之浚. 低碳经济的若干思考[J]. 中国软科学，2009（12）.

[2] 张坤民，潘家华，崔大鹏. 低碳经济论[M]. 北京：中国环境科学出版社，2009.

[3] 张坤民，潘家华，崔大鹏. 低碳发展论[M]. 北京：中国环境科学出版社，2009.

[4] 陈柳钦. 低碳经济：国外发展的动向及中国的选择[J]. 甘肃行政学院学报，2009（6）.

[5] 胡少维. 促进我国低碳经济发展的政策建议[J]. 发展研究，2010（6）.

[6] 庞瑞，周浩. 中国发展低碳经济的原因及其对策研究[J]. 铜陵学院学报.

[7] 周宏春. 我国发展低碳经济的现实意义与重点任务[J]. 企业文明，2010（5）.

[8] 中国人民大学气候变化与低碳经济研究所. 低碳经济[M]. 北京：石油工业出版社，2010.

[9] 国家发展改革委. 中国应对气候变化国家方案[N]. http：//www. gov. cn. 2007.

[10] 李克国. 环境经济学[M]. 北京：中国环境科学出版社，2007.

第二章 低碳经济发展战略

引言 实施低碳经济发展战略，是应对气候与环境问题的根本出路，是化解能源危机的有效途径，是促进经济转型的持续动力，是我国科技创新、经济转型的重要途径。规划是发展的先导，制定科学的低碳经济发展规划，确定规划目标、发展重点和保障措施，为加快转变经济发展方式，破除资源和环境的“瓶颈”约束，促进产业优化升级，实现可持续发展提供向导。

本章学习目标 了解国外先进国家低碳经济发展的战略，熟悉我国低碳经济发展战略，熟悉低碳经济发展的驱动机制，掌握低碳经济发展规划的编制程序和内容。

第一节 低碳经济发展驱动机制

一、政府、企业、公众共同参与

（一）政府责任

1．履行对外职能

在发展低碳经济的过程中，作为开放的政府，首先要与世界各国开展广泛的交流与合作，积极吸收国外发展低碳经济的有益经验。如美国在发展可持续能源方面吸引的风险资本和私人投资最多，制定税收减免等联邦法规也对开发和利用可持续能源、发展低碳经济起到了积极的推动作用。其次，政府要积极发挥在国际舞台上的作用，与世界各国共同应对气候问题，合力推动低碳经济的发展。气候问题、能源问题是全球性的问题，只有协调各国利益，通过各国共同努力，才能有效地解决这一全球性的问题。如在哥本哈根会议中，中国政府就有效地发挥了作用。

2．完善法律体系

发展低碳经济，建设低碳社会，立法要先行。因为低碳经济发展所导致的经济结构、产业结构调整，以及经济发展模式、消费模式乃至生活模式的变革，都需要法律的规范与调整，法律成为其重要推力和杠杆。近年来，我国先后制定了《煤炭法》、《节约能源法》、《清洁生产促进法》、《可再生能源法》、《循环经济促进法》以及《能源效率标志管理办法》、《清洁发展机制项目运行管理办法》等法律法规，这对促进我国循环经济的发展，保护和改善环境，实现可持续发展，增强全社会环境意识，推进资源节约型、环境友好型社会建设，都发挥了积极作用。但是，距离创建低碳社会的要求还相差甚远。客观地说，我国低碳经济立法尚处于初步阶段，发展低碳经济的法律框架体系不完善，缺乏必要的强制性标准等技术法规，相关法律之间不够协调，有关的配套措施不到位，妨碍低碳经济的发展。

通过立法，明确政府、企业、公众在推行低碳经济方面的义务和职责。政府在宏观角度上把握低碳经济发展进程，建立健全低碳经济法律体系，促进低碳经济发展战略的实施。制定相关配套的法规和政策，进一步强化清洁、低碳能源开发和利用的鼓励政策，逐步将低碳经济发展纳入法制化轨道，使低碳经济发展有法可依、有章可循。

3. 推进监管体系建设

低碳经济监管体系的建设是保障低碳经济发展的基础。首先要建设先进的低碳环境监测预警体系，其次要逐步形成低碳环境监测配套工作机制，再次要制定更加严格的能源效率标准、低碳商品标准，强化效能标准和标志，实施能源审计和认证，并实施目标责任制为主要形式的低碳经济统计、监测、评价和考核体系。同时，也将发展低碳经济列入政府相关部门的干部政绩考核体系。

4. 构建低碳经济试点

按照不同地区和部门的特点，在全国建立一批低碳社会实践区、低碳产业实践区、低碳经济区、低碳城市实践区。低碳产业可以在电力、交通、建筑、冶金、化工、石化等高耗能、污染重行业先行试点，选择作为中国探索低碳经济发展的重点领域。坚持高标准建设，打造高效益低碳经济示范工程。在低碳生态城市示范区项目建设中，要树立精品意识，打造高效益精品工程，力争实现先进低碳技术集成应用、低碳产业发展、低碳企业增收，低碳生态城市示范区居民得益的系列目标。

（二）企业责任

企业是构成国民经济活动的微观主体，因而也是贯彻和实施低碳经济战略的基本主体。所以，对于低碳经济发展中企业生产过程的控制，直接关系到低碳经济战略的结果和实施效率。

发展低碳经济是企业必须担当的社会责任。如果现在还把企业社会责任狭隘地理解为创造就业岗位，给社会提供所需的产品，而把发展低碳经济排除在企业社会责任之外，那就大错特错了。在《中国企业社会责任的蓝皮书 2009》中指出，中国企业社会责任的整体水平较低，有40%的企业还在旁观，而表现最差的就是环境责任。所以要把发展低碳经济作为企业社会责任的一项重要内容，把企业的兴衰和人类的前途命运紧紧地联系起来，这样就会极大地激发员工的奋斗精神和创新热情，促进低碳经济又好又快地发展。

发展低碳经济，企业创新是关键。一方面，企业应推进节能技术和产品推广、重点行业重大节能技术改造、重大节能技术示范工程、可再生能源发展以及节能管理能力建设，通过技术升级和管理水平的提高，提升现有产品的转化率，进一步降低成本，提高竞争力；另一方面，应完善清洁生产、可再生能源及节能减排等专项资金管理制度，逐步加大对清洁生产、可再生资源和新能源开发等项目的支持力度。另外要通过产学研合作，不断研发新的产品，为下一代产品打好技术基础，做好技术储备。正因为如此，企业在外部环境逐渐改善的基础上，需要不断增强综合竞争力。

（三）公众责任

发展低碳经济，不仅需要政府、企业做好工作，也需要公众树立“低碳生活”理念，提升“节能减排”意识，积极参与到低碳消费的活动中。广义的低碳消费方式包括 5 个层次：一是“恒温消费”，即消费过程中温室气体排放量最低；二是“经济消费”，即对资源和能源的消耗量最小、最经济；三是“安全消费”，即消费结果对消费主体和人类生存环境的健康危害最小；四是“可持续消费”，即对人类的可持续发展危害最小；五是“新领域消费”，即转向消费新能源和使用低碳产品，拓展新的消费领域，从而推动集群的低碳消费转型。

公众参与离不开政府引导。构建低碳经济意识培养机制，依托机制来加大气候变化的教育与宣传力度，用科学发展观来认识温室气体效应对全球经济社会、生态环境、生存条件的严重威胁，使人们重视环境与气候变化带来的挑战，增强全民低碳经济发展意识，通过制度化的合理安排如通过电视、报纸、网络、杂志、广播等，对广大民众进行节能、绿色消费等方面的宣传和教育，充分发挥媒体的作用，树立全民低碳理念，促进形成全民绿色消费、绿色环保观。

二、低碳经济的驱动机制

（一）低碳经济发展动力

1. 配套经济政策

完善的法律体系和配套经济政策，保障低碳经济发展。在低碳经济战略的导向下，出台节能减排、可再生能源使用等政策，采用财政补贴、税收减免、贷款优惠等经济手段，可有效推动低碳社会创建、低碳经济发展，进一步加快向低碳转型的进程。例如中国政府对新能源产业发展的积极扶持。自 2009 年以来，中国政府对于新能源产业的态度更加积极，从之前的“积极引导”提升为“战略高度重视”。国家经贸委制定了新能源和可再生能源产业发展的“十五”规划，并制定颁布了《中华人民共和国可再生能源法》，《可再生能源法》修正案为新能源规范发展提供法律支撑。国家能源局酝酿已久的《新能源产业振兴和发展规划》已上报国务院，并将择机出台，预计未来十年内，国家准备投入超过 3 万亿元的资金，推动包括太阳能、风电、生物质能等新能源和可再生能源的开发利用。

为大力推动新能源产业发展，2009 年以来，国家针对光伏、风电和新能源汽车等产业出台了一系列支持政策和补贴措施，相关行业将最先受益于政策扶持，有望进入全面快速发展阶段。如汽车领域，工业和信息化部出台了《节能与新能源汽车示范推广应用工程推荐车型目录》，这是《节能与新能源汽车示范推广财政补助资金管理暂行办法》的一个配套文件，通过最大电功率比和节油率两个指标，提高了准入规则的门槛。这一目录将推动新能源补贴政策具体实施，并对新能源汽车的产业化路线实施引导。政府在新能源汽车领域频频出台新政策，有利于推动其商业化进程。再如风电领域，《风电设备企业准入门槛》、《风电行业标准体系框架》、《风电“十二五”规划》、《多晶硅行业准入》均有破题，此外，光伏上网电价政策目前正在研究制定中，而《关于加快推行合同能源管理促进节能服务产业发展的意见》也将下发，将促进风电产业发展。

2. 技术进步

科学技术从来就是经济发展的引擎，低碳经济的发展更需要低碳技术的推动。近年来，国家以提升自主创新能力为基础，高度重视环保产业的发展，创新发展可再生能源技术、节能减排技术、清洁煤技术和核能技术，大力推进节能环保和资源循环利用技术的应用。在选择战略性新兴产业方面，特别注重战略性长远规划，如在能源领域，选择新能源、可再生能源和非化石能源作为未来发展重点。如在交通领域，选择电动汽车作为发展重点，目的就是要使科学技术融入经济社会的发展，使我们的经济社会发展获得可持续的能力和长远发展的动力。

相对于传统的化石能源生产与使用而言，低碳技术具有根本性的不同，它对于能源的生产与应用以及相应的技术经济系统会带来一场深刻的革命。以并网的风力发电为例，要使风能真正成为整个国家能源系统的重要组成部分，不仅需要在风机、叶片等的设计与制造方面不断改进，同时还需要对整个电网系统进行改造，甚至需要消费者调整消费行为（如自愿购买绿色电力）。

目前我国的低碳技术与发达国家先进水平存在着不小的差距，要在短时间内提高水平，除了要依靠国内的自主创新之外，还要加强国际之间的交往与合作。

加强国际间技术的合作和转让，能使全球共享技术发展，大大减缓气候变化带来的问题。

（二）低碳经济发展压力

1．政府监督

发展低碳经济的国家会实施更加严格的管制措施，制定与之相适应的法律法规。我国“十二五”将把 2020 年减排 40%～45%的目标纳入“十二五”的计划来实施，这意味着企业将来会承担更多减少温室气体排放的责任。如只有在政府政策的督促和鼓励下，汽车生产厂商才有紧迫的压力和动力去进行新能源汽车的开发，消费者才有可能在激励措施下转变追求奢华大排量汽车的观念。

另外，企业也可能面临着贸易上的管制，我们都知道的是碳关税。2005 年《京都议定书》生效以后，国际上已启动碳揭露项目，要求对产品的碳足迹进行检验和标示，已成为国际认同的惯例，未公开碳足迹信息或碳揭露不良的企业，将会通过国际金融市场和国际投资者的压力，被要求进行改善，否则拒绝进行交易。许多国家纷纷立法开征碳关税，这意味着不久的将来，低碳对于很多企业来说，都是一道生死门槛。

2．能源结构压力

我国正处于工业化、城市化的快速发展阶段，经济发展以利用“高碳”的化石能源为主，在一次能源消费结构中，煤炭所占的比重超过 70%，现有的碳生产能力，即排放 1t 二氧化碳所产生的 GDP 只相当于发达国家的 1/4 或 1/5。这既表明节能减排的空间很大，也显示目前清洁煤技术应用水平落后，需要通过加强技术研发和国际技术合作来实现化石能源的清洁化。因此，发展低碳经济，是我国经济发展的必然选择。

3．产业结构压力

我国产业集中度不高，中小型制造业企业所占比重大，能源效率低，节能减排的能力不足。大部分制造业的市场准入门槛低，企业技术装备水平低，碳排放强度大，存在大量落后产能。由于中小企业在保障就业方面承担重要角色，对其节能减排更多地应当给予技术和资金方面的支持和帮助，而不能只是采取关停并转的简单化做法。在应对全球金融危机、保就业、保民生的目标取向下，支持中小企业发展，促进其节能减排，将是我国发展低碳经济面临的压力。

4．人口压力

我国人口超过 13 亿，今后 15 年还将年均增长 800 万～1 000 万。我国目前有 57%的人口在农村，未来 15 年，将有占中国总人口 30%左右的农村人口因为城镇化而进入城镇，经济结构升级面临巨大挑战，生活方式和家庭结构将发生很大变化。中国人均碳排放水平与发达国家相比处在很低的水平，但中国社会正处在生活方式发生较大变化的阶段，提升生活水平必然会增加人均碳排放水平。人口增长和城镇化对中国的碳排放也将形成巨大压力。

第二节　低碳经济发展战略

一、国外低碳经济发展战略

（一）美国

欧美主要发达国家基本都已经完成了低碳经济下能源战略的路线选择。美国政府发展低碳经济的政策措施分为节能增效、开发新能源、应对气候变化等多个方面，其中，开发新能源是核心。

2007 年，美国参议院提出了《低碳经济法案》，美国总统乔治·W. 布什在 2007 年提出了美国应对气候变化的“长期战略”。目前，越来越多的美国企业主动采取限制排放等节能措施，逐渐投入更多资金从事相关技术研发，使环保投资成为潮流。全球金融危机以来，美国选择以开发新能源、发展低碳经济作为应对危机、重新振兴美国经济的战略取向，短期目标是促进就业、推动经济复苏；长期目标是摆脱对外国石油的依赖，促进美国经济的战略转型。

2009 年 1 月，奥巴马宣布了“美国复兴和再投资计划”，以发展新能源作为投资重点，计划投入 1 500 亿美元，用 3 年时间使美国新能源产量增加 1 倍，到 2012 年将新能源发电占总能源发电的比例提高到 10%，2025 年，将这一比例增至 25%。2009 年 2 月，美国正式出台了《美国复苏与再投资法案》，投资总额达 7 870 亿美元，主要用于新能源的开发和利用，包括发展高效电池、智能电网、碳储存和碳捕获、可再生能源（风能和太阳能）等。

（二）欧盟

为了应对全球气候变化，降低温室气体排放，欧盟 2007 年底提出了能源技术战略计划，这是欧洲为建立新能源研究体系所制定的综合性计划。欧盟委员会建议，欧盟在未来 10 年内增加 500 亿欧元发展低碳技术。根据这项立法建议，欧盟发展低碳技术的年资金投入将从目前的 30 亿欧元增加到 80 亿欧元。欧盟委员会还联合企业界和研究人员制定了欧盟发展低碳技术的“路线图”，计划在风能、太阳能、生物能源、二氧化碳的捕获和储存等六个具有发展潜力的领域，大力发展低碳技术。欧盟计划增加新能源和可再生能源在全部能源利用中的比重：在生物燃料方面，2010 年要接近 6%；在氢能和燃料电池方面，通过今后几年的研发，争取到 2020 年将氢能汽车在欧盟 27 国市场上的份额提高到 1.4%，2030 年提高到 12%。

2008 年 12 月，欧盟通过的能源气候一揽子计划，其中包括欧盟碳排放权交易机制修正案、欧盟成员国配套措施任务分配的决定、碳捕获和储存的法律框架、可再生能源指令、汽车二氧化碳排放法规和燃料质量指令等 6 项主要内容。

2009 年 3 月，欧盟宣布，在 2013 年前出资 1 050 亿欧元支持“绿色经济”，促进就业和经济增长，保持欧盟在“绿色技术”领域的世界领先地位。

（三）英国

英国是最早提出“低碳”概念并积极倡导低碳经济的国家，并把发展低碳经济置于国家战略高度。2008 年实施的《气候变化法案》，使英国成为世界上第一个为温室气体减排目标立法的国家，该法案提出到 2050 年达到减排 80%的目标。2008 年英国成立了一个名为“排放信托基金”的碳基金公司，碳基金主要来源于英国的气候变化税，它是向工业、商业及公共部门（住宅及交通部门、居民除外）征收的一种能源使用税，每年约 6 600 万英镑。碳基金主要投资于三方面：一是促进低碳技术与设备的研究与开发，二是加速技术商业化和加快推广速度，三是投资孵化器建设。碳基金还鼓励大企业对新能源以及碳减排技术加大人力与物力投入，提高企业的社会责任感。

2009 年 4 月，布朗政府宣布将“碳预算”纳入政府预算框架，使之应用于经济社会各方面，并在与低碳经济相关的产业上追加了 104 亿英镑的投资，英国也因此成为世界上第一个公布“碳预算”的国家。2009 年 7 月 15 日，英国政府再次公布了发展低碳经济的国家战略蓝图，具体内容包括以下三个方面：一是大力发展新能源。到 2020 年全国可再生能源的比例在全部能源供应中要达到 15%，其中 40%的电力来自低碳领域（30%来源于风能、波浪能和潮汐能等可再生能源，10%来自核能）；二是推广新的低碳生活方式。如英国政府拨款 32 亿英镑用于住房的节能改造，新生产汽车的二氧化碳排放标准比 2007 年降低 40%；三是向全球推广低碳经济的新模式。目前英国低碳经济及相关产业每年能创造超过 1 000 亿英镑的产值，为 88 万人创造了就业机会。

英国还实施了气候变化税和可再生资源配额政策，这些政策的实施，为英国的可再生资源带来了长足的发展，使低碳经济发展取得了积极成效。同时，这些政策也取得了企业的认可，促使企业主动配合，大大降低了政策的执行成本和阻力。

（四）日本

日本是《京都议定书》的倡导国，也是推动“低碳经济”的急先锋。在发展

“低碳技术”方面，日本将投入巨资开发利用太阳能、风能、光能、氢能、燃料电池等替代能源和可再生能源，并积极开展潮汐能、水能、地热能等研究，力求从“耗能大国”到“新能源大国”的转变。

2008 年日本政府发布了《面向低碳社会的十二大行动》，提出了相对于 1990 年的排放水平到 2050 年减排 70%需要的行动、技术选择、社会改革及政策措施等。同年，日本内阁会议通过了《建设低碳社会行动计划》，提出了具体的目标和行动，为日本的低碳转型奠定了基础。此外，重启太阳能鼓励政策，将是日本经济转型中的核心战略之一。

日本在光伏发电技术领域居世界领先，是全球最大的光伏设备出口国，仅夏普公司的光伏发电设备就占世界的 1/3。日本推出了“先进光伏发电计划”，提出到 2030 年，将太阳能发电量提高 20 倍。日本通产省 2007 年曾提出一项新计划，将在未来 5 年内投入 2 090 亿日元，用于发展清洁汽车技术，不仅大大降低燃料消耗，还要降低温室气体排放。此外，日本注重产业结构调整，停止或限制高能耗产业发展，并鼓励其向国外转移，日本还制订了节能计划，对节能指标做出具体规定。2010 年 9 月，为了应对全球金融危机对经济形势带来的负面影响，日本还将进一步扩大环境领域的经济规模，希望以此作为新的经济增长点。

由以上的措施可以看出，日本在低碳事业的发展过程中仍旧延续日本民族的一贯严谨而细致的作风，将低碳概念细化到生产生活的每个细节。

（五）韩国

2009 年 11 月，韩国制定了《低碳绿色增长的国家战略》，确定了从 2009 年到 2050 年低碳绿色增长的总体目标，提出大力发展低碳技术产业、强化应对气候变化能力、提高能源自给率和能源福利，全面提升绿色竞争力。

韩国低碳绿色增长的主要内容和政策措施包括以下几个方面：

一是减少能源依赖。2008 年 8 月，韩国公布《国家能源基本计划》，提出提高资源循环率和能源自主率的要求，其中，资源循环率将由 1995 年的 5.5%提高到 2012 年的 16.9%；能源自主率由 2007 年的 3%提高到 2012 年的 14%，2050 年超过 50%。同时明确提出了要将能源消费中煤炭和石油的比重从目前 83%下降到 61%，而太阳能、风能、地热等新能源与再生能源的比重，从 2006 年的 2%提高到 2030 年的 11%，2050 年达到 20%以上。

二是提升绿色技术。2009 年初，韩国公布了《新增动力前景及发展战略》，提出了 17 项新增长动力产业，其中有 6 项属于绿色技术领域，包括新能源和再生能源、低碳能源、污水处理、发光二极管应用、绿色运输系统、高科技绿色城市。

三是通过发展低碳产业扩大就业。根据韩国政府估算，发展再生能源产业比制造业多创造 2～3 倍的就业。尤其是发展太阳能产业、风力发电业，需要 8 倍于普通产业的就业人口。作为环保努力的一部分，韩国政府还将投资 3 万亿韩圆用于扩大森林面积，并提供 23 万个就业岗位。

二、我国低碳经济发展战略

（一）我国发展低碳经济的战略构想

中国近年来率先开展的节能减排行动中已经为减缓气候变化作出了实质性贡献。我国政府提出的加快建设“两型社会”的重大战略构想和一系列节能减排政策措施，是符合时代发展潮流、适合中国国情的，是具有中国特色的低碳经济之路。

发展低碳经济是一项战略性系统工程。为进一步推进我国低碳经济健康发展，必须研究战略取向，明确战略目标，确定战略重点，制定战略措施，坚定不移地探索中国特色的低碳发展之路。一是在科学发展观的统领下，继续紧紧抓住战略机遇期，利用未来 20 年全球化石能源供应相对充足、国内外相对较好的资源能源条件加速完成工业化的历史任务；二是在循环经济的战略基础上，研究制定低碳经济发展战略，以资源节约、环境保护为基本国策，把低碳发展作为建设“两型社会”和创新型国家的重点内容，并把低碳经济发展战略上升到国家战略层次；三是在可持续发展的框架下，坚持把提高能效作为核心，不断降低能源消费强度和碳排放强度，努力减少二氧化碳排放的增长率，实现碳排放与经济增长的逐步脱钩；四是在建设创新型国家前提下，通过引进、消化、吸收和自主创新，形成一批具有自主知识产权的低碳先进技术，注重开发、示范和推广一批对低碳经济有重大带动作用的共性和关键链接技术；五是在全球经济一体化形势下，主动承诺符合国情和实际能力的自愿节能减排行动，提升负责任大国的国际形象，并积极参与国际气候体制谈判和低碳规则制定，为我国的工业化进程争取更大的发展空间。

（二）发展低碳经济的战略目标

2008 年在八国集团首脑会议上，八国提出将寻求与《联合国气候变化框架条约》其他成员国共同努力，实现 2050 年将全球温室气体排放量减少至少 50%（年均减少 0.83 个百分点）的途径，这意味着，2050 年全球化石燃料产生的二氧化碳排放不能超过 104 亿 t，即使发达国家 2050 年实现零排放，发展中国家也要在 2005 年 142 亿 t 的基础上减少 38 亿 t，这显然是极其困难的。

2009 年 3 月中科院发布《2009 中国可持续发展战略报告》提出，到 2020 年，我国单位 GDP 能耗比 2005 年降低 40%～60%，单位 GDP 的 CO_2 排放降低 50%

左右（年均降低 3.33 个百分点）。此外，可再生能源在能源消费中的比重由目前的 8%提高到 2020 年的 20%左右。中科院和有关部门制定的这一目标，既参考了全球目标要求，又考虑了中国国情，体现了“共同但有区别的责任”原则，是一个积极可行的战略目标。

（三）发展低碳经济的战略步骤

第一，制定科学的发展规划。规划是发展的先导，符合发展实际和未来发展方向的规划将极大刺激生产力水平提升。将低碳经济纳入国民经济和社会发展规划，进行总体安排部署，在此基础上制定低碳经济专项规划，提出规划目标、发展重点和保障措施等，确定绿色经济的统计和考核指标，并将低碳技术研发纳入国家科技规划和相关科技计划，同时制定重点行业和部门的低碳规划，使其向绿色转型。

第二，加大低碳投入力度。要通过政府投资、财政补贴、税收优惠、政府采购、信贷担保等手段，加大财税支持力度，从减排角度对财经政策进行整合，探索设定“碳预算”，根据“碳预算”排放目标安排相关财政预算，并尽快开征“碳税”。同时积极发展低碳金融（绿色信贷）、碳期货、低碳证券等各种低碳金融衍生品，促进低碳经济的发展。

第三，加快低碳经济立法。修改相关立法，尽快出台《推进低碳经济发展的指导意见》，以法律形式保障低碳经济的有效推行；开展“应对气候变化法”的立法可行性研究；在相关法规修订中，增加应对气候变化的有关条款，逐步建立起应对气候变化的法规体系。同时，要积极借鉴国际经验，在国家和地方政府层面出台发展低碳经济的指导意见，形成绿色发展的政策环境。

第四，用好市场机制。发展低碳和生态经济必须依靠市场，依托新型产业。这就要求我们必须建立符合低碳和生态经济发展需求的市场体系，综合考虑经济、能源、碳排放等因素，发挥市场在配置资源方面的基础性作用，完善供求、竞争、价格、风险等市场机制；加快实施产业化工程，实施规模化开发利用，确保资源在产业中得到最有效配置。

第五，加强科技创新。组织实施重大科技研发与示范项目，力争在关键技术和关键工艺上有重大突破；扶持新能源、节能减排、生态环保装备制造业，努力提高关键设备国产化率；加快建立产学研长效合作机制，增强自主创新能力。

第六，培育全民低碳意识。深入开展科普工作和教育，鼓励消费者购买低碳的、技术先进的产品。创新低碳消费文化，推行低碳消费方式；从科学发展观的战略高度，把低碳文化变为全社会的主流意识，把低碳消费作为社会生产和生活的头等大事抓紧抓实。

第七，加强国际交流与合作。要积极开展国际技术合作，通过共同研发、合理转让等方式提高国内的科技水平和创新能力，尽快缩小与先进低碳技术方面的差距。伴随《京都议定书》的执行，发展中国家正成为碳市场的卖方市场主角，中国政府必须积极参与碳市场交易规则制定，引导中国企业积极参与全球碳市场交易，力争在国际碳交易市场中取得竞争优势。

（四）发展低碳经济的战略重点

首先，调整产业结构。产业结构优化是降低碳排放强度的有效途径，未来中国应积极调整产业结构，努力推进经济发展方式的转变，加快发展第三产业，特别是发展现代服务业，减少国民经济发展对工业增长的过度依赖，有效降低单位GDP碳排放的强度，实现低碳发展。

其次，调整能源结构。由于石油和天然气的单位热量消耗碳排放量较煤炭低10%～30%，必须加快实施“两个转变”，即国家能源消费从以传统煤炭为主向以石油和天然气为主的结构转变；以传统化石能源为主向以清洁和可再生能源为主的结构转变。通过化石能源内部和外部结构调整，有效减缓碳排放增长速度，促使我国能源结构向低碳能源方向发展。

再次，调整技术结构。低碳技术是发展低碳经济的关键。大力发展节能技术、无碳和低碳能源技术、二氧化碳捕捉与埋存技术，建立绿色科技支撑体系，尤其要加快发展核能、风能、水能、太阳能、海洋能、生物质能等相关技术，争取克服关键技术问题，同时大幅度降低成本。

最后，大力提高能效。提高能效被认为是煤炭、天然气、核能和再生燃料之外的第五种发电“燃料”。更高的能效意味着可以减少 2/3 的温室气体排放。节能应当是我国长期优先坚持的战略，应加大节能和提高能效的力度，在钢铁、水泥、化工等高耗能行业，通过节能和提高能效，降低碳排放强度。

三、低碳经济发展规划的编制程序与内容

（一）低碳经济发展规划的编制程序

低碳经济发展规划的编制一般按下列程序进行：

1．确定任务

当地政府委托规划编制相关单位编制低碳经济发展规划，明确编制规划的具体要求，包括规划范围、规划时限、规划重点等。

2．调查、收集资料

规划编制单位应收集编制规划所必需的当地社会、经济、环境现状资料，社会经济发展规划、城镇建设总体规划，以及农、林、水等行业发展规划等有关资料。

3. 编制规划大纲

负责规划编制的单位通过对调查、收集的资料的研究与分析，编制低碳经济发展规划大纲，经有关主管部门召集专家论证或征询专家意见后，作为编制规划报告书的依据。

4. 编制规划

规划编制单位按照规划大纲的要求编制规划。

5. 规划审查

有关主管部门依据论证后的规划大纲组织对规划进行审查，规划编制单位根据审查意见对规划进行修改、完善后形成规划报批稿。

6. 规划批准、实施

规划报批稿报送县级以上人大或政府批准后，由当地政府组织实施。

（二）低碳经济发展规划的内容

1. 任务由来

阐述低碳经济发展规划编制任务的由来、编制的目的、依据、指导思想、原则、规划范围、规划时限、技术路线等。

2. 现状与趋势分析

介绍低碳经济发展规划地区社会、经济、环境、文化等背景情况，介绍地区社会经济发展规划和行业建设规划的要点，阐明其发展趋势，使该地区低碳经济发展规划与其经济和社会发展规划相协调。

3. 存在的主要问题

通过现状的调查与分析，说明存在的主要问题，分析实现规划目标的有利条件和不利因素。

4. 规划目标

在调查和预测的基础上确定规划目标，包括总体目标和分期目标。

5. 低碳经济建设的主要领域和重点任务

低碳经济建设的主要领域包括低碳能源建设、低碳产业体系建设、建设低碳生活、低碳建筑、低碳文化建设等方面。

6. 低碳经济建设的重点项目

按照国家有关工程费用预算方法，对规划工程项目及其他项目逐项进行费用预算，提出优先安排的工程项目。

7. 规划实施效益分析与评价

对低碳经济发展规划实施的经济效益、生态环境效益、社会效益三方面进行定性及定量分析。

8. 规划实施的保障措施

为了完成规划任务，实现规划目标，需要从法制、组织、资金、技术、社会等方面进行分析，以提供相应的保障措施。

思考题

1. 如何理解可持续发展前提下的低碳经济发展战略。
2. 简述我国低碳经济发展战略。
3. 什么是低碳经济发展规划，有何作用？
4. 结合实际，说明编制低碳经济发展规划的具体内容。
5. 结合你所熟悉的县镇，说明其低碳经济发展规划编制的基本程序。

参考文献

[1] 张坤民，潘家华，崔大鹏，等. 低碳发展论[M]. 北京：中国环境科学出版社，2009.

[2] 张坤民，潘家华，崔大鹏，等. 低碳经济论[M]. 北京：中国环境科学出版社，2009.

[3] 蔡林海. 低碳经济大格局[M]. 北京：经济科学出版社，2009.

[4] 孙桂娟. 低碳经济概论[M]. 济南：山东人民出版社，2010.

[5] 刘杨. 低碳经济文献综述与经济学分析[J]. 合作经济与科技，2010（400）.

[6] 陈新斐，卢晓勇. 外部影响理论在循环经济中的应用[J]. 技术经济，2006（2）.

[7] 肖明胜. 引导低碳经济发展的机制研究[J]. 财政研究，2010（5）.

[8] 尚红云，蒋萍. 中国能源消耗变动影响因素的结构分解[J]. 资源科学，2009（2）.

[9] 段红霞. 低碳经济发展的驱动机制探析[J]. 当代经济研究，2010（2）.

[10] 李伟. 低碳经济：国际能源战略新路线[J]. 教学与研究，2010（2）.

[11] 李伟. 碳经济发展框架初步研究[J]. 地理研究，2010（5）.

[12] 杨发庭. 低碳经济：我国能源战略的路径选择[J]. 浙江工贸职业技术学院学报，2010（1）.

第三章

低碳经济与制度创新

引言 低碳经济是一种新的经济发展形态。毫无疑问，社会建制必须适应这种经济发展形态的变化，建构新的制度体系。或者说，一个国家、区域或全球，只有相关低碳经济的制度建构、完善起来，低碳经济的发展形态才能够形成和完备。

本章学习目标 了解目前世界低碳经济的管理体制、法律、经济政策方面的制度创新情况，熟悉碳交易方面的知识。进一步探索低碳经济的管理体制、法律和经济政策。

第一节 低碳经济管理体制创新

低碳经济是要克服全人类共同面对的气候问题，达到经济社会发展与生态环境保护"双赢"的一种经济发展形态。这种新的经济发展形态要求管理体制创新。下面就有关这方面的问题做一些探讨。

一、国际管理体制创新

低碳经济是在《京都议定书》的国际条约基础上实施的经济发展形态，而这一国际性条约与以往的条约完全不同。以往的国际条约都是在武力主导或者威胁下达成的，而《京都议定书》是在完全自愿的条件下形成的。它的实施，就国际层面而言，从一开始就带有自觉自愿的性质。在确定了各国温室气体减排目标后，国家之间采取"平等交易"的形式进行总量控制。

具体的减排方式《京都议定书》确定了四种：（1）两个发达国家之间可以进行排放额度买卖的"排放权交易"，即难以完成削减任务的国家，可以花钱从超额完成任务的国家买进超出的额度。（2）以"净排放量"计算温室气体排放量，即从本国实际排放量中扣除森林所吸收的二氧化碳的数量。（3）可以采用绿色开发机制，促使发达国家和发展中国家共同减排温室气体。（4）可以采用"集团方式"，即欧盟内部的许多国家可视为一个整体，采取有的国家削减、有的国家增加的方法，在总体上完成减排任务。

二、政府角色定位创新

与以往的市场经济理论强调的政府只是参与者、只起辅助作用不同，低碳经济需要政府起主导、领导作用。因为传统的市场条件下，希望通过企业与个人自动减少碳排放几乎是不可能的，面对日益严重威胁人类生存的全球变暖的气候形势，必须依赖政府从管理体制、法律法规、经济政策、技术研发和标准等方面强制推动。例如，低碳技术因为成本相对较高、收益相对较低而公益性突出，政府就必须对新的低碳技术研发进行投资，并通过相关政策和激励机制保障低碳技术应用。英国著名学者安东尼·吉登斯（Anthony Giddens）于 2009 年出版了《气候变化的政治》一书，提出了“保障型国家”（ensuringstate）概念，对低碳经济时期政府的角色进行了新的定位。强调只要气候变化受到关切，国家必须像一种催化剂、一名协调员那样行动起来——它必须鼓励和支持各种各样的社会团体推动政策向前走。但是，它不能仅仅当一名协调员，因为它还必须保障实现确切的结果——最主要的是不断减少碳排放。保障型国家是这样一个国家，它有能力产生出确切的结果，这一结果不仅它自己的国民可以信赖，而且其他国家的领导人同样可以信赖。

三、减排目标管理凸显

明确减排目标是低碳经济建设的前提条件，所以各个推行低碳经济的国家都要首先确定一定时限的减排目标。在《京都议定书》规定的 2008 年至 2012 年的第一承诺期内，欧盟签订《京都议定书》的 15 个成员国承诺实现将其总的温室气体排放量在 1990 年基础上减少 8%的目标。我国已经承诺到 2020 年，把碳排放强度（在 2005 年的基础上）降低 45%。各种不同行业的减排目标也需要政府统一制定。

围绕这些目标制定具体的实施措施，制定相应的法律予以保证。英国于 2003 年 2 月 24 日发表了《我们能源的未来——创建低碳经济》白皮书；2007 年 3 月通过了《气候变化法案》（草案），2008 年年末正式颁布，并在 2009 年开始实施其中的碳预算等主要制度和政策；2009 年 7 月 15 日，英国政府公布了《英国低碳转型计划》白皮书。通过这一系列的法律与政策，英国确立了政府在低碳经济发展中的重要地位。此外，日本政府 2004 年发布《面向 2050 的日本低碳社会》、2008 年通过了《低碳社会行动计划》，将低碳社会作为未来发展方向。德国是欧洲国家中推行低碳管理法律框架最完善的国家之一，1986 年修改出台《废弃物限制及废弃物处理法》，1996 年制定了《循环经济与废弃物管理法》，2002 年出台了《节约能源法案》，2004 年出台了《国家可持续发展战略报告》。美国也通过了《清洁能源安全法案》(ACES)。

四、社会共治模式创新

低碳经济，必须建立、完善政府、市场、公民全社会共治模式。国际社会需要密切协调。各国政府在低碳社会建设中起领导作用，制定低碳城市发展目标与规划，促进多方合作，建设相应的监管制度，促进低碳城市、低碳社区建设，通过市场体系促进节能技术升级，形成低碳技术与低碳产品开发的市场环境。促进政府、企业、行业协会、咨询公司、投资公司、科研机构及媒体等多方面力量的参与和合作，共同促进低碳发展。公民个人要深化低碳理念、改变消费观念，参与低碳决策。

第二节 法律创新

一、国际法律创新

(一)《联合国气候变化框架公约》

《联合国气候变化框架公约》(United Nations Framework Convention on Climate Change，以下简称《框架公约》，英文缩写 UNFCCC) 是 1992 年 5 月 22 日联合国政府间气候变化委员会就气候变化问题达成的公约，于 1992 年 6 月 4 日在巴西里约热内卢举行的联合国环发大会(地球首脑会议)上通过。这是世界上第一个为全面控制二氧化碳等温室气体排放，以应对全球气候变暖给人类经济和社会带来不利影响的国际公约，也是国际社会在对付全球气候变化问题上进行国际合作的一个基本框架。

公约中确定了“共同但有区别的责任”原则。《联合国气候变化框架公约》指出，历史上和目前全球温室气体排放的最大部分源自发达国家，发展中国家的人均排放仍相对较低。英国风险评估公司枫园(Maplecroft) 2009 年底公布的能源使用二氧化碳排放指数显示，美国年人均排放二氧化碳 19.58 t，澳大利亚 20.58 t，而中国为 4.6 t，不及澳大利亚和美国的 1/4。从人均历史累计碳排放量看，英国、美国人均高达 1 100 t，而中国人均 66 t，只是美英等国的约 1/20。《框架公约》提出，应对气候变化，各国负有“共同但有区别的责任”，发达国家应率先采取行动。

（二）《京都议定书》

《京都议定书》（英文：Kyoto Protocol，又译《京都议定书》、《京都条约》；全称《联合国气候变化框架公约的京都议定书》）是《联合国气候变化框架公约》的补充条款。是1997年12月在日本京都由联合国气候变化框架公约参加国第三次会议制定的。其目标是“将大气中的温室气体含量稳定在一个适当的水平，进而防止剧烈的气候改变对人类造成伤害”。

到2009年2月，一共有183个国家签署了该条约（超过全球排放量的61%），引人注目的是美国没有签署该条约。

二、各主要国家的法律创新

（一）英国

英国是最早提出低碳经济概念并积极倡导低碳经济的国家。2003年，英国政府在《能源白皮书》中正式提出实施低碳经济战略，计划到2050年二氧化碳排放量减少60%，并提出实现目标的一系列原则和措施，包括建立独立的、有法律约束的竞争市场，以便为低碳技术发展提供合适的投资环境。2007年3月，英国公布了全球首部应对气候变化问题的专门性国内立法文件——《气候变化法（草案）》。同时，还出台了《英国气候变化战略框架》，提出了全球低碳经济的远景设想。2007年5月，英国政府发布了新版《能源白皮书》。

（二）美国

在气候变化问题上，美国政府长期以各种理由对减排承诺和行动保持较为消极的态度，并且因没有批准《京都议定书》而受到国际社会的普遍批评。然而，美国也深知低碳技术在未来世界政治经济竞争中的重要作用，力图依托其在能源效率和可再生能源方面的技术和市场优势，大力发展低碳技术，继续从根本上主导未来世界经济的发展。2006年9月，美国公布了新的气候变化技术计划。2007年7月美国参议院提出的《低碳经济法案》。2009年奥巴马上台之后，美国应对气候变化的态度变得更加积极，提出了旨在降低温室气体排放、减少对国外石油依赖的《美国清洁能源安全法案》。

（三）日本

日本认为温室气体减排需要社会整体力量来推动，并将发展“低碳经济”定位为创建“低碳社会”，而非仅仅停留在经济发展层面。日本建设“低碳社会”的三个基本理念为：实现碳的最低排放，实现能感到富足的简朴生活，确保二氧化碳吸收的再生。2007 年 6 月日本内阁通过《21 世纪环境立国战略》。2008 年 7 月，日本内阁通过了《建设低碳社会的行动计划》。

（四）印度

印度是 21 世纪世界两大新兴发展中国家之一，国情与中国有很多类似之处，目前温室气体排放总量位居世界第三。但据国际能源机构统计，2007 年印度单位 GDP 二氧化碳排放量比世界平均水平低 30%，约为中国的 50%。2008 年，印度政府推出了“应对气候变化国家行动计划”，其中包括太阳能、提高能源效率、可持续生活环境、水资源、喜马拉雅山生态保护、绿色印度、农业可持续发展和气候变化战略研究八项国家计划。印度新能源部制定了《国家可再生能源政策（草案）》。

（五）中国

目前，我国在有关低碳经济的开发利用领域已经制定了《煤炭法》《电力法》《节约能源法》《可再生能源法》《清洁生产促进法》《循环经济促进法》等法律，其中《可再生能源法》《清洁生产促进法》与《循环经济促进法》的出台与实施对于从节能减排、提高资源能源利用效率、大力发展新能源和可再生能源方面来支持低碳经济的发展具有突出的作用。另外，我国还积极制定并实施了减缓气候变化的《节能中长期规划》《可再生能源中长期发展规划》《核电中长期发展规划》《中国应对气候变化科技专项行动》《节能减排综合性工作方案》《节能减排全民行动实施方案》《2000—2015 年新能源与可再生能源产业发展规划要点》《新能源与可再生能源产业发展“十五”规划》《能源发展“十一五”规划》《中国应对气候变化的政策行动》等规划与政策。

第三节 经济政策创新

为了发展低碳经济，世界许多国家都积极探索新的经济政策，尤其是发达国家。下面对这些探索做一些介绍。

一、英国低碳经济政策

英国应对气候变化的政策措施包括实施气候变化税制度、创新碳基金、推出气候变化协议、启动温室气体排放贸易机制、使用可再生能源配额等。各种政策措施，不仅各具特色，而且是一个相互联系的有机整体。

（一）实施气候变化税（CCL）制度

气候变化税，即能源使用税制度，是英国气候变化总体战略的核心部分。政府将气候变化税的收入主要通过三个途径返还给企业：一是将所有被征收气候变化税的企业为雇员交纳的国民保险金调低 0.3 个百分点。二是通过“强化投资补贴”项目，鼓励企业投资节能和环保技术或设备。三是成立碳基金，为产业与公共部门的能源效率咨询提供免费服务、现场勘查与设计建议等，并为中小企业在促进能源效率方面提供贷款。在英国，气候变化税一年筹措 11 亿～12 亿英镑，其中 8.76 亿英镑以减免社会保险税的方式返还给企业，1 亿英镑成为节能投资的补贴，0.66 亿英镑拨给了碳基金。据测算，由于气候变化税政策的实施，至 2010 年，英国每年可减少 250 多万 t 碳排放，相当于 360 万 t 煤炭燃烧的排放量。

（二）推出气候变化协议（CCA）

英国政府考虑到气候变化税的征收可能会给能源密集型产业造成重大负担，推出了气候变化协议制度，以减少这些企业的气候变化税负担。能源密集型产业如果与政府签订气候变化协议，并达到规定的能源效率（温室气体减排）目标，政府可减少征收其应支付气候变化税的 80%。如果企业不能兑现约定的目标，英国政府也允许这些企业参与英国排放贸易机制，以买卖各企业允许排放配额的方式，来实现气候变化协议的要求。

（三）启动温室气体排放贸易机制

英国是最早实施温室气体排放贸易机制的国家。该机制有四种方式，即直接参与、协议参与、项目参与及开设账户。作为主管机构的英国环境—食品—乡村事务部（DEFRA）开设排放量交易登记处，所有承诺减排目标的参与者必须按相关条例严格检测和报告企业每年的排放状况，并经过有职业资格的第三方独立认证机构的核实，只有通过验证的排放量与信用额度方能获得登记。为方便交易，英国还开发了一套温室气体排放贸易的电子注册系统和实时交易平台。所有参与者至少注册一个账户，来记录其基本情况及其配额、配额转移、配额供需等信息。

（四）使用可再生能源配额

可再生能源配额，即所有注册的电力供应商都制约于一定的可再生能源法定配额：生产的电力中有一定比例是来自于可再生能源，配额是逐年增加的。实现配额政策的主要方式是向可再生能源发电商购买电力的同时购买可再生能源配额证书，或是从发电商、独立供电方那里只购买可再生能源配额证书。而购买证书这项政策，目的在于鼓励企业更多地使用可再生能源。

二、美国发展低碳经济的政策措施

美国将发展低碳产业作为重振经济的战略选择。2009 年 6 月，美国完成了《美国清洁能源与安全法案》，用立法的方式提出了建立美国温室气体排放权（碳排放权）限额——交易体系的基本设计。

美国通过能源政策的调整来发展低碳经济的主要政策措施有以下方面：一是在能源战略转型方面，应对日益上涨的能源价格，为美国家庭提供短期退税。二是在电力方面，美国计划到 2012 年，使发电量的 10%来自可再生能源等，2025 年这一比例达到 25%，同时推进智能电网计划。三是在新能源技术方面，美国计划用 3 年时间将风能、太阳能和地热发电能力提高一倍。政府将大量投资绿色能源——风能及有着广阔前景的新型沙漠太阳能电池板、核能等。四是在建筑方面，美国将大规模改造联邦政府办公楼，包括对白宫进行节能改造。五是在汽车方面，美国将促使政府和私营行业大举投资混合动力汽车、电动车等新能源技术，减少石油消费量。

三、德国发展低碳经济的政策措施

（一）通过税收制度的改革，提高能源使用效率，减少碳排放

德国把征收能源税作为生态税改革计划的一部分，对特定的能源进行征税。1999 年，第一次开始对汽车燃料、燃烧用轻质油、天然气和电征税。生态税是德国提高能源使用效率、改善生态环境和实施可持续发展计划的重要政策之一。德国联邦经济部与复兴信贷银行已建立节能专项基金，用于促进中小企业提高能源效率。为减少交通工具的二氧化碳排放，德国政府计划通过修改机动车税来推动碳减排目标的实现，规定新车要标注能源效率信息，将二氧化碳排量纳入标注范围。德国政府还极力主张将空运列入欧洲二氧化碳排放量交易系统中，支持“欧洲航空一体化”建议，希望通过一体化将航空领域产生的二氧化碳减少 10%。

（二）大力发展可再生能源

德国政府通过《可再生能源法》保证可再生能源的地位，对可再生能源发电进行补贴，平衡了可再生能源生产成本高的劣势，使可再生能源得到了快速发展。德国 1991 年出台了《可再生能源发电并网法》，规定了可再生能源发电的并网办法和足以为发电企业带来利润的收购价格。德国还制定了沼气优先原则，促使天然气管道运营商优先输送沼气，并参考天然气制定沼气的市场价格，从而确定补贴额。此外，德国还制定了《可再生能源供暖法》，促进将可再生能源用于供暖。

四、意大利发展低碳经济的政策措施

由于意大利的能源 80%以上都依靠进口，因此意大利更加注重可再生能源和新能源的开发和利用，并重视落实《京都议定书》的义务，其采取的政策措施也十分丰富而有效。主要措施包括低碳价格收费机制与认证制度。

（一）实施 CIP6 机制

为了支持可再生能源的发展，意大利政府从 1992 年开始实施 CIP6 机制，以保证购买价格的方式支持可再生能源发电厂的建设。制定不同购买价格的依据包括：可再生能源项目的建设费用、运行和维护费用、燃料费用、促进发展的费用、可再生能源设备的种类、全部或部分用于可再生能源以及能源产品是全部出售或是仅出售剩余产品等不同情况。详细的价格依据为从政策导向上推动可再生能源的发展提供了必要的手段。

（二）实行“绿色证书”制度

“绿色证书”是指通过利用可再生能源向国家电网输送电力并由国家电网管理局（GRTN）认可后颁发的证书，GRTN 根据相关规定制定“绿色证书”的参考价格。生产商或进口商可通过自己的可再生能源生产来完成规定的指标，也可通过购买“绿色证书”的方式完成任务。

（三）实行“白色证书”制度

“白色证书”也称能源效率证（TEE），是意大利政府为减少能源消耗而出台的鼓励措施。企业申请“白色证书”，有最低的节能目标，根据注册项目的不同而变化。“白色证书”可以流通转让，电能和天然气管理局（AEEG）负责签发 TEE、评估 TEE 价格并对节能效果进行检查。TEE 主要针对节约电能、天然气、其他燃料三种类型进行发放。最终用户达到 10 万以上的企业，必须实施“白色证书”制度，10 万用户以下的企业或服务、制造和安装部门的企业可以自愿实行。对达到节能目标的企业，AEEG 或其他政府部门将给予经济奖励。节能效果超过规定目标，可出售其富余的“白色证书”，达不到最低节能目标者，可从市场上购买“白色证书”，否则将受到经济处罚。

五、日本发展低碳经济的政策措施

（一）实行能源科技发展战略，抢占低碳技术制高点

面对能源的日渐短缺，日本把能源技术列为本国的科技研发重点领域，即从

提高能源使用效率和发展清洁非化石能源两个方面入手。《第三期科技基本计划》中的 4 个推进领域之一就是能源技术。2006 年 6 月，日本出台了《国家能源新战略》，从发展节能技术、降低石油依存度、实施能源消费多样化等 6 个方面推行新能源战略，并计划在 2030 年前将日本的整体能源使用效率提高 30%以上；积极发展太阳能、风能、燃料电池以及植物燃料等可再生能源，降低对石油的依赖；大力推进可再生能源发电等能源项目的国际合作。

（二）加大科研经费投入，全力支持低碳技术的研发

根据日本科技预算重点战略，2008 年日本政府科技预算为 35 708 亿日元，比 2007 年增加 595 亿日元，增幅为 1.7%。一是用于 8 个重点领域政策性课题的研究开发经费比 2007 年增加 467 亿日元，占政府科技总预算的 48.9%。二是战略重点科学技术经费在 2007 年增加 36%的基础上，2008 年又比 2007 年增加 13.4%，从 3 873 亿日元增加到 4 393 亿日元。三是增加国家基础骨干技术的资金投入。四是通过科技预算对落实重点科技政策的项目给予经费保证。

（三）加强能源立法，规范和支撑低碳社会建设

已构建了由能源政策基本法为指导，由煤炭立法、石油立法、天然气立法、电力立法、能源利用合理化立法、新能源利用立法、原子能立法等为中心内容，相关部门法实施令等为补充的能源法律制度体系，形成了金字塔式的能源法律体系。2008 年 6 月 11 日，日本国会通过了《通过推进研发体系改革强化研发能力及提高研发效率》（简称《研发力强化法》），以法律形式对《第三期科技基本计划》出台以后政府形成的促进科技创新和研发的新理念、新措施予以支撑。

第四节 碳交易

碳交易是《京都议定书》为促进全球温室气体排减，以国际公法作为依据的温室气体排减量交易。在 6 种被要求减排的温室气体中，二氧化碳（CO_2）为最大宗，所以这种交易以每吨二氧化碳当量为计算单位，所以统称为“碳交易”。其交易市场称为碳市（Carbon Market）。

碳交易实质是排污权交易的一种，是温室气体排放权交易。它是《京都议定书》为促进全球温室气体减排，以国际公法作为依据的温室气体排减量交易。这种交易被区分为两种形态：配额型交易（Allowance-based transactions）和项目型交易（Project-based transactions）。目前，美国没有签署强制减排协议，欧洲是推动全球碳减排的主力。全球碳市场的买家也主要集中在欧洲，而中国被许多国

家看做是最具潜力的减排市场，也就是卖方市场。

碳资产，原本在这个世界上并不存在，它既不是商品，也没有经济价值。然而，1997 年《京都议定书》的签订，改变了这一切。在环境合理容量的前提下，政治家们人为规定包括二氧化碳在内的温室气体的排放行为要受到限制，由此导致碳的排放权和减排量额度（信用）开始稀缺，并成为一种有价产品，称为碳资产。

碳资产的推动者，是《联合国气候框架公约》的 100 个成员国及《京都议定书》签署国。这种逐渐稀缺的资产在《京都议定书》规定的发达国家与发展中国家“共同但有区别的责任”前提下，出现了流动的可能。

为达到《联合国气候变化框架公约》全球温室气体减量的最终目的，法律架构约定了三种排减机制：清洁发展机制（Clean Development Mechanism，CDM）、联合履行（Joint Implementation，JI）、排放交易（Emissions Trade，ET）。这三种都允许联合国气候变化框架公约缔约方国与国之间，进行减排单位的转让或获得，但具体的规则与作用有所不同。

清洁发展机制是针对附件一国家（开发中国家）与非附件一国家之间在清洁发展机制登记处的减排单位转让。旨为使非附件一国家在可持续发展的前提下进行减排，并从中获益；同时协助附件一国家通过清洁发展机制项目活动获得“排放减量权证”（专用于清洁发展机制），以降低履行联合国气候变化框架公约承诺的成本。

联合履行是附件一国家之间在“监督委员会”监督下，进行减排单位核证与转让或获得，所使用的减排单位为“排放减量单位”。

排放交易则是在附件一国家的国家登记处之间，进行包括“排放减量单位”、“排放减量权证”、“分配数量单位”、“清除单位”等减排单位核证的转让或获得。

根据以上三种机制，碳交易被区分为配额型交易和项目型交易两种。配额型交易（Allowance-based transactions）是在总量管制下所产生的排减单位的交易，如欧盟的欧盟排放权交易制的“欧盟排放配额”（European Union Allowances，EUAs）交易，主要是被《京都议定书》排减的国家之间超额减排量的交易，通常是现货交易。项目型交易（Project-based transactions）是在因进行减排项目所产生的减排单位的交易，如清洁发展机制下的“排放减量权证”、联合履行机制下的“排放减量单位”，主要是通过国与国合作的减排计划产生的减排量交易，通常以期货方式预先买卖。

2005 年《京都议定书》正式生效后，全球碳交易市场出现了爆炸式的增长。2007 年碳交易量从 2006 年的 16 亿 t 跃升到 27 亿 t，上升 68.75%。成交额的增长更为迅速。2007 年全球碳交易市场价值达 400 亿欧元，比 2006 年的 220 亿欧元上升了 81.8%，2008 年上半年全球碳交易市场总值甚至就与 2007 年全年持平。目前，在全球气候变化谈判陷入僵局、欧美各国等拒签新的 CDM 项目的背景下，国际碳交易市场呈现下降的势头。据了解，2009 年自愿性碳交易市场的交易总额为 3.82 亿美元，其平均价格为每吨 6.4 美元左右，分别比 2008 年下降了 48% 和 13%。

世界上的碳交易所共有四个：欧盟的欧盟排放权交易制（European Union Greenhouse Gas Emission Trading Scheme，EU ETS）、英国的英国排放权交易制（UK Emissions Trading Group，ETG）、美国的芝加哥气候交易所（Chicago Climate Exchange，CCX）、澳大利亚的澳大利亚国家信托（National Trust of Australia，NSW）。

在中国，越来越多的企业正在积极参与碳交易。2005 年 10 月，中国最大的氟利昂制造公司山东省东岳化工集团与日本最大的钢铁公司新日铁和三菱商事合作，展开温室气体排放权交易业务。估计到 2012 年年底，这两家公司将获得 5 500 万 t 二氧化碳当量的排放量，此项目涉及温室气体排放权的规模每年将达到 1 000 万 t，是目前全世界最大的温室气体排放项目。联合国开发计划署的统计显示，截止到 2008 年，中国的二氧化碳减排量已占到全球市场的 1/3 左右，预计到 2012 年，中国将占联合国发放全部排放指标的 41%。但是，由于碳交易的市场和标准都在国外，中国为全球碳市场创造的巨大减排量，被发达国家以低价购买后，包装、开发成价格更高的金融产品在国外进行交易。

经过多年的发展，碳交易市场渐趋成熟，参与国地理范围不断扩展、市场结构向多层次深化和财务复杂度也不断增加。有专家认为，目前尚未真正形成全球统一性碳交易市场体系和金融中心，国际政治和金融博弈正在气候变化谈判中显现，碳市场的出现为推动人民币成为国际货币提供了一个契机。

同时，我们也应当看到，碳交易一定程度上可以减少一些发达国家的二氧化碳排放量，并能给一些落后的国家以资助，但是谁能说这不属于一种资源掠夺。且这会限制落后国家一些工厂的发展，因为他们的排放量会被相应地挤去一部分，而且这在一定程度上将促进发达国家二氧化碳的排放，使他们对如何减少二氧化碳排放的研究有所轻视。

思考题

1. 结合气候变化问题，讨论国际治理结构。
2. 如何加强我国低碳经济立法？
3. 结合我国实际，探讨我国低碳经济的经济政策选择。
4. 如何加强我国低碳技术创新？

参考文献

[1]　李军鹏. 低碳政府理论研究的六大热点问题[N]. 学习时报，2010-05-25.

[2]　马翠梅. 世界低碳经济发展态势及对我国的启示[J]. 团结，2010（1）.

[3]　郭印. 国际低碳经济发展现状及趋势[J]. 生态经济，2009（11）.

第四章
低碳经济与技术创新

引言 全球气候变暖造成的海平面上升，濒危物种不断灭绝，灾害性天气频发等现象，究其原因，是由于工业革命以来，以化石能源为主的能源利用结构的不合理，造成了二氧化碳及其他温室气体的过量排放，导致了温室效应的加剧。因此，寻求能够降低温室气体排放量或不排放温室气体的能源利用方式，成为当今全球研究的热点问题。随着低碳概念慢慢渗透到各个领域当中，各种低碳技术逐渐走进了我们的视野，作为人类进步的推动力，技术创新必须在背后支撑低碳生产和低碳生活的实现。广义的低碳技术是指以开发有效地控制温室气体排放为目的的新技术。科学家把其分成三类：第一类是减碳技术，比如煤的清洁高效利用、油气资源和煤层气的勘探开发技术等。第二类是清洁能源技术，即在应用过程中能够实现零排放碳的能源，比如核能、太阳能、风能、生物质能、地热能等可再生能源技术。第三类就是去碳技术，典型的技术以二氧化碳捕获与封存（Carbon Capture and Storage，CCS）为代表。清洁能源技术在本书第九章有详细介绍，本部分主要以第一类和第三类低碳技术作为重点进行阐述，并将各国使用和推广低碳技术的成功经验加以总结。

本章学习目标 本章通过对目前应用比较广泛的、与能源利用相关的减碳技术和碳捕获与封存技术的介绍，深刻理解清洁能源以外的低碳技术，了解具有代表性的国家和地区在低碳技术应用和推广的成功经验以及我国低碳技术的现状，掌握目前低碳技术应用的前沿动态，熟悉如何应用低碳技术。

第一节 低碳技术

低碳技术是指以开发能够有效地控制温室气体排放为目的的新技术，发展低碳技术是低碳经济的内涵，也是解决能源安全与全球变暖问题的主要手段。低碳技术的应用遍布到工业、农业、制造业和日常生活等各个领域中。

目前根据减排的方式可以将低碳技术分为三类：第一类是减碳技术，比如煤的清洁高效利用、煤地下气化、油气资源和煤层气的勘探开发技术以及可燃冰的开采应用等。第二类是清洁能源技术，即利用在应用过程中能够实现低排放甚至零排放碳的能源替代传统的化石能源，比如核能、太阳能、风能、生物质能、地热能等可再生能源技术。第三类就是去碳技术，其典型应用当属二氧化碳捕获与封存（Carbon Capture and Storage，CCS）技术。

一、低碳技术产生的背景

自工业革命以来，人类进入现代文明，以往过度以追求经济发展为主要目的的发展模式，忽视了对环境和生态的保护，造成了在社会发展和人类文明进步的进程中向大气环境中排放了大量以二氧化碳为主的温室气体，导致近些年来全球气候变暖、自然灾害频发的趋势。人类若再不采取有效措施，努力减少大气层中温室气体的含量，应对温室效应加剧，将会导致极地和高山的冰雪消融，海平面上升，更多生物物种将濒临灭绝，灾害性气候将更加频繁地出现，甚至一些沿海的城市或国家将会从地球上永远的消失。

人类社会活动排放二氧化碳同人们需要消耗大量的能源相关，二氧化碳的全球排放量在 1751 年仅为 300 万 t，经过近两百年的缓慢增长后，自 20 世纪 40 年代开始迅速攀升，到 2008 年，全球的二氧化碳排放已经达到 299 亿 t，而这巨大的增量，绝大部分都来自于化石燃料燃烧。按以上燃料需求推算，到 2030 年与能源有关的二氧化碳排放量将会增加 62%，上升到每年 382 亿 t。

为了应对气候变化，必须大幅度削减二氧化碳排放量，需要在世界范围内大量利用低碳技术。在全球尺度上，发展低碳技术的要求与呼声越来越迫切，目前二氧化碳排放总量位居全球第一的中国，更加需要大力发展低碳技术。中国的能源消费结构模式是以煤炭为主，而煤是一种高碳燃料，煤炭的直接燃烧产生大量的二氧化碳，其对大气中温室气体含量的贡献率是极高的，要想实现碳减排目标，必须采取相应技术手段来降低煤炭的使用，或者改变煤炭的利用方式。从长远的技术和经济发展来看，中国如果不加以足够的重视，不积极采取和鼓励减排措施及技术，在未来二三十年里（至少是 2050 年前），将受到极大的国际压力和环境经济压力。实际上目前我国已经受到了来自发达国家以“碳关税”形式的贸易壁垒的压力，所以必须加大投资和低碳技术研发与推广使用的力度，以应对“全球气候变化”对我们所造成的冲击。

二、低碳技术现状

低碳技术的不断进步与应用，使得目前高消耗、高排放的能源利用结构向低碳能源结构转变成为可能。鉴于能源安全问题，低碳技术在保证能源足够经济发展需求的前提下，力求在能源构成中减少化石能源的比例，增加能源的多样性，提供更广泛的能源供应方案。

目前，全球各国对二氧化碳减排的需求与日俱增，并致力于尽可能多地在本地利用低碳技术。低碳技术的发展必须依靠科技创新支撑，还要通过科技创新攻克和突破低碳产业发展中关键核心技术的问题。所以必须要扶植和鼓励有实力的企业和科研院所加强在技术上的创新，争取在全球的低碳经济时代中占据一定市场。各国对低碳技术的研发都很重视，如美国在为应对金融危机而推出的庞大救市计划中，首期就有 250 亿美元用于汽车节能、低碳科技研发贷款，重点投放核心科技和关键零部件方面，主要是动力电池、燃料电池技术，力求突破技术“瓶颈”，解决新能源汽车发展的难题。欧盟、日本也在振兴计划中安排了巨额投资用于低碳技术研发。

三、低碳技术简介

低碳技术包括减碳技术、清洁能源技术、去碳技术，本节主要介绍与能源应用相关的减碳技术和去碳技术，低碳技术包括一系列通过改变燃放方式和改善燃烧设备，从而减少化石燃料燃烧过程中二氧化碳的排放方法和工艺，还包括在二氧化碳排放前、后对其捕捉与封存技术。

（一）减碳技术

1. 更高效率的转化过程

在化石燃料燃烧转化为其他能源的过程中（例如发电、炼油等），通过提高燃烧效率，尽量做到充分燃烧，可以使其所消耗的燃料用量及由此排出的二氧化碳数量相应减少。有报道称，通过提高燃烧效率可以减少 10%～30%的二氧化碳排放量，这一比例高低取决于老设备和替代设备的性能之间差距的大小。

目前，在所有的燃烧装置中，无论电厂锅炉、工业炉、各种燃烧器还是加热装置，都是把一种燃料转化成热能或电能用于生产。若希望能够减少温室气体的排放，在燃料燃烧的过程中需要提高燃烧效率，减少污染源的排放。所谓提高燃烧效率，就是让适量的燃料和适量的空气组成最佳比例进行燃烧。空气中有 79%的氮气，这些氮气不参加燃烧，为了使空气中 20.9%的氧气参与燃烧，必须要加热近 4 倍的氮气，然后将其放掉。这些能量的损耗是不可避免的，但可以通过保证燃料充分燃耗的前提下，最大限度地减少空气的输入量，即可将上述的能源损耗降减至最低。但是空气的减少必须在保证燃料充分燃烧的前提下进行，否则由于燃料燃烧得不充分而导致的能量损失也是非常可观的，同时也会对大气造成污染。在提高燃烧效率一系列参数中，确定最佳燃烧点是节能降耗的关键，也是此项技术最需解决的方面。理论上通常用燃烧过程中的氧含量来分析，由于燃烧是一个动态的过程，不可能是燃料过程长时间停留在最佳点上，它必定会沿着燃烧曲线变化，因此实际的燃烧点不应是最佳点，因为最佳点距左面的由未完全燃烧而引起的能量损失的大斜率直线太近，因而在实际工作点应向左略偏一些，一般以增加 0.25% O_2 为佳。目前通常的做法是使用烟道气体分析仪测量烟道中氧气和一氧化碳含量以及烟气温度等参数，通过模型计算出空燃比即过剩空气系数等参数，根据实际燃料的类型和锅炉状况，调节空燃比，作出相应的燃烧曲线（如图 4-1），找出最佳的燃烧点。确定了最佳燃烧点后即可做到减少能耗损失，同时由充分燃烧所产生的二氧化碳也会相应减少。

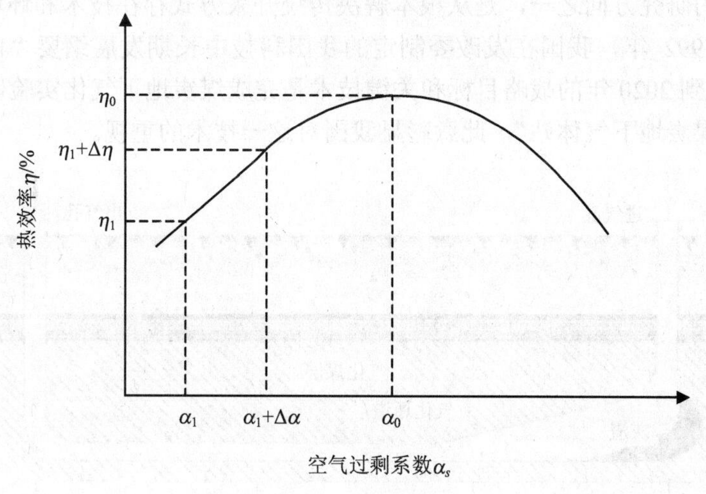

图 4-1　燃烧曲线

2．替换或转化传统燃料为低碳燃料

有关数据表明，用天然气取代煤发电，每单位发电量可减排 50%左右的二氧化碳。此项技术在英国政府的大力推进下得以实现，英国政府近期宣布将不再兴建燃煤发电厂，除非能够在建厂发电同时马上捕获或填埋至少 25%的温室气体，且到 2025 年这一比例要达到 100%。为了促进此项措施的实施，并解决电力不足的矛盾，政府将在英国东海岸线上直接兴建四个装机容量为 25 亿 W 的能源基地。每个基地将会至少有一个主要的新燃煤发电厂，它能将燃煤所排放的碳捕获并将其传送至、填埋至剩余油或气田的海域当中。政府设想将石油和煤炭公司联合起来，争取到 2025 年减少高达 60%的因燃煤发电产生的二氧化碳排放。然而，若要建设所有新的煤炭工厂进行碳的捕获和存储，每个电厂将会花费相当于 14.6 亿美元资金。政府和能源公司希望通过商讨对所有英国矿物燃料发电厂征税获得这笔资金。

还有一项“古老”而又新颖的技术在此不得不提，那就是煤炭地下气化（Underground Coal Gasification，UCG）技术，它是向地下煤层中通入气化剂，将煤炭进行有控制的燃烧，通过对煤的热作用及化学作用产生可燃气体，然后将产品煤气输送到地面加以利用的一种能源采集方式(原理如图 4-2 所示)。早在 100 多年前，以门捷列夫为代表的一些科学家，就提出采煤的目的是提取煤中的能量而不是开采煤炭本身，并提出煤炭地下气化的设想。该方法将建井、采煤、气体采集三大工艺合而为一，变物理采煤为化学采煤。这种办法抛弃庞大笨重的采煤设备和地面气化设备，具有安全性高、投资少、见效快、污染少、效益高等优点。1979 年联合国“世界煤炭远景会议”上就明确指出，发展煤炭地下气化是世界煤炭开采的研究方向之一，是从根本解决传统开采方式存在技术和环境问题的重要途径。1992 年，我国在发改委制定的我国科技中长期发展纲要“白皮书”明确指出：“到 2020 年的战略目标和关键技术是完成煤炭地下气化实验研究”并“建立商业性煤炭地下气体站”，此意彰显我国对这一技术的重视。

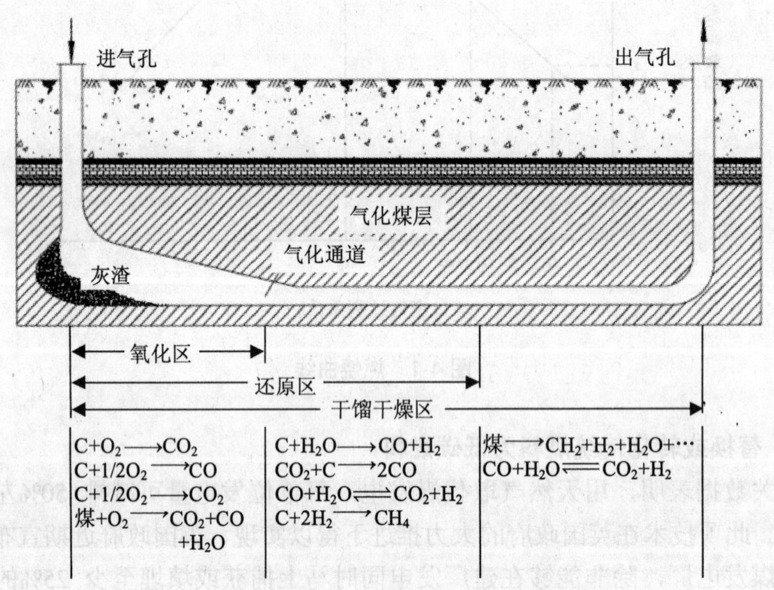

图 4-2 煤炭地下气化原理示意图

100 多年来地下气化技术，以其诱人的前景，促使各国投入了大量的人力、物力和财力进行研究试验，并取得了丰硕的成果。美国能源部宣称，煤炭地下气化技术已经成熟，一旦再出现能源危机就将启用该项技术。前苏联已经气化了 1 500 万 t 煤，产气 500 亿 m^3，目前正在筹建 8～10 座日产 100 亿 m^3 以上的气化站。煤层气可以有多种用途，其中发电是目前较为实用的用途之一。煤炭地下气化煤气可用于 IGCC 发电——整体煤气化联合循环（Integrated Gasification Combined Cycle，IGCC）发电，该技术被普遍认为是目前最有发展前景的洁净煤发电技术之一，既能达到较高的发电效率，又有极好的环保性能。在目前技术水平下，IGCC 的发电效率已达到 45%～48%（百万千瓦超超临界机组的发电效率一般为 44%左右），今后有望达到更高。

此外，煤炭地下气化可在开采过程中集中处理 CO_2 或直接将其进行循环利用以达到减排目的。气化工程中，CO_2 作为气化过程的中间体和产物，参与了一系列的氧化还原过程。由于气化的最终目标产物是 CO 和 H_2，CO_2 作为煤气中的不可燃组分，其含量限制了煤气的热值，也是潜在的 CO_2 排放源。因此，可采用气液吸收的方法将 CO_2 分离，即选用对酸性气体有吸收能力的溶液，在适宜的条件下，洗涤含 CO_2 气体的原料气，从而使 CO_2 与其他气体分离，洗涤后的吸收溶液，再经过提高温度、降低压力或采取其他措施，使被吸收的 CO_2 气体释放出来，作为气化剂再回填到进气通道中，同时吸收溶液得到再生，具体工艺可见图 4-3。研究表明，将生成的煤气中的 CO_2 分离并进行回填利用，不仅有利于提高最后生产的煤气的热值，而且实现了 CO_2 的循环利用，在很大程度上减少了 CO_2 的排放，具有较好的环境效益。

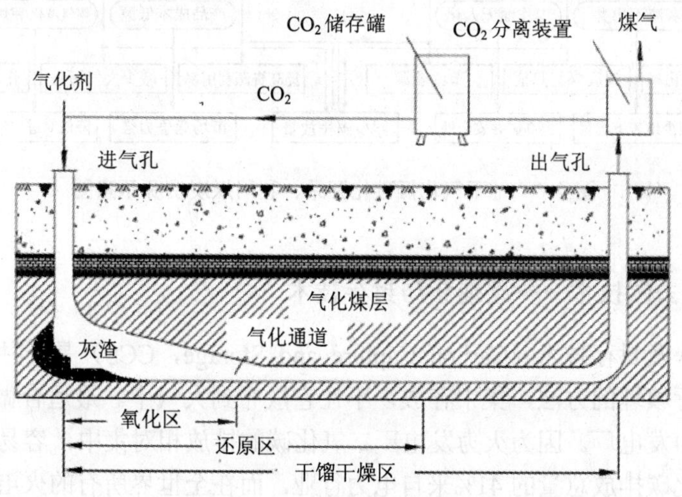

图 4-3 CO_2 分离回填工艺图

外国一些煤炭地下气化多以无井式工艺为主。但工艺始终未能解决炉型小、热值低、热稳定性差、成本高等问题，难以走上工业化生产的道路。而在我国一些地区总结了各国煤炭地下气化工艺优点，结合我国报废煤炭资源逐年增多的国情，采用“长通道、大断面、两阶段”地下气化新工艺，采用有井式气化炉。该工艺利用煤与水蒸气的热解反应，生产热值为 12.56 MJ/m³ 以上的水煤气，含 H_2 量达 60%左右，除供直接燃烧使用外，还可以提取大量纯 H_2。

综上所述，在应用低碳能源的过程中，无论是开采还是使用，各个环节都能够尽量减少二氧化碳的排放，做到提高能源利用效率的同时，为碳减排作出应有的贡献。煤炭地下气化对煤炭资源的开采和利用（图 4-4），可以取得良好的环境效益、经济效益和社会效益，对推动我国低碳经济的发展具有重要意义。

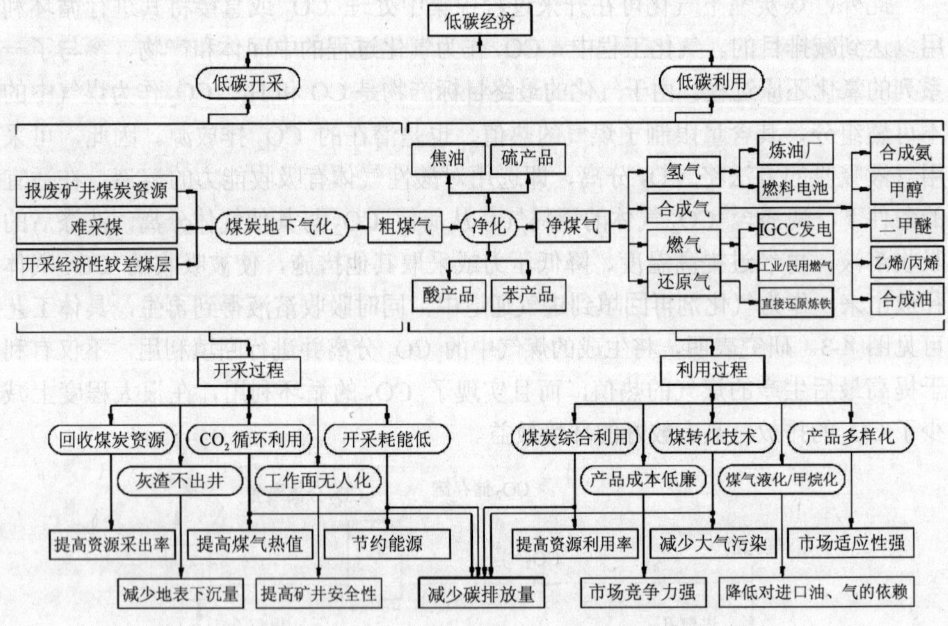

图 4-4 地下气化低碳化开采、利用煤炭资源示意图

（二）去碳技术——碳捕获与封存技术

碳捕获及封存技术（Carbon Capture and Storage，CCS）是一种将捕获的二氧化碳进行填埋的方法，集中存放，不让它散布到大气中。最适合做 CCS 的地方就是火力发电厂。因为火力发电厂二氧化碳的排放相对集中，容易捕捉。目前全球二氧化碳排放总量的 41%来自电力行业，而在全世界所有的火电厂中，煤电就占了 72%。如果大力推广此项技术，预计可以减少 85%的二氧化碳排放量，减少量的多少取决于置换的非二氧化碳捕获电厂的类型。通过把碳捕获及封存技术与共燃相结合，甚至可以减排得更多。

碳捕获及封存技术是低碳技术诸多选择方案中最根本的。它包括二氧化碳捕获、运输和封存等一系列技术的运用。实现二氧化碳的捕获与封存的一个过渡步骤就是建二氧化碳可捕获电厂。可捕获设备是一个动力设备，很有可能以煤或天然气为燃料，它的设计和制造是为使二氧化碳捕获设备以后的改装更简单、更便宜。二氧化碳可捕获电厂的类型越来越多，但基本设计只是个结构问题，其根本理念是不增加电厂的资本金或运行成本。图 4-5 为理想的电厂结构，该系统包括地下煤气化电厂和地下 CO_2 封存单元两大主要部分组成，电厂产生的电力通过电线供给城市使用，发电燃烧产生的 CO_2 通过压缩机进行压缩，将压缩后的 CO_2

通过输送管道直接输送到封存井当中，最终深埋于地下，在特定的地质环境下 CO_2 以超临界状态存在，这使得它有很大的可压缩性，适当增加压力，可使它的密度接近一般液体的密度，因而有很好的溶解其他物质的性能。另一方面，超临界态物质的黏度只有一般液体的 1/12～1/4，但它的扩散系数却比一般液体大 7～24 倍，近似于气体，所以有利于 CO_2 的封存。

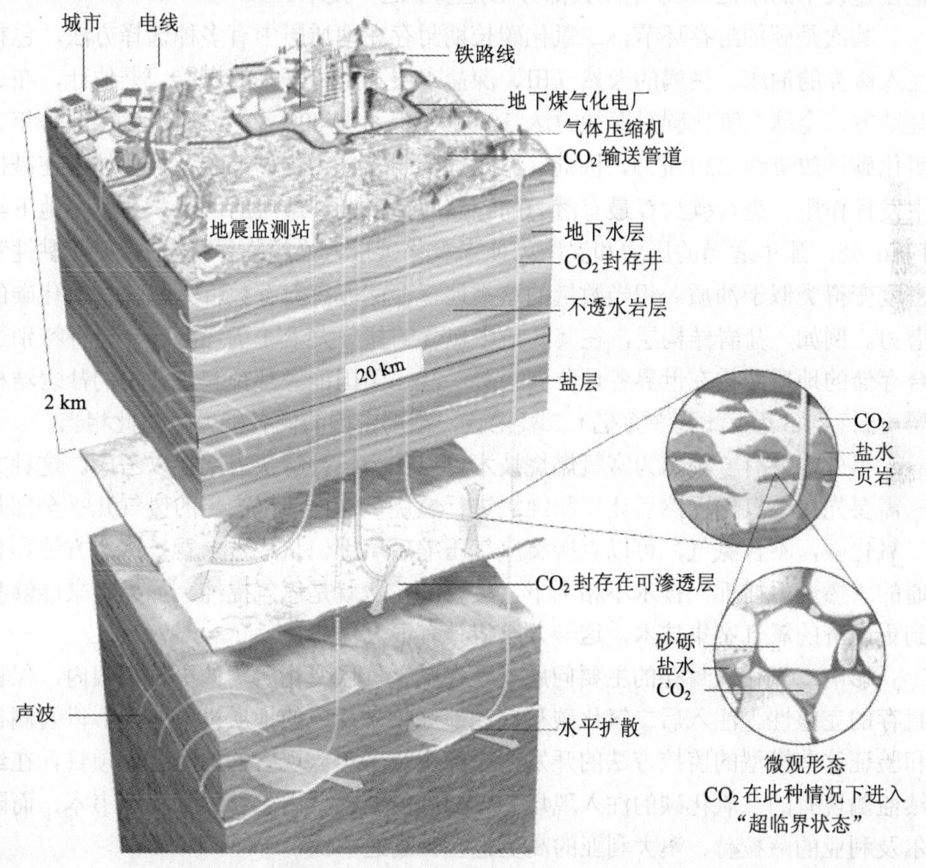

图 4-5　理想碳捕获电厂结构示意图

首先是碳捕捉环节。捕捉二氧化碳可以在煤炭燃烧前进行，这就需要先把煤炭气化，变成一氧化碳和氢气。其中的一氧化碳最终被转化成二氧化碳埋存起来，氢气则作为能源进入联合循环电厂进行燃烧，最终变成无害的水。从技术上讲，这个方法已经成熟，而且它可以把煤电厂和化工企业结合起来，利用煤炭来生产宝贵的化工原料（传统上都是用石油和天然气），因此中国政府十分重视这一技术，目前正在天津建设一个采用此技术的示范电厂，探索一条把温室气体减排和能源安全结合起来的新路径。

但是，此法成本高昂。如果只想对付二氧化碳，目前国际上更倾向于采用“燃烧后捕捉”技术，就是把煤炭燃烧后产生的废气捕获起来，用高级胺或冷却氨溶液捕捉其中的二氧化碳。这个方法在技术上也已十分成熟，早已有小型火电厂采用这种技术捕捉二氧化碳用于碳酸饮料的生产（加气）。“燃烧后捕捉”系统最大的好处就是可以很容易地和现役火电厂匹配，便于对老式火电厂进行改造。目前正在建设中的示范 CCS 电站大部分都是基于这一技术。

其次是碳的封存环节。二氧化碳长期封存在地质层中有多种选择方法，包括注入废弃的油床、枯竭的天然气田、深盐水层和不可开采的煤层。据估计，在这些地方，全球二氧化碳封存能力达 10 000 亿～100 000 亿 t，而现在全球每年二氧化碳排放量约 250 亿 t，因此，有足够的封存能力供碳捕获及封存技术在减排中发挥作用。进行碳封存最有潜力的存储库是多孔、透气的岩层，一般在地下约 1 km 处，那里适当的压力和温度可使二氧化碳进入“超临界状态”，使其黏性和密度变得类似于油质。相当数量的这类地下存储库有封存数百万亿吨二氧化碳的潜力。例如，盐岩结构层，在其孔质中包含的盐分大于 1 万 mg/kg，这种特别适合存储的地质结构在世界各地分布十分广泛。美国能源部预测，北美的盐岩结构层可封存 1.3 万亿 t 到 3 万亿 t 二氧化碳，预测中国的储备能力也与此相当。

另外，还有一项名为富氧燃烧技术可以作为一种解决方案加以考虑。这种方法需要先提纯氧气，然后让煤和纯氧进行燃烧，这样一来产生的废气几乎全部是二氧化碳，不含氮气，可以直接将废气压缩后填埋。从成本上看，这个方法和普通的“燃烧后捕捉”技术不相上下，主要的花费就是氧气提纯。如果将来能够找到更经济的氧气富集技术，这一方法将具有很大优势。

影响二氧化碳封存的主要问题就是在减缓气候变化所需的更长期限内，保证封存的完整性。注入后二氧化碳移动和地球化学反应的地质模型开发，以及测试和验证这些模型的监控方法的开发，已经进行多年。现有的国际合作项目，在继续监测现有的二氧化碳的注入现场，如挪威的斯莱普内尔和加拿大的韦本，而阿尔及利亚的萨拉赫、澳大利亚的高更也在计划之中。

（三）低碳技术的应用前景

2010 年 6 月 14 日，国际能源署（IEA）与碳封存领导人论坛（CSLF）和全球碳捕获与封存研究所（Global CCS Institute）合作发布了《碳捕获与封存——进展与计划》（*Carbon Capture and Storage—Progress and Next Steps*），同时提交给加拿大 Muskoka 八国集团峰会的领导人。报告认为，CCS 在减缓温室气体排放和应对气候变化方面有着非常重要的作用，如果减缓技术里面没有 CCS，则气候变化的减缓成本将增加 70%，各国领导人应予以重视。报告提出 CCS 路线图的核心结论，2020 年全球需要建设 100 个 CCS 项目，其中 50%的项目选址在发展中国家（图 4-6）。

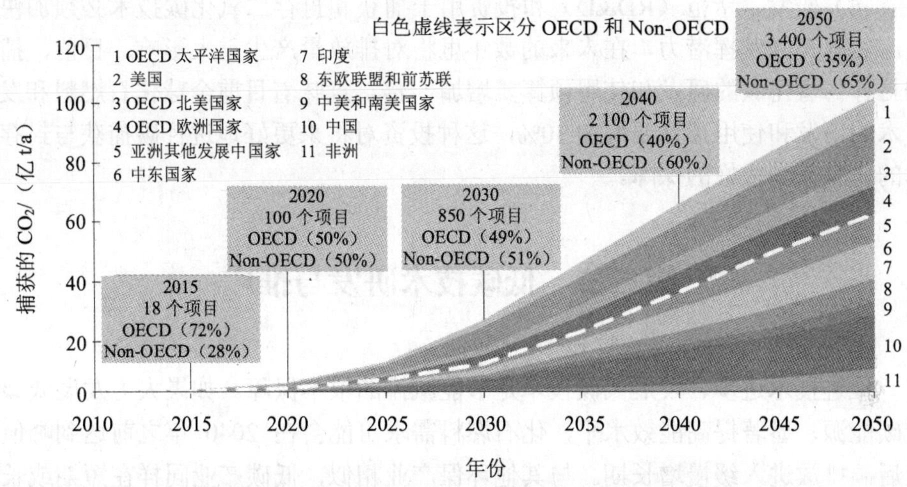

图 4-6　全球 2010—2050 年区域 CCS 发展路线图

国际能源署的一项全球性的能源分析显示：低碳技术有可能大大减少世界范围内的二氧化碳排放量。碳捕获及封存技术能最大限度地减少二氧化碳的排放量，到 2030 年达到每年减少 80 亿 t，到 2050 年会增加到这一数字的两倍还多，约等于和能源有关的排放物的 30%。二氧化碳减排政策措施的出台会刺激“市场驱动”碳捕获及封存技术更广泛的利用。

国际能源署 2004 年 12 月发表的《关于捕获和封存二氧化碳技术前景的报告》，得出如下重要结论：

（1）捕获和封存二氧化碳是一个有前途的减排方法，在重要的环境、经济和能源供应方面有着潜在的安全利益。应将之视为一种“过渡技术”，对将来 50～100 年的可持续能源系统的保障必不可少；

（2）要发展大规模的捕获和封存二氧化碳技术可能还需要 10 年时间，它具有作为缓解排放工具的潜力，2030 年起将在发达国家兴起，随后在发展中国家启用；

（3）捕获和封存二氧化碳技术的总成本在每吨二氧化碳 50～100 美元不等，到 2030 年总成本会减半；

（4）有一种假设，全球二氧化碳碳排放量将在 2050 年趋于稳定，条件是每吨二氧化碳需要征收 50 美元的违约罚金，其中捕获和封存二氧化碳技术将占总减排量的一半。从燃煤过程捕获的二氧化碳占总捕获量的 65%。没有采用捕获和封存二氧化碳技术，要实现同样的减排量则要支付双倍的违约罚金；

（5）作为减排二氧化碳总成本效益的一部分，捕获和封存二氧化碳技术能够与可再生能源和核能形成互补；

（6）研发、示范（RD&D）和投资用于捕获和封存二氧化碳技术必须加快速度，使其充分发挥潜力，在未来的数年里将对排放量产生重大影响。目前，捕获和封存二氧化碳的研发和使用预算要增加 5 倍，意味着目前全球化石燃料和发电技术的研发和使用预算要增加 30%，这种投资对将来更好地进行碳捕获与封存技术的研发起到很好的保障。

第二节　低碳技术研发与推广

推进技术进步、发展低碳技术是节能减排的根本保障。如果大力发展低碳、无碳能源，显著提高能效水平，化石燃料需求可能会在 2040 年之前达到峰值，之后碳排放进入缓慢增长期。与其他环保产业相似，低碳产业同样在短期或长期内得不到可观的经济效益，私营企业很少能够有足够的资金和实力进行低碳技术的研发。因此低碳技术的研发与推广必须得到各国政府的支持，通过政策扶植、金融投资和法律辅助等措施来助推低碳经济的发展。本节将国际和国内比较成熟的低碳技术的研发和推广经验加以简要介绍。

一、低碳技术研发

自低碳概念的提出，各国都在努力通过加大投资力度，加强低碳技术的研发，努力提高低碳技术创新能力。

2008 年，英国成立了一个名为“排放信托基金”的碳基金公司，基金的一部分投资专门用于促进低碳技术与设备的研究与开发方面，一般 5 万～25 万英镑用于研究项目。英联邦政府计划，到 2020 年全国可再生能源的比例在全部能源供应中要达到 15%，其中 40%的电力来自低碳领域，30%来源于风能、波浪能和潮汐能等可再生能源，10%来自核能。英国政府计划投资 2 400 万英镑，支持有助于推动英国低碳汽车发展的六项技术创新项目。此次英国对六项技术创新项目的资助金共约 5 200 万英镑，除政府直接出资 2 400 万英镑以外，其余资金由英国国内某商业组织提供。

欧盟委员会 2007 年底提出了能源技术战略计划，这是欧洲为建立新能源研究体系所制定的综合性计划，建议欧盟在未来 10 年内增加 500 亿欧元发展低碳技术，根据这项立法建议，欧盟发展低碳技术的年资金投入将从目前的 30 亿欧元增加到 80 亿欧元。2009 年 3 月，欧盟宣布，在 2013 年前出资 1 050 亿欧元支持“绿色经济”，促进就业和经济增长，保持欧盟在“绿色技术”领域的世界领先地位。欧盟委员会还联合企业界和研究人员制定了欧盟发展低碳技术的“路线图”，计划在风能、太阳能、生物能源、二氧化碳的捕获和封存等六个具有发展潜力的领域，大力发展低碳技术。欧盟相信，依照欧洲现有的技术水平可以降低清洁能源生产成本，并使欧盟制造业立足于快速增长的低碳技术之上。欧盟计划增加新能源和可再生能源在全部能源利用中的比重，在生物燃料方面，2010 年要接近 6%；在氢能和燃料电池方面，通过今后几年的研发，争取到 2020 年将氢能汽车在欧盟 27 国市场上的份额提高到 1.4%，2030 年提高到 12%。

2009 年 1 月，奥巴马宣布了“美国复兴和再投资计划”，以发展新能源作为投资重点，计划投入 1 500 亿美元，用 3 年时间使美国新能源产量增加 1 倍，到 2012 年将新能源发电占总能源发电的比例提高到 10%，2025 年，将这一比例增至 25%。为了支持低碳能源的发展，奥巴马上任之初即为能源部 2010 年申请 263 亿美元资金的预算，侧重开发新一代低温室气体排放的可再生和替代能源，从而帮助美国转型为低碳能源经济。2009 年 2 月，美国参众两院通过了刺激美国经济的《2009 年恢复与再投资法》，预算总额为 7 890 亿美元，其中有约 500 亿美元用来提高能效和扩大对可再生能源的生产，包括新能源的开发和利用，包括发展高效电池、智能电网、碳封存和碳捕获、可再生能源（风能和太阳能等），目标是通过对清洁能源和可再生能源的开发，在未来 10 年中创造至少 46 万个新的就业机会。从 2012 年开始，美国汽车制造商必须逐年改善汽车的燃油效率；到 2016 年，美国小型汽车和轻型卡车每 100 km 所耗费的汽油量，将不超过 6.6 L，比当前汽车每 100 km 的耗油量减少 40%。根据初步统计，如果这项计划得到贯彻落实，到 2016 年，美国整个汽车行业节省下来的原油将达到 18 亿桶，相当于 2008 年一年美国进口石油的总和。

日本是《京都议定书》的倡导国，也是推动“低碳经济”的急先锋。在发展“低碳技术”方面，日本将投入巨资开发利用太阳能、风能、光能、氢能、燃料电池等替代能源和可再生能源，并积极开展潮汐能、水能、地热能等研究。日本在光伏发电技术领域居世界领先，是全球最大的光伏设备出口国，仅夏普公司的光伏发电设备就占世界的 1/3。日本推出了“先进光伏发电计划”，提出到 2030 年，将太阳能发电量提高 20 倍。日本通产省 2007 年曾提出一项新计划，将在未来 5 年内投入 2 090 亿日元，用于发展清洁汽车技术，不仅大大降低燃料消耗，还要降低温室气体排放。此外，日本注重产业结构调整，停止或限制高能耗产业发展，鼓励其向国外转移，日本还制订了节能计划，对节能指标做出具体规定。

鉴于中国的发展现状，既要保证经济的高速发展，又要负起我们对全球气候变化的责任，我国也加大了对低碳技术和推广的力度。科技部在相关科技计划中，已经对节能和清洁能源、可再生能源、核能、碳捕集和封存、清洁汽车等具有战略意义的低碳前沿技术开发进行了部署并加大了投入力度。2008 年 1 月，清华大学低碳能源实验室正式成立。在可再生能源的应用方面，中国拥有 5 家世界上最为庞大的太阳能公司，风力发电的规模已位居世界前列。

二、低碳技术推广

英国成立的碳基金公司是一个由政府投资、按企业模式运作的独立公司，目标是帮助商业和公共部门减少二氧化碳排放，并寻求低碳技术的商业机会。碳基金的主要来源为英国的气候变化税，它是向工业、商业及公共部门（住宅及交通部门、居民除外）征收的一种能源使用税，每年约 6 600 万英镑。碳基金其他方面投资除为低碳技术提供资金外，还为加速技术商业化和加快推广速度，以及为投资孵化器提供资金保障。2009 年 4 月，布朗政府宣布将“碳预算”纳入政府预算框架，使之应用于经济社会各方面，并在与低碳经济相关的产业上追加了104亿英镑的投资，英国也因此成为世界上第一个公布“碳预算”的国家。2009 年 7 月 15 日，英国政府再次公布了发展低碳经济的国家战略蓝图推广新的低碳生活方式。在住房方面，英国政府拨款 32 亿英镑用于住房的节能改造，对那些主动在房屋中安装清洁能源设备的家庭予以补偿，预计将有 700 万家庭因此受益。在交通方面，新生产汽车的二氧化碳排放标准在 2007 年基础上平均降低 40%。与此同时，英国政府还向全球推广低碳经济的新模式。目前英国低碳经济及相关产业每年能创造超过 1 000 亿英镑的产值，为 88 万人创造就业机会，并致力于将本国的成功经验介绍给其他国家，立志发展英伦低碳模式。由此可见英国政府在推广低碳技术上花费的力度可见一斑。

2008 年 12 月，欧盟为了各项低碳技术的顺利推广和应用，颁布了《欧盟碳排放权交易机制修正案》《欧盟成员国配套措施任务分配的决定》《碳捕获和封存的法律框架》《可再生能源指令》《汽车二氧化碳排放法规和燃料质量指令》5 项内容。

2007 年，美国参议院提出了《低碳经济法案》，总统乔治·W. 布什提出了美国应对气候变化的“长期战略”。随后又先后颁布了《清洁能源安全法案》（ACES）、《美国复苏与再投资法案》，这一系列法律法规的颁布为美国低碳经济发展提供了较为完善的法律支持。目前越来越多的美国企业主动采取限制排放等节能措施，逐渐投入更多资金从事相关技术研发，令环保投资成为潮流。全球金融危机以来，美国选择以开发新能源、发展低碳经济作为应对危机、重新振兴美国经济的战略取向，短期目标是促进就业、推动经济复苏；长期目标是摆脱对外国石油的依赖。为实现低碳产业结构，美国拟推动全国性的“总量管制与排放交易”制度，期望至 2050 年实现温室气体较 1990 年减排 80%，并认为通过此项制度，可以激励美国国民与企业发展经济有效的气候变化应对方法。拟采取 100% 拍卖排放权方式，将美国企业排放温室气体之外部成本内部化，政府并将部分排放权收入补助新能源发展、能源效率提升改善计划、发展第二代生物质燃料及洁净车辆等。为提高建筑物能源效率，规定到2030年达到所有新建筑物“碳中和”或“零碳排放”目标。为达这一目标，联邦政府设定未来10年，提升新建筑物50%以及旧建筑物25%能源效率目标。美国政府还将建构良好的运输环境营造与投资计划，并承诺鼓励员工搭乘公共运输。

在日本，无论哪个政党执政，政府致力于实现低碳社会的目标并没有发生变化。为了应对全球金融危机对经济形势带来的负面影响，日本还将进一步扩大环境领域的经济规模，希望以此作为新的经济增长点。由以上的措施可以看出，日本在低碳事业的发展过程中仍旧延续日本民族的一贯严谨而细致的作风，将低碳概念细化到生产生活中的每个细节。在这方面日本有着自己的特色。日本政府希望能够建立一套让整个国家都朝着低碳化目标努力的机制，这主要包括引入碳排放交易制度、进行税制改革以及实行个人消费碳排放可视化制度等。碳排放交易制度主要是促进企业的减排，而通过设置环境税或是在商品上标明制造和运输过程中的碳排放量，则可以促进全社会在消费时增强减排意识。同时，提高农村和地方城市对实现低碳社会的贡献。实现粮食自给对于减少粮食在运输过程中的碳排放有着重要意义。而振兴林业则有助于增加二氧化碳的吸收，同样也是为实现低碳社会作贡献。日本政府目前正在推广一场“自产自销”的运动，鼓励民众消费附近的农村所生产的粮食和蔬菜。

中国目前的能源工业经过改革开放三十多年的发展，已经取得了显著的成绩。中国“一次能源生产总量从1990年的10.39亿t增长到2006年的22.1亿t”，中国正处在工业化、城市化、现代化进程之中，为了改善和提高13亿人民的生活水平和生活质量，中国正在开展大规模的基础设施建设，“发展排放”肯定会有所增加；总体技术水平落后是中国发展低碳经济的严重阻碍，中国目前能源生产和利用、工业生产等领域技术水平落后，技术开发能力和关键设备制造能力差，产业体系薄弱，与发达国家有较大差距。中国的自然资源是高碳，以煤为主，与别的国家以石油、天然气、核能等为主不同，世界上没有任何一个国家在一次能源消费中，像中国这样煤所占的比例如此之高。所以，中国能源利用的模式历来是高碳形式的，如果推广应用低碳技术，那么原有的体制、机制模式都要改变，势必会产生理念和利益上冲撞，如何解决好现有生产方式向低碳经济模式转化，需要我们在广泛学习国外先进经验的同时，依照本国实际情况，因地制宜地发展具有我国特色的低碳发展模式。

第三节 国外低碳技术案例分析

一、低碳技术在建筑中的应用——BRE 环境楼

英国 BRE 的环境楼（Environmental Building）为低碳办公建筑提供了一个绿色建筑样板。该大楼为三层框架结构，建筑面积 6 000 m^2，其设计新颖，环境舒适，不仅为在内办公的人员提供了低能耗舒适健康的办公场所，而且成为了各种低碳建筑技术的大规模实践应用的示范设施。它每年能耗和 CO_2 排放定为：燃气 47 kW·h/m^2；用电 36 kW·h/m^2；CO_2 排放量 34 kg/m^2。

该大楼能够最大限度地利用日光，南面采用活动式外百叶窗，阳光强度得到很好的控制，既控制强光直射，又保证足够的日光进入，室内人员也可外视景观。整栋建筑采用自然通风，尽量减少使用风机。新颖的空腔楼板的使用，使建筑物可以灵活布局空间，又不会阻挡天然通风的通路。顶层楼板采用外露结构，白天吸热，夜晚通风冷却，可以起到空调的效果。埋置在地板下的管道利用地下水进一步帮助冷却。楼中安装智能照明系统，可根据室内日光强度自动补偿照明，各灯分开控制。环境楼中各种设施由计算机系统自动控制，用户可对灯、百叶窗、窗和加热系统进行遥控，做到对局部环境较高程度的控制。该建筑配备 47 m^2 建筑用太阳能薄膜非晶硅电池，为建筑物提供无污染电力。

整栋大楼注重再生资源的利用，建造过程中使用了 8 万块再生砖，室内装饰再生红木拼花地板；90%的现浇混凝土使用再循环利用骨料；水泥拌合料中使用磨细粒状高炉矿渣，卫生间配备低水量冲洗的便器；对环境无害的涂料和清漆。

二、BedZED 生态社区——零能耗生活方式

为减少日常生产生活对环境造成的不利影响，英国政府做出了积极努力和有益尝试，其中一项名为“贝丁顿零化石能耗发展”生态村（简称 BedZED）的项目成效颇为显著。

该生态村于伦敦附近的萨顿市（Sutton），由英国著名的生态建筑师比尔•邓斯特（Bill Dunster）设计，他的设计理念希望将此生态村打造成为“零化石能耗发展社区”，即整个小区只使用可再生资源产生满足居民生活所需的能源，不向大气释放二氧化碳，因此是一个“零碳排放”项目。

整个项目占地 1.65 hm^2，包括 82 套公寓和 2 500 m^2 的办公和商住面积，以及一个展览中心、一家幼儿园、一家社区俱乐部和一个足球场。生态村共有居民 210 人，工作人员 60 人。于 2002 年项目完成。该生态社区设计要点：

（一）充分利用可再生资源，利用阳光和导热材料采暖

BedZED 的设计标准要求非常高，尤为强调对阳光、木材、空气和废水的循环利用，而且简便易用。为了减少采暖对能源的消耗，设计师精心选择建筑材料并巧妙地循环使用热能，基本实现了“零采暖”。生态村的所有住宅都朝南，为的是最大限度地从太阳光中吸收热量。每家每户都有一个玻璃阳光房，玻璃材料都是双层低辐射真空玻璃。住宅的墙壁是用导热材料建造的，这种导热材料在天热的时候储存能量，在天凉的时候释放热量。整个墙壁共分三层，外面的两层分别是 150 mm 厚的空心气块混凝土和 150 mm 厚的石砖，中间夹着一块 300 mm 厚的岩棉。通过以上这些措施，居民家里不必再安装暖气。生态村所有住房和办公室都安装了低能耗灯具和节能设备，从而减少了用电量。

（二）妥善利用水资源

生态村除了安装有自来水管道外，还将雨水利用了起来，从而减少了自来水的使用量。每栋房子的地下都安装有大型蓄水池，蓄水池与每家厕所相连，居民都是用储存的雨水冲洗马桶。冲洗后的废水经过生化处理后一部分用来灌溉生态村里的植物和草地，一部分重新流入蓄水池中，继续作为冲洗用水。每户还装配有很多节水装置，所有马桶均采用控制冲水量的双冲按钮，根据不同的使用方式控制不同用水量。另外，住宅的屋顶种有景天属植物，目的是减缓雨水流到地表的速度，防止因雨水流速过快导致地表积水。

（三）通风系统先进

生态村最引人注目的是房顶上一个个五颜六色随风摇摆的风帽，这也成为了生态村的标志性景观。这是住宅楼的通风设备，所有风帽随着风向不断转动，源源不断地将新鲜空气输入每个房间，同时将室内空气排出，风帽不需要任何人为动力驱动，因此也就不会有任何 CO_2 产生。在进行气体交换的同时，室内温度不会因为空气的流动而有所下降。

（四）利用废木头发电并制造热水

在生态村的东面，有一个功率为 130 kW 的小型热电联产厂，利用废木头发电。而借助小型热电联产厂，发电过程中产生的热量可以保存并用来制造热水。热水通过一个由超导管道组成的小型社区供暖系统输送进每家每户。每户人家在门厅过道位置都安装有一个 1 m 多高的热水桶，小型热电联产厂产生的热水就进入到这个桶里。水桶上方有一个散热器，当室内温度低于 18℃时，散热器还能自动释放热量，起到保温作用。该热电联产厂还与国家电网相连，在生态村用电

量较低时，产生的多余电能可以输送进国家电网。

三、电池驱动有人驾驶飞机——实现飞机 CO_2 零排放

2009 年 7 月 7 日，世界首架利用燃料电池驱动的有人驾驶飞机在德国汉堡升空，当这驾名为“Antares”的 DLR-H2 型滑翔机起飞时，几乎无声地离开了跑道，同时，也闻不到任何燃料的气味。

德国航空航天中心（DLR）负责该机的设计制造、巴斯夫燃料电池公司（BFC）负责燃料电池的研发，Lange 航空公司负责测试燃料电池系统用于航空动力的潜力。该飞机的引擎为膜电极燃料电池组件，缩写为 MEA。MEA 利用氢作为燃料，通过和空气中的氧发生电化反应，直接产生电能和热能。电池供电系统位于后翼夹层之中，该系统配备有发电装置和电力驱动装置，飞行过程中不发生燃烧，不排放任何温室气体，产生的唯一副产品就是水。MEA 技术为航空器系统开发者提供了新的条件：这种燃料电池系统操作温度可达 180℃。这样就克服了传统的低温燃料电池的诸多弊端，例如系统温度不能超过 80℃、需要大量的辅助设备和复杂的控制系统才能用于飞机动力等缺点，使其适应地面和高空的各种复杂条件。这种燃料电池另一个优势就是可以利用空气冷却，如此可以除去传统的空气增湿器、水泵、水罐、阀门和清洁系统。这种飞机在最佳状态下可连续飞行 5 h，飞行半径达到 750 km。研发人员称：如果生产氢燃料的过程也能够采用可再生能源，那么这种飞机就可实现真正彻底的“零排放”。

四、“风电王国”的低碳技术应用

拥有强大的风力，是丹麦的幸运。拥有驾驭各种清洁能源的能力，让这个北欧国度将低碳艺术发挥到极致。目前，丹麦每年海上风力发电产能约为 420 MW，占据全球市场的 1/3。而陆地及近海离岸区域的所有风能，可以为整个国家贡献约 19%的电力。丹麦气候联合协会主任蒙特森称，丹麦希望能在 2050 年摆脱对化石燃料的依赖。为了达到这一目标，丹麦政府正出台鼓励政策，希望大幅提升风能、太阳能、生物质能源的应用比例，以下即为丹麦为实现低碳目标的具体方案。

（一）风能+自行车：两个轮子驱动的低碳梦想

风能和自行车成为驱动丹麦实现低碳梦想的两个轮子。丹麦可再生能源发电占到其总发电量的 30%，在过去的 25 年中，丹麦经济增长了 75%，但能源消耗总量却基本维持不变，创造了独特的“丹麦模式”。

在丹麦的陆地和海上共安装了 5 000 多台风机，总装机容量达 3 200 MW，满足了丹麦约 20%的电力供应。丹麦政府计划到 2025 年，风力发电占电力总消耗量的比例将上升到 50%。到 2050—2070 年，将完全摆脱对化石能源的依赖。

丹麦始终坚持发展风电，已经将自己打造成行业的绝对领先者。2008 年，丹麦向全球输出包括设备和服务在内的风电技术高达 57 亿欧元，成为丹麦仅次于医药行业的第二大出口产业。

丹麦这个美人鱼的国度，另一个别称则是自行车的王国。在丹麦，所有出行工具中自行车为首选，公共交通为次选，最后才是私家车。据丹麦能源局的官员介绍，丹麦 1/3 的人口骑自行车出行，政府为自行车设置了专门的车道。在丹麦气候能源部颇显拥挤的办公楼下，停着部长康妮·赫泽高（Connie Hedegaard）简朴的自行车，这位女部长就是骑着自行车上下班。哥本哈根宣布要在 2025 年前成为世界上第一个零排放城市之后，选择自行车出行的人群已经达到 2/3。

由这两个轮子驱动，丹麦的可再生能源比例不断扩大。据丹麦气候变化政策委员会的预估，到 2020 年丹麦的可再生能源比例能达到整个能源供应比例的 30%。

（二）哥本哈根，要成为第一座碳中性城市

哥本哈根计划到 2025 年成为世界上第一座碳中性城市，使二氧化碳排放量降低到零。在哥本哈根街头不时会看到这样的广告：一位年轻女子身着一件白色 T 恤衫，上面写着“I love waste”（我爱废弃物），体现了哥本哈根人对垃圾回收利用的态度。

政府的强大支撑让很多致力于开发清洁能源技术的企业有利可图。一家位于哥本哈根的垃圾燃烧发电厂每年可燃烧垃圾 43 万 t。据了解，进入该厂的垃圾必须经过 24 种分类，其中 65%回收，8%掩埋，其余的全部用来燃烧发电。

为了增强人们的垃圾回收意识，政府向每个家庭每年征收 1 400 丹麦克朗的税收；如果是企业产生的垃圾，企业需每吨向政府缴纳 330 丹麦克朗，同时向电厂缴纳 140 丹麦克朗的费用。

该垃圾燃烧发电厂每年的运营成本大约为 4.5 亿丹麦克朗，通过这些收费以及热能、电力的收益完全能达到持平。令人惊奇的是，该垃圾发电厂距离丹麦皇宫只有两千米。可见垃圾燃烧厂的气味及水污染都被控制在环保的程度。

五、低碳水泥研发使 CO_2 成为黄金

2009 年 5 月，由全球主要水泥制造商组成的联盟同意将水泥生产产生的碳排放降低 25%。水泥制造行业是最大的碳排放行业之一，占全球排放的 5%，仅次于钢铁制造和炼油行业。

美国加利福尼亚 Calera 公司的科学家已经开发了一种制造低碳水泥的方法，能够真正地将温室气体从大气中脱除，以净化水泥生产排放的大量 CO_2。该工艺被称作液相沉淀引起的碳酸盐矿化（CMAP）。水的化学特性将二氧化碳转化成碳酸钙或碳酸镁，之后碳酸钙或碳酸镁从水中沉淀、利用已经从烟气中释放的热

量干燥。这些固化的矿物质可被用作水泥或骨料（混凝土三种成分中的两种，第三种成分是水）。这一过程据称能够从废气中脱除 70%～90%的二氧化碳，每吨合成的建筑材料包含高达半吨捕获的碳。该公司表示，该工艺能够生产捕集并封存二氧化碳的环保型水泥、减少水泥生产相关工艺造成的碳排放，而且也为绿色建筑提供了新的清洁材料，甚至可能被用于帮助电厂封存其碳排放。Moss Landing 电厂总经理 Jim Dodson 称，传统碳捕集技术能够捕捉封存高达 90%的二氧化碳，但同时消耗了电厂产生的许多能量，几乎使消费者的电力成本加倍，若该技术奏效，它将引发碳封存技术的变革。

Calera 公司的技术以大型工业排放源如燃煤电厂的 CO_2 为目标。为了将该技术应用于实践，2010 年 1 月，在美国加利福尼亚州的蒙特利湾（Monterey Bay）附近，电力供应商 Dynegy 公司的一座大型天然气发电厂喷射出含有大量二氧化碳烟气。然而，这些废气将经由管道从发电厂输送到 Calera 公司的示范性水泥厂里。烟气首先被抽入一座巨大的蓝色容器中，接着喷洒上从附近海里抽取的海水，然后产生乳白色液体。液体随后被泵入巨大的过滤器中，进行固液分离，留下类似牙膏的白色物质。最后在喷雾干燥器中，由烟气余热加热的空气将白色糊状物转化为水泥和集料颗粒。

Constantz 在接受美国之声采访时称，Calera 公司相对低成本的水泥制造工艺能够超过美国能源部呼吁降低电厂负载至 30%以下的愿望，将电厂能量损失减半，甚至低于 15%。试验显示，此项技术的二氧化碳捕获和储存率能够达到 80%以上。《纽约时报》称，如果该方法能大规模推广，无异于把碳转化为黄金。

六、世界最大规模碳捕获设备落户美国西弗吉尼亚州

美国能源部启动了一个新的国家碳捕集中心，致力于加速燃煤电厂二氧化碳捕集技术的开发和测试。法国阿尔斯通（Alstom）公司在美国西弗吉尼亚州登山家电厂（Mountaineer Plant）附近，投产了一项世界最大规模的碳捕获设备。此举不仅能够促进价值数十亿美元的碳捕获产业的发展，同时也有利于维持煤炭业的生命力。据称，该设备每年大约能够捕获 10 万 kg 二氧化碳，并将其埋藏在地下 2 km 左右的地方。与登山家电厂 1 300 MW 的发电量相比，捕获的二氧化碳只占很小一部分。但是阿尔斯通公司表示，该技术可以大范围推广，应用于任何煤炭发电厂，从而减少二氧化碳的排放。如果政府在未来为气候变化立法并引入碳税，那么此项技术还可以帮助电厂节省开支。阿尔斯通公司电力部门主管飞利浦·茹贝尔（Philippe Joubert）说："登山家发电厂是我们能够在现实中看到的第一个碳捕获技术的范例。现在证明该技术行之有效，这点毋庸置疑。"

据登山家电厂的所有者美国电力公司（American Electric Power）介绍，碳捕获首先能够阻止二氧化碳进入大气层，捕获的二氧化碳经过液化后，以每小时

5.5 kg 的速度被运输到地下蓄水层储存。

阿尔斯通公司认为，一个理想的碳捕获和储存设备可处理 250 MW 发电厂产生的二氧化碳。但目前这样一个设备的成本高达 67 000 万美元。尽管如此，碳捕获技术仍然得到了美国政府的关注。最近美国总统奥巴马划拨了 30 亿美元资金用于碳捕获和储存技术的发展。

综上所述，本章就国外各国在各个领域应用低碳技术发展低碳经济的成功案例进行了简单的介绍，从中我们可以看出，在那些将低碳理念融入生活中任何一个角落的国家，从政府到商家，从官员到平民都将可持续发展，节能环保时刻铭记在心，并在现实生产生活中将智慧发挥到极致，技术上的问题迟早会克服，而观念上的进步对于发展低碳经济，创建低碳地球则是更加重要的，只有全人类时刻将低碳理念贯彻到我们的生产生活当中，才能够实现地球的持续发展，为我们的后代留下他们应该拥有的资源和环境。作为能源消耗最多的国家，中国人民更需要将这一理念融入我们的血液当中，承担起我们应该承担的责任和应尽的义务，在我们伟大复兴的路上，留下优美的环境和足够的资源。

思考题

1. 低碳技术的概念，其在发展低碳经济过程中的地位如何？
2. 低碳技术的分类及具体的技术如何？
3. 简述低碳技术产生的背景及必要性。
4. 本章设计的低碳技术具体操作包括哪几方面？
5. 简述煤炭地下气化的概念及其原理。
6. 简述碳捕获与封存技术的概念及其具体操作方式。
7. 简述各国在低碳技术推广政策上的具体方式。

参考文献

[1] 俞光明. 浅论太阳能应用与建筑节能[J]. 能源与环境，2009（5）：82-84.

[2] 岑幻霞. 太阳能热利用[M]. 北京：清华大学出版社，1996.

[3] 何伟. 太阳能在建筑上的光电——光热应用研究[D]. 合肥：中国科学技术大学，2002.

[4] http：//www.windpowermonthly.com/.

[5] 亚洲协会美中关系中心等. 碳捕获与封存中美合作路线图. 2009.

[6] Robert H. Socolow，Can We Bury Global Warming？ Scientific American，2005（49）：49-55.

[7] 黄温钢，等. 从低碳经济看我国煤炭地下气化的前景[J]. 中国科技论文在线.

第五章
碳计量

引言 2005年2月16日《京都议定书》生效，促进了全球碳贸易市场的发展。《京都议定书》为世界各国之间就温室气体排放权展开贸易提供了一个全新的框架，使温室气体排放权可以像商品那样被买卖，孕育出了一种崭新的温室气体排放权交易市场。碳计量方法和标准在碳产业中起着十分重要的作用，学习碳排放计算方法可以科学度量碳的排放量对气候变化的关系，这对完善碳交易市场，对实现有效遏制气候变化、减缓温室效应、维护生态安全都有着巨大作用，对世界各国开展二氧化碳减排工作也有一定的实际指导意义。

学习碳排放计算方法，对科学计算温室气体量，完善碳交易制度，具有重要的指导意义。本章首先介绍国际上通行的碳排放计算方法和应用领域，然后从不同行业、部门和领域分别介绍了温室气体排放的计算方法。

本章学习目标 通过本章学习，掌握以下内容：（1）国际上通行碳计量的排放方法和使用范围；（2）化石燃料碳排放量计算方法；（3）主要工业生产过程的温室气体排放计算方法；（4）农业部门温室气体排放量计算方法；（5）土地利用方式变化和林业碳计量方法。

第一节 碳计量方法

目前，国际上的环境统计工作中，估算气体排放量与污染物排放量计算方法相似，主要采用三种方法：实测法、物料衡算法和排放系数法。这三种方法是获得估算数据的根本依据，在使用过程中各有所长，互为补充。

一、实测法

实测法主要是通过监测手段或国家有关部门认定的连续计量设施，测量排放气体的流速、流量和浓度，用环保部门认可的测量数据来计算气体的排放总量的统计计算方法。一般地讲，实测结果较为准确，但工作量大，费用多。实测公式如下：

$$G=K\times Q\times \rho \tag{5-1}$$

$$\rho=\sum \rho Q/\sum Q \tag{5-2}$$

式中：G——某气体排放量；

ρ——介质中某气体质量浓度；

Q——介质（空气）流量；

K——单位换算系数。废气中污染物的质量浓度常取 mg/m^3，系数 K 取 10^{-6}。

实测法的基础数据主要来源于环境监测站。监测数据是通过科学、合理地采集样品，分析样品而获得的。样品是对监测的环境要素的总体而言，如采集的样品缺乏代表性，尽管测试分析很准确，不具备代表性的数据也毫无意义。

例如：某冶炼厂排气筒截面 0.4m^2，排气平均流速 12.5m/s，实测所排废气中平均 CO_2 质量浓度ρ_{CO_2}=10 g/m^3，求每小时该排气筒 CO_2 的排放量。

解：每小时废气流量　$Q=12.5\times0.4\times3\,600=1.8\times10^4$ m^3/h

每小时 CO_2 的排放量　$G_{CO_2}=10^{-6}\times10^3\times1.8\times10^4=0.18$ t/h

二、物料衡算法

物料衡算法是对生产过程中使用的物料情况进行定量分析的一种方法。物料衡算法的基本原理基于质量守恒定律，即生产过程中，投入某系统或设备的物料质量总和必须等于该系统产出物质的质量总和。

该法是把工业部门中排放源的排放量、生产工艺和管理、资源（原材料、水源、能源）的综合利用及环境治理结合起来，系统地、全面地研究生产从源头到末端的全过程中排放物的产生、排放的一种科学有效的计算方法。它涉及生产系统中原材料、燃料、水源、产品、回收品、生产工艺、处理设施、排放方式等诸多因素。

公式如下所示：

$$\sum G\text{投入}=\sum G\text{产出}+\sum G\text{损失} \tag{5-3}$$

该通用式，既适用于整个生产系统，又适用于某一工序或者某一燃烧设备的碳平衡计算。

以燃煤产生 CO_2 为例，燃原煤量乘以原煤含碳量折算为总碳量，扣除进入灰、渣、烟尘中的碳后，即为排入大气的 CO_2 的碳量。进入灰、渣、烟尘中的碳是通过灰、渣、烟尘量乘以燃煤设备未燃烧损失计算得到。燃煤设备未燃烧损失是电厂燃煤排放灰、渣、烟尘中的含碳百分率。

排入大气的 CO_2 的量通过排入大气的 CO_2 的碳量乘以 CO_2 转换系数即可得到（根据摩尔比进行折算，CO_2 中 C 占 12/44，C 相对原子质量为 12，CO_2 相对分子质量为 44）。

计算燃料燃烧后排放的 CO_2 量，必须建立电厂燃料燃烧的碳平衡，燃料燃烧后的碳平衡可以用公式（5-5）表示：

$$C_m = C_Z + C_a + C_c + C_{CO_2+CO} \quad (5\text{-}4)$$

式中：C_m——燃煤中的碳；

C_Z——炉渣中的碳；

C_a——除尘器收集灰中的碳；

C_c——排入大气烟尘中所含的碳（元素碳）；

C_{CO_2+CO}——烟气中 CO_2 和 CO 的含碳量（化合碳），其值可由式（5-6）或式（5-7）计算。

$$C_{CO_2+CO} = C_y \times Q_y \times \eta \quad (5\text{-}5)$$

式中：C_{CO_2+CO}——燃料排入大气的 CO_2 和 CO 所含的碳；

C_y——燃料含碳量；

Q_y——燃料量；

η——锅炉燃烧效率。

$$C_{CO_2+CO} = C_y \times O_y \quad (5\text{-}6)$$

式中：O_y——碳的氧化率。

利用计算出的随烟气排入大气的 CO_2 和 CO 所含的碳，可以利用公式（5-7）计算排入大气的 CO_2 量：

$$G_{CO_2} = C_{CO_2+CO} \times \frac{m_{CO_2}}{m_C} \quad (5\text{-}7)$$

式中：G_{CO_2}——排入大气的 CO_2 量；

C_{CO_2+CO}——排入大气的 CO_2 和 CO 所含的碳；

m_{CO_2}——CO_2 相对分子质量；

m_C——C 的相对分子质量。

由以上的计算过程可知，只要有燃料、灰、渣、尘中的含碳量数据和锅炉燃烧效率或碳的氧化率数据，就可以计算出电厂温室气体 CO_2 和 CO 的排放量。物料衡算法精确度高，可以佐证排放系数。

三、排放系数法

《2006 年 IPCC 国家温室气体清单指南》推荐用 IPCC 系数法进行计算，分为三种方法。

$$\text{温室气体排放量} = \text{燃料消耗量} \times \text{排放因子} \quad (5\text{-}8)$$

式中：温室气体排放量：单位为千克，以 kg 表示；

燃料消耗量：燃烧的燃料量单位为太[拉]焦耳，以 TJ 表示；

排放因子：按燃料类型给出的温室气体的缺省排放因子（kg/TJ），对于

CO_2，其包含碳氧化因子，假设为 1。

《2006 年 IPCC 国家温室气体清单指南》中第二章（固定源燃烧）表 2.2，给出了能源工业中 37 种主要固定燃烧燃料的缺省排放因子。以火电厂为例，煤种不一样，数值也不一样，无烟煤、炼焦煤、褐煤的缺省排放因子分别为 98 300 kg/TJ、94 600 kg/TJ、101 000 kg/TJ，可取的最小值是 94 600 kg/TJ，可取的最大值 101 000 kg/TJ。

需要说明的是，缺省排放因子忽略了燃烧过程中留在灰烬、颗粒或烟灰中残留的二氧化碳，假定燃料（碳氧化因子等于 1）中所含的碳完全氧化，缺省不确定性范围为 95%置信区间界限。

第二节 化石燃料燃烧与工业生产过程碳排放量计算

一、化石燃料燃烧碳排放量计算

CO_2 等温室气体排放造成的全球气候变暖，已引起全世界环境科学家和各国政府的广泛关注。政府间气候变化专门委员会发表的第 3 次评估报告指出，近 50 年的气候变暖主要是人类使用化石燃料排放大量的二氧化碳等温室气体的增温效应所造成的。化石燃料二氧化碳排放主要来源于燃料中所含碳元素在燃烧过程中氧化产生的碳氧化物，主要来源是煤、石油、天然气的燃烧。因此，确定化石燃料排放量的计算具有重要的意义。

化石燃料可分为气体燃料（如天然气）、液体燃料（如石油）、固体燃料（如煤炭、油页岩、油砂等）。其中煤炭、石油、天然气使用得最为广泛，也是二氧化碳的主要来源。与煤炭、石油等能源相比，天然气在燃烧过程中产生的能影响人类呼吸系统健康的物质极少，产生的二氧化碳仅为煤的 50%左右，产生的二氧化硫也很少。天然气燃烧后无废渣、废水产生，相较于煤炭、石油等能源具有使用安全、热值高、洁净等优势。

对于化石燃料燃烧生产排放二氧化碳的计算方法，目前较为常用的计算方法为美国橡树岭国家实验室（ORNL）提出的化石燃料燃烧排放二氧化碳的计算方法。公式如下：

（1）燃煤的碳释放量计算式为：

$$燃煤碳释放量=耗煤量\times有效氧化分数\times每吨标煤含碳率 \tag{5-9}$$

式中：有效氧化分数为 0.982；每吨标煤含碳率为 0.732 57。

（2）燃油的碳释放量计算式为：

$$燃油的碳释放量=耗油量\times标煤当量\times0.982\times0.732\ 57\times0.813 \tag{5-10}$$

式中：0.813 为在获得相同热能的情况下，燃油排放二氧化碳与燃煤排放二氧化碳的比值。

（3）燃气的碳释放量计算式为：

$$燃气的碳释放量=耗气量×标煤当量×0.982×0.732\ 57×0.561 \quad (5-11)$$

式中：0.561 为在获得相同热能的情况下，燃气排放二氧化碳与燃煤排放二氧化碳的比值。不同燃料的标煤当量折算见表 5-1。

表 5-1 各种燃料的标煤当量折算表

燃料名称	折成标煤当量
普通煤	0.714
原油/重油	1.429
渣油	1.286
柴油	1.457
汽油	1.471
1 000m^3 天然气	1.33
焦炭	0.971

以上数据来源于原国家经委、国家统计局《1986 年重点工业、交通运输企业能源统计报表制度》。

在我国，何介南根据以上方法对湖南省 2000—2005 年化石燃料消耗和工业生产过程中碳排放量进行了估算，结果表明：2000—2005 年湖南省碳排放量为 $2.3×10^8$ t，折合二氧化碳量为 $8.5×10^8$ t，其中化石燃料是最大的排放源，占 89.74%，工业生产过程排放占 10.26%；在各类碳排放源中，煤炭的碳排放量最高，占碳排放总量的 68.10%，占化石燃料碳排放总量的 75.89%。

二、工业生产过程中碳排放量计算

现代工业的高速发展，满足了人类的生活需求，为人类提供了各种便利，同时，也带来了严重的环境问题。温室气体排放产生于各种大量工业活动。主要排放源是从化学或物理转化材料等工业过程释放的，例如水泥工业在生产过程中就释放大量 CO_2。

由于人类对化石燃料（煤、石油、天然气）及其衍生产品的过度依赖，工业领域产生的温室气体排放量正在日益增加，研究表明：在漫长的农业社会大气中温室气体（CO_2）含量一直稳定在 280 μg/L，自 1850—1860 年英国以蒸汽机为标志的第一次工业革命以来，温室气体（CO_2）含量一直处在快速上升的趋势。诺贝尔奖获得者、化学家斯凡特·阿累利乌斯（1996） 认为，化石能源的燃烧使用将不可避免地增加大气中二氧化碳的含量，预计到 2050 年，温室气体（CO_2）含量将达到 550 μg/L，它将扰乱自然生态系统的各种因素（如海水温度、洋流以及太阳辐射）间的微妙平衡。

由于工业部门各行业不仅可通过燃烧化石燃料排放 CO_2 气体，而且在生产过程中通过加工、利用等作业方式某些原材料也会产生 CO_2（如水泥制造业中使用的原料石灰石在煅烧过程中分解产生 CO_2、钢铁生产过程中使用的电极经氧化后也产生 CO_2 气体），因此工业部门的 CO_2 排碳量来源于能源消耗与原材料使用两大部分，这两大部分称直接排放源。另外，各工艺生产过程中，电力消耗也产生 CO_2，这部分称为间接排放源。以水泥行业为例，直接排放的主要来源为水泥工厂原料煅烧分解和原料燃烧，间接排放来自于生产过程中因使用火力发电所导致的 CO_2 排放。

工业生产过程中排放 CO_2 气体的特点，与整个工业生产工艺密切相关。对同一工业而言，不同的生产工艺过程，其 CO_2 的排放量及能源消耗情况也存在差异。例如水泥生产的工艺主要包括新型干法、立窑、回转窑 3 种，这 3 种生产工艺排放 CO_2 的差异如表 5-2 所示。

表 5-2 3 种工艺中由能源消耗所排放的 CO_2 量 单位：kg

CO_2 的产生来源	新型干法	立窑	回转窑
每吨水泥熟料的煤耗 CO_2 的排放量	277.98	422.80	528.90
每吨水泥的电耗 CO_2 的排放量	30.20	28.69	33.22
每吨水泥的 CO_2 总排放量	768.74	888.82	988.06

资料来源：韩娟，等. 我国水泥工业二氧化碳排放现状与减排分析[J]. 海南大学学报：自然科学版，2010，28（3）：252-256.

由于工业部门比较多，本节主要以水泥生产过程中 CO_2 的排放为例介绍主要工业部门生产过程中 CO_2 气体排放量计算。

水泥制造业属资源和能源消耗型工业，水泥的生产需要消耗大量的石灰石、煤炭原料及电力消耗，因此水泥工业是工业部门中排放 CO_2 的大户，在生产 1t 普通硅酸盐水泥大约要排放 1tCO_2。与电力、钢铁等其他部门相比，水泥工业温室气体排放的一个显著特点是它不仅在排放燃料燃烧产生 CO_2，而且在以主要组成为碳酸钙、碳酸镁为原料的分解过程中也会产生 CO_2，因此受到政府间气候变化专门委员会（IPCC）的特别关注。

水泥生产的 CO_2 排放分为直接排放和间接排放，根据 CO_2 排放来源对两类排放进行了范围的界定。直接排放的主要来源为水泥工厂原料煅烧分解和原料燃烧，间接排放来自于生产过程中因使用火力发电所导致的 CO_2 排放。

（一）直接排放的计算

1．生料中碳酸盐矿物分解和有机碳燃烧的 CO_2 排放

具体计算过程是在正常情况下，普通硅酸盐水泥熟料含氧化钙 65%左右，根据化学反应方程式：

$$CaCO_3 = CaO + CO_2$$

每生成 1 份 CaO 同时生成 0.785 7 份 CO_2，故每生产 1 t 水泥熟料 CO_2 排放量为：1×65%×0.7857=0.511 t。另外，考虑熟料中典型的 MgO 含量为 2.9%左右，根据化学反应方程式：

$$MgCO_3 = MgO + CO_2$$

每生成 1 份 MgO 同时生成 1.1 份 CO_2，所以每生产 1t 水泥熟料 CO_2 排放量为：1×2.9%×1.1=0.032 t。

所以每生产 1 t 水泥熟料 CO_2 排放量为：0.511 t +0.032 t =0.543t=543 kg。

2．生产用燃料燃烧 CO_2 的排放

（1）熟料综合煤耗 CO_2 的排放

每吨熟料综合煤耗生成的 CO_2，F_1（kg）：

$$F_1 = 2.46 \times E_c \text{（kg）} \quad (5\text{-}12)$$

每吨熟料综合煤耗 E_c（kg）：

$$E_c = \frac{\text{实物煤用量} \times 22.99 \times 1\,000}{\text{水泥熟料年产量} \times 29.271} \text{（kg）}$$

（2）熟料柴油燃烧 CO_2 的排放

每吨熟料柴油燃烧生成的 CO_2，F_2（kg）：

$$F_2 = \text{每吨熟料的柴油用量} \times 42.705 \times 0.039\,8 \quad (5\text{-}13)$$

式中：42.705 为低温发热量，MJ/kg，0.039 8 为 CO_2 排放因子 kg/MJ。

（二）间接排放的计算

每吨水泥电力消耗量生成的 CO_2，F_3（kg）：

$$F_3 = \text{每吨水泥的电力消耗量（kW·h）} \times 0.302 \text{［kg/（kW·h）］} \quad (5\text{-}14)$$

第三节　农业部门碳排放量计算

农业生产是人类最基本的改造自然的活动，它通过人类活动的深刻影响把自然生态系统转化为人工生态系统，其过程不仅改变了地表环境，而且改变了大气、土壤和生物之间的物质循环、能量流动和信息交换的强度，带来了一系列环境问题，如土地沙化退化、水土流失、温室气体排放增强等。特别是近十多年来，温室气体排放增加引起的全球气候变暖成为人们普遍关注的焦点，人们开始注意到农业生产对温室气体排放的贡献，并且已成为加速全球变暖不容忽视的人类活动之一。就目前来说，估计大气中 70%的 CH_4 来源于农业生产活动，研究普遍认为 CH_4 的温室效应是 CO_2 的 20～30 倍，是仅次于二氧化碳的第二大温室气体，在全球气候变暖中的效应占 15%～20%。所以农业生产活动对温室效应的影响不容忽视。

一、稻田 CH_4 排放估算

水稻田是陆地生态系统中大气 CH_4 的一个重要源，可以采用下面公式估算稻田甲烷的排放量：

$$P=A\times F\times T\times 10^{-3} \quad (5\text{-}15)$$

式中：P——稻田 CH_4 的排放量，kg；

A——某一地区水稻的种植面积，m^2；

T——该地区水稻的平均生育周期，d；

F——在水稻生育期间该地区观测的稻田 CH_4 平均排放率，g/（m^2·d）。

根据国内外研究结果表明，稻田 CH_4 排放存在较大的时空变化，受稻田土壤特征、水稻品种、种植管理方法、温度及灌溉方式等诸多因素影响。据估计，全球水稻 CH_4 年排放量约 60 Gt（1Gt=10 亿 t），占大气 CH_4 源的 10%～30%。根据中国科学院大气物理研究所的上官行健的研究结果，长江中下游地区早稻排放率为 0.39 g/（m^2·d），晚稻为 0.75 g/（m^2·d）；华中地区早稻为 0.28 g/（m^2·d），晚稻为 0.41 g/（m^2·d）；西南地区单季稻 CH_4 排放率为 1.41 g/（m^2·d）。根据中国科学院长春地理研究所的闫敏华研究结果，长春地区稻田 CH_4 平均排放率为 0.72 g/（m^2·d）。

二、反刍动物 CH_4 排放估算

由于大气中 CH_4 含量增加和 CH_4 温室效应的原因，各国普遍重视了对反刍动物呼吸排放 CH_4 量的研究。研究结果显示动物种类、品种、不同生长发育阶段、营养管理方式、日粮水平和生产性能都会影响 CH_4 释放。

反刍动物排放的 CH_4 是动物摄入食物中的有机物在瘤胃内厌氧发酵而产生的，其生成过程由特定的生物学机制调控。大气中 CH_4 的人为排放量约为 360 Tg（1 Tg= 10^{12}g），其中反刍动物 CH_4 排放量为 80 Tg，占人为 CH_4 排放量的 22. 2%。

根据前人研究，牛、羊 CH_4 的产生量进食后最大，牛可能超过 30 L/h，羊可达 6 L/h，随着进食后时间延长，产量越来越低，绝食时很微量。平均来说，每头牛每天可产生 154 L CH_4，每只羊每天可产生 30 L CH_4。根据测定，动物排放

的 CH_4 的密度为 0.717 g/L。所以反刍动物每年产生 CH_4 的量可由以下公式计算：

$$M=F\times K\times 365\times 10^{-3} \quad (5\text{-}16)$$

式中：M——反刍动物每年排放甲烷的数量，kg；

F——品种不同的反刍动物每天排放甲烷的数量，L；

K——动物排放的甲烷的密度，取值为 0.717 g/L。

三、动物粪便 CH_4 的排放估算

动物粪便被认为是又一 CH_4 主要的排放源，全球动物粪便 CH_4 排放总量为 20～30Tg/a，占已知人为 CH_4 排放量的 5.5%～8%。国外对粪便 CH_4 排放已进行了一定研究，研究表明影响粪便 CH_4 排放的因素主要有粪便含水量、处理方式、堆放高度、温度等因素。Pattey 等研究了用液体粪便、堆放和堆肥方法处理奶牛和肉牛粪便时的温室气体排放量，结果表明液体粪便的温室气体排放量最大，其次是堆放。Amon 等报道了厌氧贮存的粪便夏季的 CH_4 排放量比冬季的排放量大很多。粪便 CH_4 的生成与环境温度高度相关，低于 10℃时 CH_4 的产量很小。González-Avalos 等在实验室内用水浴箱和铝桶发酵装置组成的静态箱系统研究了舍饲奶牛、肉牛和放牧牛粪三种牛粪在不同环境温度下的 CH_4 排放因子。测定表明，随着温度上升，粪便 CH_4 排放量呈增加的趋势。Yamulki 测定了室外堆放贮存的鲜牛粪 CH_4 排放通量，粪便堆体内部温度与 CH_4 排放量具有较好的相关性。

由于动物粪便 CH_4 排放的影响因素较多，目前关于动物粪便 CH_4 排放量的估算研究很少。中国农业科学院农业气象研究所李玉娥对动物废弃物源 CH_4 排放量进行了初步估算，其结果列于表 5-3。由此表可以对不同气候区不同动物粪便 CH_4 排放量进行估算。

表 5-3 各类动物粪便 CH_4 排放计算结果　　单位：kg/（头·a）

气候区	奶牛	非奶牛	水牛	猪	绵羊	山羊	骆驼	马	驴/骡
寒冷区（t<15℃）	7.59	0.65	1.34	1.18	0.10	0.11	1.28	1.09	0.60
温和区（15℃<t<25℃）	16.24	0.93	1.80	3.48	0.16	0.17	1.92	1.64	0.90
暖和区（t>25℃）	26.52	1.98	3.42	6.60	0.21	0.22	2.56	2.18	1.19

计算公式：

$$E_{ik}=\sum_{k}(EF_{ik}\times T_{ik}) \quad (5\text{-}17)$$

式中：T_{ik}——k 气候区 i 类家畜总数；

EF_{ik}——k 气候区 i 类动物每头年 CH_4 排放量，kg/（头·a）。

第四节　土地利用方式变化和林业碳计量方法

人类活动引起的土地利用方式变化是导致大气中温室气体浓度上升和气候变化的重要原因之一，仅次于人为化石燃料的燃烧。目前，估计所排放的 CO_2 有约 25%来自土地利用的变化，另据报道，20 世纪 90 年代初全球土地面积近乎 40%转化为耕地或永久牧场，而这种转变很大程度上是以牺牲森林和草地为代价实现的，从而导致生态系统的退化，使其作为 CO_2 的汇在大幅度减弱，而土壤呼吸却在加强，研究发现由于土壤呼吸每年土壤向大气释放 CO_2 为（1.6±1.0）Gt（1 Gt=10 亿 t）。所以精确测算土地利用方式变化对陆地生态系统碳平衡的影响意义重大。

一、土地利用方式变化对碳排放的影响

土地利用和管理会影响多种生态系统过程，进而对温室气体流量产生影响。土地利用方式变化对碳的影响包括植物碳和土壤碳两部分。土地利用方式变化对碳的影响指土地利用方式变化改变了植物碳和土壤碳的贮量和性质、动态和稳定性及这些变化的过程、类型和改变后产生的环境效应。土地利用方式变化主要包括大规模毁林、草原开垦、森林与草地、农田的相互转化、经营土地的撂荒等。下面以毁林和草地转化农田为例，分析土地利用方式变化对碳排放的影响。

（一）毁林

毁林是指森林向其他土地利用方式的转化或林木冠层覆盖度长期或永久降低到一定的阈值以下。由于毁林导致森林覆盖的完全消失，除毁林过程中收获的部分木材及其木制品可以较长时间保存外，大部分贮存在森林中的巨额生物量碳将被迅速地释放到大气中。全球毁林引起的碳排放从 1850 年的 0.3 Gt/a 增加到 20 世纪 50 年代初的 1.0 Gt/a 到 80 年代末达 2.0～2.4 Gt/a。据 IPCC 估计，1850—1998 年，由于土地利用方式变化引起的全球碳排放达（136±55）Gt，其中 87%是由毁林引起的，13%是由草地开垦造成的。

同时毁林引起的土地利用方式变化还将引起森林土壤有机碳的大量排放。研究表明，毁林转化为农地后，由于土壤有机碳的输入大大降低和不断的耕作，土壤有机碳损失可高达 75%，大部分研究结果为 0%～60%，毁林转化为农地 10 年后土壤有机碳平均下降（30.3±2.4）%，如果剔除土壤容重变化的影响，土壤有机碳含量平均下降（22.1±4.1）%。

天然次生林生态系统通过土地利用方式变化，变成农田或草地生态系统后，

植被残体碳贮量汇功能下降，而草地或农田生态系统通过造林变成人工林生态系统后，生态系统中植被残体碳贮量汇功能增加。

（二）草地转变农田或过度利用

由于人口增加以及对粮食需求的增加，大量草地被开垦成农田。至 1998 年，全球已有约 6.6 亿 hm^2 的草地被开垦成农田，占土地利用方式变化的近 40%，这些草地开垦成农田使得碳贮量（以 C 计）由草地的 116 t/hm^2 减少到农田的 87 t/hm^2，碳贮量减少了 29 t/hm^2，即碳贮量损失了 19Gt（每公顷 28.8 t 碳）；同时，地上生物量损失了 7.7Gt（每公顷 28.8 t 碳）。就全球碳平均而言，草地开垦成农田导致 1m 深度土层内的土壤碳损失 20%～30%，与森林转化为农田后 1 m 深度土层内的土壤碳损失 25%～30%相当。

草地的过度放牧和开垦通常会导致土壤中有机碳的大量释放，促进土壤呼吸。过度放牧不仅使草地植物固定碳素的能力降低，减少草地植被对土壤碳库的输入，而且促进土壤的呼吸作用，加速碳素从土壤向大气中的释放。在一定范围的放牧压力下，CO_2 排放通量随放牧强度的增加呈线性增长趋势。在过度放牧情况下，全球草地上净生产力仅有 20%～50%的产量能够以凋落物和家畜粪便的形式进入到土壤碳库中，因此过度利用的草地可能会变成一个净碳源。开垦也是影响草地生态系统碳储量最重要的人类活动因素之一。

二、土地利用方式变化与林业碳估算方法

在土地利用方式变化对碳排放的估算研究中，目前主要集中在森林生态系统中，本书主要以森林生态系统为例，估算森林生态系统吸收的碳量和排放的碳量。

（一）森林生态系统吸收的 CO_2 估算

森林生态系统吸收的碳主要指森林植被对 CO_2 的固定，包括地上生物量、枯落物、地下生物量。

森林生态系统吸收的碳量＝植被碳贮量（地上生物量+地下生物量）+枯落物碳贮量+土壤有机碳

1. 植被碳贮量

植被碳贮量是基于生物量乘以转换比率，即干物质中碳的比重计算得来。这里讨论的生物量是某一时间内测到的生物体的总重量，即现存量（不包括凋落物贮量）。

即：

$$Ta=k\times R\times A \tag{5-18}$$

式中：Ta——植被碳贮量；

k——转换系数，通常取 0.45；

R——单位面积地上植被生物量和地下根系生物量之和；

A——森林总面积。

2．枯落物碳贮量

森林凋落物层是森林生态系统的一大特征（这里的凋落物不包括土壤中根系更新形成的凋落物），是年凋落物量与分解量的差值。凋落物碳贮量通过凋落物的现存生物量乘以比例系数 0.5 得来。即：

$$Td=k\times R\times A \tag{5-19}$$

式中：Td——凋落物碳贮量；

k——转换系数，一般取值为 0.5；

R——单位面积凋落物生物量；

A——森林总面积。

3．土壤有机碳贮量

土壤有机碳贮量根据土壤剖面有机质百分含量推算。

$$\text{土壤有机碳贮量}=p\times h\times r\times k\times A \tag{5-20}$$

式中：P——土壤容重；

h——采样深度；

r——土壤有机质百分含量；

A——森林总面积；

k——转换系数，一般取值为 0.58。

（二）森林生态系统排放的 CO_2 估算

储存在土壤和植物体内的 C 通过土壤微生物和植物植物器官呼吸以及森林火灾导致的植物体燃烧，将 C 以 CO_2 的形式向大气中排放，构成了森林生态系统碳释放的途径。

森林生态系统排放的碳量 = 森林植被群落呼吸+凋落物分解+土壤呼吸

1．森林植被群落呼吸

森林是个巨大的不均匀系统，不同个体和同一个体的不同器官以不同的速率进行着呼吸，并且它们随本身的生物学因子（年龄、生长状况等）和环境因子（气象、土壤、季节等）发生着时间和空间的变化。林木各器官（根、树干、枝、叶）以不同的速率进行着呼吸。群落呼吸量的估算，采用方精云等研究的结果，一个树木各器官的总呼吸量 R，计算公式如下：

$$R=K_0\,(D^2H)^{\beta} \tag{5-21}$$

式中：R ——总呼吸量（以 CO_2 计），mg/（h·株）；

D、H ——林木的胸径和树高；

K_0、β ——系数（不同树种取值不同，以辽东栎树种为例，计算根、茎、枝、叶呼吸量时 K_0 取值分别为 1.3、3.9、0.18、0.08；β 取值分别为 0.8、0.6、1.0、1.2）。

为了推算全年单位面积（每公顷）呼吸量，首先求出样地的平均呼吸量，然后，对于非同化器官，单位时间呼吸量直接乘以全年的小时数即可得到。而对于同化器官（叶），则只能计算生长季节的量。

2. 凋落物分解

凋落物的分解速率因不同组分而异，常用分解常数来描述，即：

$$X_t = X_0\,e^{-kt} \tag{5-22}$$

式中：X_t —— t 时刻凋落物中残留干物质的量；

X_0 —— 初始凋落物干物质的量；

k —— 分解常数。

凋落物中碳素的释放率可以反映分解过程中的碳素释放状况，用下式表示：

$$碳素释放率(\%)=\frac{凋落物初始碳素量-某一时刻碳素残留量}{凋落物初始碳素量}\times 100\% \tag{5-23}$$

3. 土壤呼吸

土壤呼吸是指土壤由于代谢作用而释放 CO_2 的过程，主要包括土壤微生物的异养呼吸、土壤动物呼吸和少量土壤有机物氧化而产生的 CO_2。林地土壤 CO_2 释放量的测定通常采用碱液静态吸收法，公式如下：

$$R_{CO_2}=\frac{N(V_0-V)\times 0.02}{S\times T} \tag{5-24}$$

式中：R_{CO_2}——林地土壤 CO_2 释放量，$g\cdot m^{-2}\cdot h^{-1}$；

N——盐酸（HCl）浓度，$mol\cdot L^{-1}$；

V_0——对照试样（空白试样）所消耗盐酸体积数，mL；

V——试样所消耗盐酸体积数，mL；

S——瓶口与土壤接触的表面面积，m^2；

T——采样时间，h。

思考题

1. 阐述国际上通行的温室气体排放方法有哪些。
2. 阐述化石燃料的分类及碳排放计算方法。

3. 简答水泥生产过程中温室气体排放的计算方法。
4. 简答农业温室气体排放源有哪些？
5. 简答稻田甲烷排放量的计算方法。
6. 简答反刍动物甲烷排放量估算。
7. 阐述土地利用方式变化对碳排放的影响有哪些？举例说明。
8. 阐述森林生态系统吸收 CO_2 的估算方法。
9. 阐述森林生态系统排放 CO_2 的估算方法。

参考文献

[1] 李志琴，罗家海，游江峰，等. 广州市化石燃料燃烧与水泥生产排放二氧化碳的估算[A]. 中国环境科学学会学术年会论文集（2009）：934-939.

[2] 何介南，康文星.湖南省化石燃料和工业过程碳排放的估算[J]. 中南林业科技大学学报，2008，28（5）：52-58.

[3] 钱杰，俞立中.上海市化石燃料排放二氧化碳贡献量的研究[J]. 上海环境科学，2003，22（11）：836-839.

[4] ORN L. Estimate of CO_2，emission from fossil fuel burning and cement manufacturing. ORNL/CDIAC－25. Carbon Dioxide Information Analysis Center. Oak Ridge National Laboratory，Oak Ridge，Tennessee，USA，1990.

[5] 张德英.我国工业部门碳源排碳量估算办法研究[D]. 北京：北京林业大学，2005.

[6] 李明峰，董云社，耿元波，等. 农业生产的温室气体排放研究进展[J]. 山东农业大学学报（自然科学版），2003，34（2）：311-314.

[7] 资源研究所，联合国环境规划署，联合国开发计划署，世界银行等. 世界资源报告（1998—1999）[M]. 北京：中国环境科学出版社，1999：229-245.

[8] 张明国.农田土壤温室气体排放通量与区域模拟研究[D]. 太原：山西农业大学，2003.

[9] 游玉波，董红. 家畜肠道和粪便甲烷排放研究进展[J]. 农业工程学报，2006，22（增刊 2）：193-196.

[10] Islam M，Abe H，Hayashl Y，et al.Effects of feeding Italian ryegrass with corn on rumen environment，nutrient digestibility，methane emission，and energy and nitrogen utilization at two intake levels by goats[J].Small Ruminant Research，2000，38：165-174.

[11] Kelly J M，Kerrigan B，Milligan L P，et al.Development of a mobile，open—circuit indirect calorimetry system[J]. Can J Anim Sci.，1994，74：65.

[12] 汪艳林，许信旺，曹志红.土地利用和覆盖变化对土壤碳库的影响[J]. 池州学院学报，2008，22（5）：84-88.

[13] 岳曼，常庆瑞，王飞，等. 土壤有机碳储量研究进展[J]. 土壤通报，2008，39（5）：1173-1178.

[14] 陈广生，田汉勤.土地利用/覆盖变化对陆地生态系统碳循环的影响[J]. 植物生态学报，2007，31（2）：189-204.

[15] 刘惠，赵平.土地利用/覆被变化对土壤温室气体排放通量影响[J]. 山地学报，27（5）：600-604.

[16] 吴家兵，张玉书，关德新.森林生态系统 CO_2 通量研究方法与进展[J]. 东北林业大学学报，2003，31（6）：49-51.

[17] Feanside P M. Amazonian deforestation and global warming: carbon stocks in vegetation replacing Brazil's Amazon forest[J]. Forest Ecology and Management，1996，80：21-34.

[18] Cohen W B，M E Harmon，D O Wallin，et al. Two decades of carbon flux from forests of the Pacific Northwest. Bio. Science，1996，46：836-844.

[19] Black T A，J W Harden. Effect of timber harvest on soil carbon storage at blodgett experimental forest[J]. California. Canadian Journal of Forest Research，1995，25：1385-1396.

[20] 李正才.土地利用变化对土壤有机碳的影响[D]. 北京：中国林业科学研究院，2006.

[21] 程鹏飞，王金亮，王雪梅，等.森林生态系统碳储量估算方法研究进展[J]. 林业调查规划，2009，34（6）：39-45.

[22] 钟华平，樊江文，于贵瑞，等.草地生态系统碳蓄积的研究进展[J]. 草业科学，2005，22（1）：4-11.

[23] 仝川，曾从盛. 湿地生态系统碳循环过程及碳动态模型[J]. 亚热带资源与环境学报，2006，1（1）：84-92.

[24] 《2006 年 IPCC 国家温室气体清单指南》. 2006.

[25] 李玉娥，饶敏杰. 动物废弃物源甲烷排放量的初步估算与减缓技术选择[J]. 农村生态环境（学报），1995，11（3）：8-10.

[26] 闫敏华，华润葵，王德宣，等.长春地区稻田甲烷排放量的估算研究[J]. 地理科学，2000，20（4）：386-390.

[27] 王庚辰，温玉璞.温室气体浓度和排放监测及相关过程[M]. 北京：中国环境科学出版社，1996.

[28] 方精云，王效科，刘国华，等. 北京地区辽东栎呼吸量的测定[J]. 生态学报，1995，15（3）：235-243.

[29] 尹晓娜，王波，李冬，等. 温室气体二氧化碳排放源强计算方法探讨[A]. 中国环境科学学会学术年会论文集，2010.

[30] 韩娟，赵晨，汪牡丹，等. 我国水泥工业二氧化碳排放现状与减排分析[J]. 海南大学学报：自然科学版，2010，28（3）：252-256.

第六章

低碳经济评价体系

引言 低碳经济评价指标体系是指用来评价低碳经济发展的效益而采取的标准和尺度。低碳经济的发展是一个动态过程，存在不同的发展阶段和发展重点，因而制定引导政策前需要清楚低碳经济发展的现状，并在进行横向对比的基础上确定其发展阶段，这就要求设立低碳经济的统计和考核指标，建立“低碳经济评价指标体系”。一方面，可以据此衡量低碳经济发展的水平，并制定相应的政策法规和发展规划；另一方面，可以把碳排放指标完成情况与各级政府政绩相挂钩，成为今后考核各地经济工作的一个关键指标。

低碳经济的研究是目前国内外研究的热门话题之一，如何建立衡量区域低碳经济发展水平的评价指标体系是一项极其重要的基础性工作。本章主要介绍低碳经济评价的重要性、评价指标体系构建的原则、评价指标的选取、评价指标体系的构建和评价方法。

本章学习目标 通过本章学习，掌握以下内容：（1）低碳经济评价指标体系构建的原则；（2）低碳经济评价指标体系的构建方法与分析；（3）低碳经济评价方法。

第一节 低碳经济评价体系分析

目前低碳经济研究是热点问题，但对低碳经济的评价指标体系研究几乎是空白。低碳经济的概念提出以后，很多研究机构和学者为寻求对它的评价指标做出了不懈努力，他们提出了一些指标，并积极完善指标体系，对低碳经济的量化研究和实践起到了推动作用。由于人们对低碳经济的评价指标研究较晚，还没有比较成熟的评价指标体系和评价方法供人们使用与参考，所以在研究低碳经济指标体系时可以参考循环经济指标体系、国家环境保护模范城市指标体系、生态省、市、县建设指标体系等，这些评价指标都可以为之借鉴和吸收。

一、低碳经济评价的作用

低碳经济研究是目前国内外研究的热点话题，建立衡量区域低碳经济发展水平的评价指标体系是一项极其重要的基础性工作。构建评价区域低碳经济发展水平的评价指标体系，可以评价和监测低碳经济发展的状态和程度。其作用主要有以下几点：

（一）对某区域低碳经济系统运行的现状进行评价

通过开展对某一区域低碳经济发展水平评价，反映低碳经济系统在具体区域的运行状况，判断和测度低碳经济的发展水平、有利条件和不利条件，为各级政府、有关部门、企业和公众了解低碳经济发展现状提供科学的判断依据。

（二）监测区域低碳经济系统状态的变化趋势

通过运用长时间而连续性的低碳经济评价数据，可以全面反映低碳经济各方面状态的变化趋势，进行地区间、部门间发展低碳经济水平的评价与比较，从比较中找差距和薄弱环节，并分析落后的原因，寻找不利变化的因素，及时扭转不利的变化趋势，使其回归到良性发展的轨道。

（三）对区域低碳经济系统的运行进行预警

在发展低碳经济的过程中，对于既定的经济社会发展目标，输入端的物质投入量（特别是不可再生资源的开采、投入量）、输出端的废弃物排放量、资源利用率和循环利用率等都应有一个合理的运行区域，如果超出了正常合理范围，低碳经济系统将是不可持续的。因此，要在建立有关警戒标准的基础上，建立低碳经济预警系统，以便及时采取调控手段，使经济社会发展处于安全区域内运行。

（四）促进低碳型社会的构建

加强和增进社会各界对低碳经济的了解，通过定期发布区域低碳经济发展评价指标结果，促进全体公民对发展区域低碳经济的理解和支持以及对相关计划和行动的积极参与，促进低碳型社会的构建。

二、低碳经济的评价指标体系构建原则

低碳经济的评价指标体系是对低碳经济发展程度的客观评价与反映，因此构建评价指标体系一方面要遵循构建指标体系的一般原则，另一方面，还要根据影响低碳经济的主要影响因子来确定，低碳经济评价指标体系的构建必须遵循以下原则：

（一）系统性原则

确定指标体系时应该从系统的角度出发，把一系列与低碳经济有关的指标有机地联系起来，注意指标体系的层次性，也要注意同级指标之间的互斥性，以及实现上一级目标时的全面性。

（二）可操作性原则

指标体系建立的目的主要是对目前的低碳经济进行评测，因此，该指标体系应是一个可操作性强的方案，设计的指标体系要尽可能地利用现有统计数据和便于收集到的数据，对于目前尚不能统计和收集到的数据和资料，暂时不纳入指标体系。

（三）目标性原则

评价指标的设计要有一定的前瞻性、激励性，同时又应该符合实际的，在应用过程中能够对低碳经济的发展产生导向性作用。

（四）定性分析与定量计算相结合原则

指标体系和评价体系应具有可测性和可比性，定性指标应有一定的量化手段，评价指标应尽可能采用量化的指标，但有些指标很难量化，可将它分成若干个等级，将定性指标定量化。

三、评价指标框架体系

低碳经济是集经济、技术和社会于一体的系统工程，它是由有不同层次，不同作用和特点因子组合而成。所以低碳经济评价指标体系的具体设计也应该具有层次性，首先确定一个低碳经济评价的总体目标，然后将它分解为若干层次（系统），逐级发展、指导出各级子目标（系统），最后剔除描述、表达目标的各项指标，即最后一层的具体指标。这样建立的指标体系，能够保持严格的内部逻辑统一性。

一般根据统计分析的特点以及分析的广泛性，将低碳经济评价指标体系分为目标层、准则层和指标层三个层次：

（1）目标层：综合表达系统的总体低碳经济发展能力，反映低碳经济系统的总体状况和发展趋势。低碳经济综合评价指数是我们通过测算所得到的最终结果。通过横向、纵向比较可反映低碳经济系统整体发展水平和发展趋势。

（2）准则层：在目标层的基础上，将低碳经济评价指标体系分解为几个大的层面。构建区域低碳经济评价指标体系难点在于建立了准则层，准则层起承上启下的作用，设计得适当与否将关系到整个指标体系的质量。

（3）指标层：采用可测的、可比的、可以获得的指标及指标群，它们是指标系的最基层要素。评价指标体系的主要计量工作是在指标层进行的。指标层的目标值的确定主要是借鉴政府工作要求与目标、低碳城市的目标值，并通过专家咨询的方式，确定低碳经济发展的目标值，力求所确定的目标值科学、合理。

在遵循上述指标体系选取的原则和依据的基础上，构建了低碳经济发展水平的衡量指标体系。第一层目标层为低碳经济评价指标（A）；第二层准则层则由经济发展系统（A1）、低碳社会系统（A2）、低碳环境系统（A3）3 个方面；第三层指标层共 18 项指标。目前，对低碳经济评价还没有一套标准的体系和程序，不同地方可以参考 18 项指标，进行增减。低碳经济评价指标框架体系如表 6-1 所示。

把低碳经济评价指标分类能较好地体现系统的组成。至于评价单项指标的选取，主要参考原国家环保总局颁布试用的低碳城市的建设、生态省建设指标体系，并采用频度统计法和理论分析法进行取舍补充。

表 6-1 低碳经济评价指标体系

目标层	准则层	指标层	单位
低碳经济评价指标	经济发展系统	人均 GDP	万元/人
		农村居民纯收入	元/人
		城镇居民年人均可支配收入	元/人
		单位 GDP 能耗（以标准煤计）	t/万元
		第三产业占 GDP 的比重	%
		低碳技术投入占 GDP 的比重	%
		……	
	低碳社会系统	节能家电使用率	%
		低碳消费理念普及率	%
		恩格尔系数	%
		万人拥有公共汽车数	辆/万人
		城市化水平	%
		环保教育普及率	%
		采暖地区集中供热普及率	%
		……	
	低碳环境系统	森林覆盖率	%
		低能耗建筑比例	%
		城镇人均公共绿地面积	m^2/人
		环境保护投资占 GDP 的比重	%
		自然保护区占国土面积的比重	%
		……	

四、指标体系简介

（一）经济发展系统指标

低碳不等于贫困，贫困不是低碳经济，低碳经济的目标是低碳高增长。低碳经济发展系统是区域可持续发展的核心内容，区域可持续发展首先是经济发展，只有经济发展了，人类才能脱离贫困，并解决资源和环境问题。经济发展可以为环境保护和资源开发提供资金和技术，是社会可持续发展的根本前提。

指标简介：

（1）人均 GDP：指区域内每人所创造的国内生产总值（GDP），以万元/人表示。

（2）农村居民纯收入：指乡镇辖区内农村常住居民家庭总收入中，扣除从事生产和非生产经营费用支出、缴纳税款、上交承包集体任务金额以后剩余的，可直接用于进行生产性、非生产性建设投资、生活消费和积蓄的那一部分收入。

（3）城镇居民年人均可支配收入：指城镇居民家庭在支付个人所得税、财产税及其他经常性转移支出后所余下的人均实际收入。

（4）单位 GDP 能耗：指万元国内生产总值的耗能量。计算公式为：

$$\text{单位 GDP 能耗} = \frac{\text{总能耗（标准煤, t）}}{\text{国内生产总值（万元）}} \tag{6-1}$$

（5）第三产业占 GDP 的比例：指第三产业的产值占国内生产总值的比例。是一个衡量区域经济发展、社会进步的指标，国际上发达国家该比例达 60%～70%。

（6）低碳技术投入占 GDP 的比重：指用于低碳技术研发和推广等方面的投入占当年国内生产总值（GDP）的比例。

（二）低碳社会系统

促进人类的全面发展是社会发展的根本目的，也是可持续发展的重要目标。社会系统包含了人口发展能力和生活质量水平两大指标群，分别从不同侧面概括地反映了可持续发展战略中稳定人口、改善卫生健康和基础教育，提高科技水平，满足生活基本需要、适度城市化，促进社会参与和社会公平等基本内容。

指标简介：

（1）节能家电使用率：家用电器中，使用节能电器的比例，是反映节能的一个重要指标。

（2）低碳消费理念普及率：指开展低碳消费讲座及其他科普宣传中，涉及有关低碳消费内容的比例之和。

（3）恩格尔系数：指居民的食品消费支出占家庭总收入的比例。比例越高表明收入低，生活越贫困，联合国粮农组织判定，恩格尔系数60%以上为贫困，50%～60%为温饱，40%～50%为小康，40%以下为富裕。计算公式为：

$$\text{恩格尔系数}=\frac{\text{居民的食品消费支出}}{\text{居民家庭总收入}}\times 100\% \tag{6-2}$$

（4）万人拥有的公交车数量：是反映城市公共交通状况的一个指标，城市公交车辆总数与城市总人口之比。

（5）城市化水平：指城镇建成区内总人口占地区总人口的比重。计算公式为：

$$\text{城市化水平}=\frac{\text{城镇建成区内总人口数}}{\text{市（县）总人口数}}\times 100\% \tag{6-3}$$

（6）环保教育普及率：指中小学开展环境保护知识讲座学校所占比例，以及其他科普宣传中，涉及有关环境保护内容的比例之和。

（7）采暖地区集中供热普及率：指城市市区集中供热设备供热总容量占市区供热设备总容量的百分比。计算公式为：

$$\text{采暖地区集中供热普及率}=\frac{\text{市区集中供热设备供热总容量（MW）}}{\text{市区供热设备供热总容量（MW）}}\times 100\% \tag{6-4}$$

（三）低碳环境系统

经济的快速发展，导致生态环境的日益恶化和资源的短缺，严重影响到经济社会的可持续发展。生态环境是人们赖以生存的基本条件，也是经济可持续发展和社会能够不断进步的基础，直接影响到低碳经济的建设。

指标简介：

（1）森林覆盖率：森林覆盖率指森林面积占土地面积的比例。高寒区或草原区林草覆盖率是指区内林地、草地面积之和与总土地面积的百分比。计算公式为：

$$\text{林草覆盖率}=\frac{\text{林草地面积之和}}{\text{土地总面积}}\times 100\% \tag{6-5}$$

（2）低能耗建筑比例：指在围护结构、能源和设备系统、照明、智能控制、可再生能源利用等方面综合选用各项节能技术的建筑占常规建筑的比例。

（3）城镇人均公共绿地面积：指城镇公共绿地面积的人均占有量。公共绿地包括公共人工绿地、天然绿地，以及机关、企事业单位绿地。

（4）环境保护投资占 GDP 的比重：指用于环境污染防治、生态环境保护和建设投资占当年国内生产总值（GDP）的比例。要求近三年污染治理和生态环境保护与恢复投资占 GDP 比重不降低或持续提高。

（5）自然保护区占国土面积的比重：指辖区内各类（级）自然保护区、风景名胜区、森林公园、地质公园、生态功能保护区、水源保护区、封山育林地等面积占全部陆地（湿地）面积的百分比，上述区域面积不得重复计算。

第二节 低碳经济评价方法

对于区域经济的评价方法许多环境科学工作者已经做过大量研究，取得一些有价值的科研成果，并在实际操作中得到广泛应用。但对低碳经济的评价方法的研究还不多见，在国内李晓燕首次用模糊层次分析法提出了省区低碳经济评价方法，并以实例分析，对省域发展低碳经济进行了评价。本书对低碳经济的评价方法研究主要参考区域经济和低碳城市建设评价的方法，以供读者参考使用。

一、模糊层次分析法

随着模糊数学理论的发展与渐趋成熟，人们尝试将模糊理论引入到层次分析法（AHP）的研究中，从而发展出新的适用范围更广泛的判断矩阵——模糊判断矩阵。在实际决策过程中，由于受决策者的知识结构、判断水平等诸多主观因素的影响，加上客观事物本身的模糊性与不确定性，专家所掌握的信息不足以把握事物的真实状态。因此，专家在构造判断矩阵时往往会用不确定性数值的形式来给出判断值。在许多情况下，不确定性判断矩阵的构造更符合事物的客观本质；同时互反判断矩阵与互补判断矩阵实际上可以看做是不确定性判断矩阵的基础。因此，对于此类问题的研究具有重要的理论意义与实践价值。应用不确定性判断矩阵的步骤如下：

（一）确定指标层目标值

通过借鉴政府工作目标要求、生态省的目标值、低碳经济发展的目标值、全国低碳经济发展较好省份的相关指标值，然后采取专家咨询的方式，最终确定低碳经济发展的目标值，力求做到科学、合理。

（二）应用模糊层次分析法（FAHP）确定权重

模糊层次分析法采用三标度，其三标度法属于互补型标度，符合人们的思维逻辑，由度量各元素之间的比较关系，就其实质而言，不存在度量不准确的可能性，建立的优先判断矩阵虽然粗糙，但极容易建立，由优先判断矩阵改造而成的模糊矩阵满足一致性条件，无须再进行一致性检验。通过 FAHP 确定各指标对评价目标所起作用的大小，即权重。在实际的操作中使用 Excel，应用的具体步骤如下：

（1）建立判断矩阵（优先矩阵）

$$f_{ij}=\begin{cases}1 & c(i)>c(j)\\ 0.5 & c(i)<c(j)\\ 0 & c(i)=c(j)\end{cases} \tag{6-6}$$

式中：$c(i)$ 和 $c(j)$ 由此分别标度 f_i、f_j 相对重要程度。

（2）将优先关系矩阵 $F-(f_{ij})_{m\times m}$ 转化成模糊一致矩阵 $Q=(q_{ij})_{m\times m}$，模糊一致性矩阵满足一致性条件，无需再进行一致性检验。对 F 做行求和以及行变换：

$$q=\sum_{j=1}^{m} f_{ij} \quad i=1，2，\cdots，m \tag{6-7}$$

$$q_{ij}=\frac{(q_i-q_j)}{2m}+0.5 \tag{6-8}$$

（3）利用和行归一法得到权重向量，模糊一致矩阵 $Q=(q_{ij})_{m\times m}$，每行元素的和（不包含自身比较）及不含对角线元素的总和：

$$c=\sum_{j=1}^{m} q_{ij}-0.5 \qquad i=1，2，\cdots，m \tag{6-9}$$

$$\underset{i}{E}\, c=m(m-1)/2 \tag{6-10}$$

由于 l_i 表示指标 i 相对于上层目标的重要性，所以对 l_i 归一化即可得到各指标权重：

$$W_i=\frac{l_i}{\underset{i}{E}\, l_i}=\frac{2l_i}{m(m-1)} \tag{6-11}$$

（4）对指标数据进行无量纲化处理，得到指标的标准分。

对于正指标：$C_{ki}=\dfrac{X_i}{U_i}$，对于负指标：$C_{ki}=\dfrac{U_i}{X_i}$。其中 X_i 为现值，U_i 为目标值。

（5）结合指标权重和无量纲化的指标值计算低碳经济综合评价指数。

$$Y=\sum_{k=1}^{n}(b_k\sum_{j=1}^{n} a_{ki}C_{ki}) \tag{6-12}$$

式中：Y 是低碳经济综合评价指数，a_{ki} 是判断矩阵中隶属第 k 项中一级指标的第 i 项二级指标的权重，b_k 是第 k 项中一级指标的权重，C_{ki} 是判断矩阵中隶属于第 k 项一级指标的第 i 项二级指标的标准数值。

Y 值的取值标准可以参考发达国家和我国低碳经济发展较好省份的低碳经济发展水平，Y 值在（100～80）区间为低碳经济，处于（80～60）区间为中碳经济，（60～0）为高碳经济。

二、多元统计分析法

运用因子分析法等多元统计分析法来计算指标的权重，避免了人为确定权数的随意性，使得综合评价结果更客观、准确，而且可以采用 SAS 或 SPSS 软件包，在实际中具有广泛的应用价值。

（一）因子分析法

因子分析法的概念起源于 20 世纪初 Karl Pearson 和 Charles Spearmen 等人的关于智力测验的统计分析。因子分析法是将具有错综复杂关系的众多变量综合为数量较少的几个因子，以再现原始变量与因子之间的相关关系。这些较少的几个综合指标（公因子）不相关，代表的信息不重叠，而包含的信息又较多，由此达到简化观测系统，减少变量维数，一个变量子集来解释整个问题的目的，这样更容易抓住问题的主要矛盾，使分析简化。公因子还具有相应的贡献率，即它所包含原始指标信息的程度，当累计贡献率达 85%以上时，可以认为公因子基本上反映了原始指标的信息。

设原始评价指标向量为 X，公因子向量为 Z，且向量之间互不相关，公因子负荷系数矩阵为 B，残差向量为 e，则因子分析的正交模型为 $X=BZ+e$，通过计算负荷系数的具体数值，可以大体确定评价指标的分组情况，并能判断出因子的具体含义，有利于观察到各子系统在可持续发展中的地位。

如果残差 e 的影响很小可以忽略不计，数学模型可变为 $X=BZ$。由于 Z 中各分量之间彼此不相关，这样就形成特殊形式的因子分析，称为主成分分析，其数学模型为 $Z=AX$。Z 为主成分向量，A 为主成分变量矩阵，X 为原始变量向量。主成分向量是组内指标的线性组合，综合了各个指标的信息，利用主成分向量值即因子得分，以及其对应方差贡献率作为各个因子权重，如此就可以得到可持续发展水平的具体指标值。指标值越高，说明区域的低碳经济发展水平就越强。具体步骤如下：

（1）根据数据源建立指标体系；

（2）根据公式 $x_{ij}^{*}=(x_{ij}-\overline{x}_{j})/\sigma_{j}\quad i=1，2，\cdots，m$ （6-13）

其中 $\overline{x}_{j}=\frac{1}{n}\sum_{i=1}^{n}x_{ij}$，$\sigma_{j}^{2}=\frac{1}{n}(x_{ji}-\overline{x}_{j})$，对指标向量的数据进行标准处理，组成矩阵 X；

（3）计算样本相关矩阵 R：

$$R=\begin{Bmatrix} r_{11} & \cdots & r_{1m} \\ \vdots & \vdots & \vdots \\ r_{m1} & \cdots & r_{mm} \end{Bmatrix}=\frac{1}{n}X'X \tag{6-14}$$

$$r_{ij}=\frac{1}{n}\sum_{i=1}^{n}X_{ij}X_{ik}=\frac{1}{n}x_jx_k \quad j,\ k=1,\ 2,\ \cdots,\ m \tag{6-15}$$

并进行因子分析适宜性建议；

（4）计算相关矩阵的特征值 λ_i 和特征向量 α_i，i=1，2，…，n；

（5）确定公共因子的个数 k，称 $\frac{\lambda_k}{\left(\sum_{i=1}^{p}\lambda_i\right)}$ 为第 k 个公共因子的方差贡献率，记为 β_k，称 $\frac{\left(\sum_{i=1}^{k}\lambda_i\right)}{\left(\sum_{i=1}^{p}\lambda_i\right)}$ 为前 k 个公共因子的累计方差贡献率。选取公共因子的原则是：当前 k 个公共因子的累计方差贡献率超过85%或95%时，取前 k 个公共因子代替原来的 m 个指标；

（6）求因子载荷 $\alpha_i=\sqrt{\lambda_i\alpha_i}$，计算因子载荷矩阵 A；

（7）为了使提取的公共因子更容易解释和具有命名清晰性，对矩阵 A 进行最大方差旋转，得矩阵 B，在计算各公共因子得分，$F_i=\alpha_i x$　i=1，2，…，k；

（8）按因子得分 F_i 及方差贡献率的大小，计算综合得分 $F=\beta_1F_1+\beta_2F_2+\cdots+\beta_kF_k$，再根据综合得分进行排序。

（二）主成分分析法

主成分分析法是把原来多个变量化为少数几个综合指标的一种多元统计分析方法。它是用较少的几个综合指标来代替原来较多的变量指标，而且使这些较少的几个综合指标，既能尽量多地反映原来较多指标所反映的信息，同时它们之间又是彼此独立的。

将评价对象原始指标组合成新的综合指标，使它们之间表现为线性函数关系。通过数学变换方式计算综合评价方差占全部原始指标总方差的比重，这个比重值越大表明综合指标“综合”原始指标的能力越强。即是把一定个数的原始指标总方差分解为相等数目不相关的综合指标的方差之和，使第一个综合指标的方差达到最大（贡献力最大），第二个综合指标的方差第二大，依此类推，使前面的几个综合指标既可包括总方差中的绝大部分方差，也包含了原始指标中的绝大部分信息量，我们就称前面少量综合指标为原始指标的主要成分。然后，求各主成分的得分并计算综合得分；对主成分因子的经济意义作解释，一般由权重较大的几个指标的综合意义来确定。具体操作步骤如下：

（1）将原始数据 X_{ij} 进行标准化处理，得其标准化数据 X_{ij}=（i=1，2，…，n；j=1，2，…，p）；

（2）计算标准化样本 X_i 的相关系统矩阵 R；

（3）求相关系数矩阵 R 的特征值 λ_j 和特征向量 t_j；

（4）计算主成分 F_k（k=1，2，…，m，$m<p$）的贡献率 T_k 和累积贡献率 D_k；

（5）计算主成分得分矩阵 F_k；

（6）根据多指标和加权综合评价模型计算综合评价值。

三、模糊综合评价法

模糊综合评价就是以模糊数学为基础，应用模糊关系合成的原理，将一些边界不清，不易定量化的因素定量化，是进行综合评价的一种方法。

模糊综合评价法首先确定被评价对象的因素（指标）集 U=（x_1，x_2，…，x_m）和评价集 V=（v_1，v_2，…，v_n），其中 x_i 为各单项指标，v_i 为对 x_i 的评价等级层次，一般可分为五个等级；V=（优，良，中等，较差，差），再分别确定各个因素的权重及它们的隶属度向量，获得模糊评判矩阵，最后把模糊评价矩阵与因素的权重集进行模糊运算并进行归一化，得到模糊评价综合结果。

四、灰色关联分析法

灰色系统理论及方法是邓聚龙先生于 20 世纪 80 年代前期提出的新理论、新技术。灰色系统理论，是一种研究少数据、贫信息不确定性问题的新方法，灰色系统理论及其方法目前已广泛应用于农业和社会经济等领域，已取得了显著的成就。

灰色关联分析认为若干个统计数列所构成的各条曲线几何形状越接近，即各条曲线越平行，则它们的变化趋势越接近，其关联度就越大。因此，可利用各方案与最优方案之间关联度的大小对评价对象进行比较、排序。该方法首先是求各个方案与由最佳指标组成的理想方案的关联系数矩阵，由关联系数矩阵得到关联度，再按关联度的大小进行排序、分析、得出结论。

计算的主要步骤有：

（1）对原始数据进行初值化变换。由于系统中各因素的单位不一定相同，这样数据就很难进行直接比较，且它们几何曲线的比例也不同。因此对原始数据需要消除单位，转换为可比较的数据数列。对原始数据无单位处理的常用方法为初值化。

初值化是指所有的数据都用第一个数据除，然后得到一个新的数列，这个新的数列即是各个不同时刻的值相对应于第一个时刻值的百分比。

初值化的计算公式为：

$$X_i（k）=\frac{x_i(k)}{x_1(k)} \tag{6-16}$$

其中，x_i（k）为原始数据，X_i（k）为原始数据初值化处理结果。

（2）计算参考数列与比较数列差的绝对值，并找出最大值。

$$\Delta_i（k）=|X_0（k）-X_i（k）| \tag{6-17}$$

（3）计算关联系数。

$$L_i（k）=\Delta\min+p\Delta\max/\Delta_i（k）+p\Delta\max \tag{6-18}$$

其中，p 为分辨系数，分辨系数 p 的取值范围在 0～1 之间，一般取 p=0.5。

（4）计算关联度。关联度分析实质上是对时间序列数据进行几何关系的比较，若两个序列在各个时刻的点都重合在一起，即关联系数均等于 1，则两个序列的关联度也必等于 1。另外，量比较序列在任何时刻也不能垂直，所以关联系数均大于 0，故关联度也均大于 0。因此，两个序列的关联度便以两比较数列各个时刻的关联系数之平均值计算，即：

$$R_i=\sum L_i(k)/n \tag{6-19}$$

其中，R_i 为关联度，n 为比较序列的长度。

（5）排关联序。将各子序列与母序列的关联度按大小顺序排列起来，便组成关联序，它直接反映各子序列对母序列影响的程度。

（6）列关联矩阵。关联矩阵是优势分析和决策的依据。

五、案例分析

例题：以四川省为例，用基于模糊层次分析法评价四川省 2007 年低碳经济发展水平。

第一步：确定指标体系：该方法把低碳经济评价指标分为经济发展系统、低碳技术系统、低碳能耗排放系统、低碳社会系统、低碳环境系统（自然）、低碳理念系统六大类作为低碳经济评价的准则层。

第二步：确定指标目标值。借鉴政府工作目标要求、生态省的目标值、低碳经济发展的目标值、全国低碳经济发展较好省份的相关指标值，然后采取专家咨询的方式，最终确定了低碳经济发展的目标值，力求做到科学、合理。如表 6-2 所示。

第三步：应用 FAHP 确定权重。模糊层次分析法采用三标度，其三标度法属于互补型标度，符合人们的思维逻辑，由度量各元素之间的比较关系，就其实质而言，不存在度量不准确的可能性，建立的优先判断矩阵虽然粗糙，但极容易建立，由优先判断矩阵改造而成的模糊矩阵满足一致性条件，无须再进行一致性检验。通过 FAHP 确定各指标对评价目标所起作用的大小，即权重。

Y 值的取值标准可以参考发达国家和我国低碳经济发展较好省份的低碳经济发展水平，Y 值在（100～80）区间为低碳经济，处于（80～60）区间为中碳经济，（60～0）为高碳经济。

表 6-2　四川省低碳经济评价指标数据分析（2007 年）

目标层	一级指标	一级指标权重	二级指标	二级指标权重	现值（2007）	标准值	各项指标综合指数	综合指数
低碳经济评价指标体系	经济发展系统	0.211	人均 GDP	0.124	12 893 元/人	≥33 000 元/人	39.51	54.6
			第三产业比重	0.195	36.5%	≥60%		
			城镇居民人均可支配收入	0.167	11 098.28 元	≥24 000 元		
			农民年纯收入	0.167	3 546.69 元	>11 000 元		
			外贸进出口总额	0.138	143.8 亿美元	3 923 亿美元		
			R&D 经费占 GDP 比重	0.209	1.32%	3%		
	技术发展系统	0.182	清洁能源的比例	0.175	44%	50%	51.8	
			工业废水重复利用率	0.108	91%	100%		
			城市生活垃圾无害化处理率	0.108	69%	100%		
			低能耗建筑比例	0.117	1%	50%		
			温室气体捕获与封存比例	0.175	0	10%		
			城镇生活污水处理率	0.099	80%	80%		
			工业固体废弃物综合率	0.134	52.28%	100%		
			单位种植面积的化肥量	0.084	952.8 kg/hm^2	≤250 kg/hm^2		
	低碳排放、能耗	0.211	单位 GDP 能耗（标准煤）	0.084	1.432 t/万元	≤0.9 t/万元	39.7	
			单位 GDP 的 CO_2	0.317	1.033 t/万元	0.6 t/万元		
			单位 GDP 的 SO_2	0.183	11.22 kg/万元	<4.5 kg/万元		
			单位 GDP 的 COD	0.183	7.34 kg/万元	<3.5 kg/万元		
	低碳社会系统	0.122	每万人拥有公交车数	0.265	9.64 辆	15 辆	70.73	
			恩格尔系数	0.157	41.2%	30%		
			城市化率	0.157	35.6%	≥50%		
			基尼系数	0.157	0.45	0.3～0.4		
			人口自然增长率	0.265	0.64%	0.5%		
	低碳自然系统	0.181	森林覆盖率	0.352	30.27%	35%	77.58	
			人均绿地面积	0.251	8.37 m^2	15 m^2		
			建成区绿地覆盖率	0.251	34.2%	40%		
			自然保护区占省辖区面积	0.146	8%	>10%		
	低碳理念系统	0.093	公众对环境保护的满意率	0.366	60%	>95%	61.8	
			环保教育普及率	0.634	55%	90%		
			居民的低碳理念	—	一般	显著提高		

数据来源：李晓燕．基于模糊层次分析法的省区低碳经济评价探索[J]．华东经济管理，2010，24（2）：24-28.

计算分析结果为：四川的低碳经济综合评价指数为 54.6，在发展的阶段依然处在高碳经济，表中数据显示，低碳理念系统得分为 61.8、低碳自然环境 77.58、低碳社会系统 70.73，这三个方面建设较好，主要是得益于四川生态省建设、主体功能区、低碳示范区的宣传，人们树立了环境保护，低碳经济、生态文明的理念，四川省在全国率先进行天然林保护和退耕还林还草两大生态工程的建设，四川的生态环境有极大的改善。

四川省经济发展的得分为 39.51，究其原因是四川地处我国的西部，对外开放度不高，同时研究与发展的经费占 GDP 的比重不高，对科学研究发展的重视程度有待于提高；技术发展系统得分为 51.83，这可能与四川的资源丰富有关。技术进步体现在新能源、无污染能源的开采与利用上，而四川是我国最大的天然气基地，也是水电资源丰富的地区，同时由于四川得天独厚的资源优势，地表水资源，平均低温为 16℃，低能平衡，这都为四川推行低能耗建筑提供了条件，此项得分比较合理。

思考题

1. 简述低碳经济评价的重要性。
2. 简述低碳经济评价的原则。
3. 阐述低碳经济评价指标体系的构成。
4. 简述低碳经济评价的方法有哪些。

参考文献

[1] 孔令强，王光玲. 因子分析法在县域经济发展水平综合评价中的应用[J]. 企业经济，2006，312（8）：128-130.

[2] 李东序. 城市综合承载力理论与实证研究[D]. 武汉：武汉理工大学，2008.

[3] 封新林. 安徽省生态经济可持续发展评价指标体系与方法的研究[D]. 合肥：安徽农业大学，2005.

[4] 付晓灵. 湖北省循环经济指标体系设计及其评价[J]. 统计与决策，2010，309（9）：33-35.

[5] 李晓燕. 基于模糊层次分析法的省区低碳经济评价探索[J]. 华东经济管理，2010，24（2）：24-28.

[6] 郑少露，吴仁海，阮文刚. 基于低碳循环经济的规划环评指标体系的探讨[J]. 环境科学与技术，2010，33（6）：199-204.

[7] 裘敬忠. 循环经济的统计指标体系的构建[J]. 陕西国防工业职业技术学院学报，2008，18（2）：8-11.

[8] 任福兵，吴青芳，郭 强. 低碳社会的评价指标体系构建[J]. 科技与经济，2010，23（2）：68-72.

[9] 安艳玲. 贵阳市循环经济发展评价指标体系与评价方法研究[D]. 贵阳：贵州大学，2009.

[10] 黄敬. 福建省循环经济评价指标构建研究[D]. 福州：福建师范大学，2009.

[11] 李晓燕，邓 玲. 城市低碳经济综合评价探索——以直辖市为例[J]. 现代经济探讨，2010（2）：82-85.

[12] 邓聚龙. 灰色系统理论教程[M]. 武汉：华中理工大学出版社，1990：1-20.

[13] Wang Z，Gao Y. Detection of gross measurement errors using the grey system method[J]. International Journal of Advanced Manufacturing Technology. 2002，19（11）：801-804.

[14] 刘思峰，郭天榜，党耀国. 灰色系统理论及其应用（第二版）[M]. 北京：科学出版社，1999：1-18.

[15] Hu Wenbin，Hua Ben. Building thermal Process analysis with grey system method[J]. Building and Environment，2002，37（6）：599-605.

[16] 王荣华，徐健. 山西农业产业结构的灰色关联动态分析[J]. 山西农业大学学报，2005，4（3）：235-237.

[17] 刘红梅，李玉浸，刘凤枝. 大冶市农业生态经济系统结构的灰色关联分析[J]. 农业现代化研究，2005，26（1）：10-13.

[18] 刘玉萍，郭郡郡. AHP 模糊综合评价法在循环经济发展评价中的应用[J]. 资源开发与市场，2009，25（9）：801-803.

第七章

低碳产业

引言　伴随着人们对全球气候变暖严峻后果越来越清晰的认识，发展低碳经济已成为全球的共识。低碳经济是一种新的经济模式，它的产生必然会伴随新的产业体系的出现。低碳产业正是伴随着低碳经济而产生的一种新兴产业，它是低碳经济发展的重点内容，是低碳经济转型的重要途径。

低碳产业是一种新兴产业，是低碳经济发展的重点内容。本章首先介绍了低碳产业的背景、内涵，然后从低碳工业、低碳农业和低碳服务业三个方面介绍发展低碳经济产业的措施。

本章学习目标　通过本章学习，掌握以下内容：（1）低碳产业的定义；（2）低碳工业的特点及发展对策；（3）低碳农业的特点及发展对策；（4）低碳服务业的发展重点及发展对策。

第一节　低碳产业概述

一、低碳产业产生的背景

任何产业的兴起都要建立在现实存在的市场需求之上。低碳产业的市场需求来源于国际社会对引发全球变暖的二氧化碳气体排放的关注。1997 年在日本东京制定的《京都议定书》，首次把市场机制作为解决二氧化碳为代表的温室气体减排问题的新路径，从而实现其减排的目标。它让“碳排放”有了可测算、可折算、可视化的标准，让二氧化碳减排配额交易变成了现实的国际“碳交易市场”。《京都议定书》是引发低碳经济理念形成的触点，也是催生国际碳交易市场的动因。《京都议定书》还把温室气体减排形式化地归结为二氧化碳减排问题。2005 年，欧盟的“碳交易市场”开始启动交易。短短两年时间内，众多的欧洲公司开始参与碳交易。二氧化碳欧洲交易价格从每吨 7 欧元涨到目前的 21 欧元。据专家预测，发达国家通过清洁发展机制项目方式抵偿的减排义务，将给全球的碳交易带来巨大的市场。预计在 2008—2012 年间，每年碳减排量为 7 亿～13 亿 t.

因此，全球“碳交易”市场交易规模将达到 140 亿～650 亿美元。由此，与经济效益相关的碳减排需求推动了低碳产业的发展。

二、低碳产业概念辨析

英国政府在《低碳和环保产品与服务产业分析》的报告中首次提到“低碳产业”。它主要是区别目前人们常说的环保产业、绿色产业、可再生能源产业等产业而提出的一种新兴产业。

（一）环保产业

环保产业出现于 20 世纪 70 年代，环保产业在国际上有狭义的和广义的两种理解。狭义的环保产业是指污染治理，即在环境污染控制与减排、污染清理以及废物处理等方面提供产品和服务，广义的环保产业则理解为生产中的清洁技术、节能技术，以及产品的回收、安全处置与再利用等，是针对产品生命周期而言的。

（二）绿色产业

绿色产业出现于 20 世纪 90 年代，狭义的绿色产业又特指粮食作物、畜牧、水产、果品、食品深加工、饮料、食品包装、无公害农业生产资料和人类其他生活用品等。广义的绿色产业是指生物资源开发、无公害农业、花卉等，还包括没有污染和少污染的产业。

（三）可再生能源产业

可再生能源产业主要源于可再生能源的开发与利用。可再生能源是指可以再生的能源总称，包括生物质能源、太阳能、光能、沼气、风能等。开发可再生能源的单位和企业所从事的工作的一系列过程，称为可再生能源产业。

（四）生态产业

生态产业是伴随着科技进步而产生的，它包括生态农业与生态工业。

生态农业是指运用生态学原理和系统科学的方法，把现代科学技术成果与农业技术相结合，使之具有生态合理性、功能良性循环的一种现代化的农业发展模式，它要求按生态学经济原理、系统工程来建立和发展农业体系，把粮食生产与经济作物生产相结合，种植与农、林、牧、副、渔业相结合，发展农业与第二、第三产业相结合，把生物措施、工程措施和农业措施相结合，实行综合治理。

生态工业是依据生态原理，运用生态规律、经济规律和系统工程的方法来经营和管理，以资源节约、产品对生态环境损害最小和废弃物多层次利用为特征的一种现代化的工业发展模式。生态工业区别于传统工业发展模式的最基本的特点是重视工业经济活动的生态化。

到目前为止，低碳产业还没有统一的定义。一般来说，低碳产业是指以碳减排量或碳排放权为资源，以节能减排技术为基础，从事节能减排产品的研究、开发、生产的综合性的产业集合体，它是低碳经济时代的基础，是国民经济的基本组成部分。

第二节 低碳工业

一、低碳工业概述

（一）低碳工业提出的背景

“低碳工业”提出的大背景，是全球气候变暖对人类生存和发展的严峻挑战。自工业革命以来，由于人类活动排放的 CO_2 等温室气体浓度急剧增加，大大超出了自然界的调节能力，从而导致全球平均气温的升高。而这一结果将直接威胁人类的生存与发展。碳排放与能源消费息息相关，作为能源消费大户的工业是 CO_2 的主要排放部门，在国际能源机构全球燃料燃烧 CO_2 排放统计中，2007 年工业部门的排放比率为 20%，发电和热力部门排放比率为 41%。能源使用带来的环境问题及其诱因不断地为人们所认识，不止是烟雾、光化学烟雾、霾和酸雨等的危害，大气中二氧化碳（CO_2）浓度升高带来的全球气候变化也已被确认为不争的事实。为了控制全球气候变暖，世界各国都在大力推进以高能效、低排放为核心的“低碳革命”，发展“低碳工业”，着力降低能耗，减少污染物排放。

（二）低碳工业的概念

低碳工业是以低能耗、低污染、低排放为基础的工业生产模式，是人类社会继农业文明、工业文明之后的又一次重大进步。低碳工业实质是能源高效利用、清洁能源开发、追求绿色GDP的问题，核心是能源技术和减排技术创新、产业结构和制度创新以及人类生存发展观念的根本性转变。

低碳工业具有比较注重综合效益、集约资源开发与利用、废弃物排放少等特点。

二、低碳工业发展对策

低碳工业的发展需要政府、企业和全社会的共同努力。企业是低碳工业发展的运行主体，它既是投资者、实践者，又是直接受益者。社会公众是工业发展的重要推动力量，公众的舆论压力和消费者的消费选择能够对企业的生产经营产生巨大影响。就我国目前的具体国情而言，政府是推动低碳工业发展的主导性力量，它是低碳工业的倡导者、先行者和守护者。作为公共权力的组织者、执行者，政府对低碳工业的发展承担着主要责任，需要发挥更为积极的主导作用。加快我国低碳工业的发展，有以下一些主要途径：

（一）建立起低碳经济法律保障体系

法律法规作为一种强制手段，对低碳工业的发展能够起到强有力的保障和促进作用。通过立法来促进低碳工业的发展，也是西方发达国家等国际社会的通行做法。因此，我国必须进一步加强有关法律法规的立法和完善工作，依法促进低碳工业的健康发展。要制定《低碳经济法》、《循环经济法》，制定《可再生能源法》的配套法，对于涉及能源、环保、资源等的法律需要做进一步修改，包括可再生能源、环境保护的法律，通过立法，通过修改法律，通过采取行动落实这些法律，支持企业走发展低碳经济的道路，为中国特色的经济走新型工业化的道路提供可靠的保障。并且要进一步加大执法监督检查力度，有法必依、执法必严，逐步将低碳工业的发展工作纳入法制化轨道。

（二）加强国际低碳技术的合作与交流，共同应对气候变化

我国要积极参与全球应对气候变化体系，参与全世界的碳市场，促进碳交易机制在中国的发展。应加强与发达国家的技术交流合作，引进消化先进的节能技术、提高能效的技术和可再生能源技术。特别是要加强与欧美国家低碳合作。积极探索与西方国家之间，企业之间，学术、研究、管理、培训机构之间，以及其他非政府组织和协会之间的合作伙伴关系，为环境的可持续发展探索新的合作模式，开展具体项目技术合作、经验交流及能力建设等形式的合作活动。

（三）激励企业从事低碳生产与经营

低碳工业是通过低碳企业来实现的。把现代企业建设成为低碳企业，是传统企业非持续经济发展模式向现代企业可持续经济发展模式转变的唯一选择，是现代经济可持续发展在微观经济领域里的最佳实现形式，必将成为现代工业企业发展的主导潮流。企业应预先认识并抓住这一全球趋势带来的重大变革与契机，未来的经济必定是低碳经济，未来的竞争必定是基于低碳产品与技术的竞争。要赢得未来的竞争，企业应考虑以下几点：对低碳技术进行战略投资，发展低碳技术，尽早实现技术升级；紧密研究和跟踪国际企业应对气候变化的情势，制定低碳产业与产品的技术标准，超前作出企业的低碳战略部署；在企业推行低碳标识，规模化应用低碳技术，将企业社会低碳责任与产品质量、信誉结合起来；抓住国际

碳金融的新机遇，发展低碳融资；利用好国际低碳技术转让，加快实现跨越式技术发展。

（四）提供相应的技术力量

科学技术是发展低碳工业的强劲动力和重要支撑，低碳技术的创新能力，在很大程度上决定了我国是否能顺利实现低碳经济发展。必须采取切实措施推进科技进步和自主创新。一是建立完备的人才培养机制，大力培养科技创新人才，为科技进步和自主创新提供智力支持与人才保障。二是改革科技体制，构建科研机构、高等院校和企业不同层次的技术研发平台，引导、鼓励其积极主动地开展低碳工业技术的开发创新。三是加大政策和资金支持力度，重点组织开发具有普遍推广意义的关键技术，包括节能和清洁能源、煤的清洁高效利用、油气资源和煤层气的勘探开发、可再生能源、核能、碳捕集和封存、清洁汽车技术等领域开发的有效控制温室气体排放的新技术。四是加快低碳技术的转化，积极调整经济结构和能源结构，尤其是要调整高耗能产业结构，推进能源节约，重点预防和治理环境污染的突出问题，有效控制污染物排放，促进能源与环境协调发展。

（五）大力推行清洁生产

清洁生产是指既可满足人们的需要又可合理使用自然资源和能源并保护环境的实用生产方法和措施，其实质是一种物料和能耗最少的人类生产活动的规划和管理，将废物减量化、资源化和无害化，或消灭于生产过程之中。从产业经济的角度来看，清洁生产作为一种绿色生产方式，即绿色生产模式，是实现低碳经济发展的最佳途径，也是构建低碳工业发展模式与可持续经济发展的客观要求。

我国目前推行清洁生产的主要目标是：科学规划和组织协调不同生产部门的生产布局和工艺流程，优化生产诸环节，由单纯的末端控制转向生产过程的污染控制，有效利用可再生资源和能源，减少单位经济产出的碳排放量，达到提高能源和资源使用效率，防治环境污染的目的；通过资源的综合利用，短缺资源的代用、二次能源的利用及节能、降耗、节水，合理利用自然资源，减少资源的耗竭；减少废料和污染物的生产和排放，促进工业产品的生产、消费过程与环境相协调，降低整个工业活动对人类和环境的风险；开发环境无害产品，替代或削减对有害环境的产品的生产和消费。总之，通过推行清洁生产，是把对人类和环境的危害减至最小，又能充分满足人类需要，使经济、环境、社会效益最大化的生产模式。

（六）加强宣传教育，营造发展低碳工业的良好氛围

大力开展低碳工业的宣传教育，提高各级领导干部、企事业单位和公众对发展低碳工业重要性的认识，大力推行低碳生产经营、低碳消费，引导全社会树立

正确的生产及消费理念，增强全社会的资源忧患意识和低碳排放的责任意识，把节约资源、保护环境、发展低碳活动变成全体公民的自觉行动，逐步形成低碳排放的生活方式和消费方式。

第三节　低碳农业

一、低碳农业概述

（一）低碳农业提出的背景

谈到低碳经济，就不只是工业的问题。联合国粮农组织指出，每年耕地释放出大量的温室气体，超过全球人为温室气体排放总量的 30%，相当于 150 亿 t 的二氧化碳。同时，联合国粮农组织估计，生态农业系统可以抵消 80%的因农业导致的全球温室气体排放量，无须生产工业化肥每年可为世界节省 1%的石油能源，同时不再把这些化肥用在土地上还能降低 30%的农业排放。所以，在发展低碳经济方面，农业潜力巨大，发展低碳农业势在必行。

低碳农业是一种全新的以低能耗和低污染为基础的绿色农业经济。迄今世界上还没有一个国家的农业现代化是建立在低碳经济的发展模式上的，中国正在走出一条低碳农业的发展之路，将是农业发展方式的重大创新。

（二）低碳农业的概念

农业的发展经历了刀耕火种农业阶段、传统农业阶段和工业化农业阶段，工业化农业阶段使人类得到了前所未有的发展，同时也带来了许多负面影响。

工业化农业过程，对生物多样性构成严重威胁：农田开垦和连片种植引起自然植被减少，以及自然物种和天敌的减少；农药的使用破坏了物种多样性；化肥造成了环境污染，进而也引起生物多样性的减少；品种选育过程的遗传背景单一化及其大面积推广，造成了对其他品种的排斥等。

如果用碳经济的概念衡量，这种农业可以说是一种“高碳农业”。改变高碳农业的方法就是发展生物多样性农业。生物多样性农业由于可以避免使用农药、化肥等，从某种意义上正属于低碳农业。

综上所述，低碳农业的定义就是在农业生产、经营中排放最少的温室气体，同时获得最大收益的农业发展模式，它应包括政策导向、经营管理、技术创新等多个层面的内容。低碳农业是应对气候变化的有效途径。

二、低碳农业的特点

从理论上讲，低碳农业是从改变生物多样性出发，进行低能耗、低污染、低排放生产的农业。具有以下特点：

首先，低碳农业就是生物多样性农业，因为生物多样性农业可以避免使用农药、化肥等，所以从某种意义上正属于低碳农业。

低碳农业是一种比广义的生态农业概念还更广泛的概念，在农业能源消耗越来越多，种植、运输、加工等过程中，电力、石油和煤气等能源的使用都在增加的情况下，不仅要像生态农业那样提倡少用化肥农药、进行高效的农业生产，还要更注重整体农业能耗和排放的降低，是在整个农业生产系统实现低碳生产。

其次，低碳农业是低能耗、低污染、低排放的“三低”农业。就是科学地安排不同生物在系统内部的循环利用或再利用，最大限度地利用农业环境条件，以尽可能少的投入得到更多更好的产品，同时达到保护农业生态环境，增强土壤的固碳能力，减少温室气体排放的效果。

第三，低碳农业是安全型的。采取多种措施将农业产前、产中、产后全过程中可能对社会带来的不良影响降到最低限度。其本质是生态农业经济，建立循环经济发展模式，有利于缓解资源贫乏的压力，而通过保护农业生态环境和强化生态建设来提高农业生态环境质量，更是保障农业生产可持续发展的基本前提。

三、低碳农业发展对策

发展低碳农业，是一个新的探索，也是一项长期而艰巨的任务。就发展对策而言，应切实把握好政策方向和技术发展方向的共同发展：

一是发展低碳农业，要树立新的系统观。低碳农业及其重要的理论依据是循环经济与生态经济都是由人、自然资源和科学技术等要素构成的大系统。这就要求人类在考虑生产和消费时不能把自身置于这个大系统之外，而是要将农业发展与生存环境及人自身作为这个大系统的一部分来研究符合客观规律的经济原则。要从自然—经济大系统出发，对物质转化的全过程采取战略性、综合性、预防性措施，降低农业经济活动对资源环境的过度使用及对人类所造成的负面影响，使人类经济社会的循环与自然循环更好地融合起来，实现区域物质流、能量流、资金流的系统优化配置。

二是发展低碳农业，要树立新的经济观。就是要用生态学和生态经济学规律来指导农业生产活动。农村经济活动要在生态可承受范围内进行，超过资源承载能力的循环是恶性循环，会造成生态系统退化。只有在资源承载能力之内的良性循环，才能使生态系统平衡发展。低碳农业经济是以先进生产技术、替代技术、减量技术、共生链接技术、废旧资源利用技术和“零排放”技术等为支撑的经济，而不是传统意义上的低水平物质循环利用方式所定义的经济。这就要求低碳农业应在建立循环经济的支撑技术体系上下足工夫，开创新路。

三是发展低碳农业，要树立新的生产观。低碳农业的含义就是要从循环意义上发展农业经济，以清洁生产、环保要求从事农业生产。它的生产观念是要充分考虑自然生态系统的承载能力，尽可能地节约自然资源，不断提高自然资源的利用效率。发展低碳农业则迫切需要科技进步的有力支撑。就具体技术而言，要着力研发或集成创新三大类技术：一是资源节约型技术；二是环境友好型技术；三是生态文明型技术。

工业与农业、生产与消费、城区与郊区、行业与行业有机结合起来，实现可持续生产和消费，逐步构建低碳型社会。

第四节　低碳服务业

一、低碳服务业概述

（一）低碳服务业提出的背景

近年来，随着全球气候逐渐变暖，“低碳经济”的概念已经越来越被人们所重视，以制造业为首的一场行业变革正在酝酿，各个行业之间都在以“低碳、环保”作为发展目标，这也就势必改变现有的行业产品的检验标准和行业经营理念，服务行业也存在着很多与环保相关的问题，低碳服务业就是在低碳经济的大背景下产生的。例如，2009 年 5 月世界经济论坛《走向低碳的旅行及旅游业》的报告中首次出现了“低碳旅游”的概念。在我国 2010 年“两会”后，随着低碳环保理念深入人心，“低碳旅游”正以高速发展的态势成为一种新兴的旅游形式，并逐渐成为旅游业界关注和研究的热点。再例如，餐饮业，一次性餐具回收、餐厨垃圾和食用野生动物都是关系到行业服务质量变革的大问题，只有做到环保管理，才能达到“低碳”标准。

（二）低碳服务业的概念

我国服务业，按照国民经济部门分类包括交通运输业、邮电通信业、商业饮食业、金融业、保险业、公用事业、居民服务业、旅游业、咨询信息服务业和各类技术服务业等，是国民经济的重要组成部分。改革开放以来，我国服务业得到了很大发展，市场化、产业化和国际化水平也有了明显提高，领域不断拓宽，服务水平逐步提高，服务产品不断丰富。服务业的快速发展，加快了产业结构调整升级，在促进经济平稳快速发展、扩大就业等方面发挥了重要作用。但我们应该清楚地认识到，尽管服务业对环境的影响没有工农业那样直接和显著，也往往被人们所忽视，但是服务业在提供服务的过程中也会消耗和使用实体产品并产生一定的废弃物、废水、废气和其他无形污染，对环境产生一定的负面影响。

综上所述，只有实现了尽可能少的碳排放的服务业才可称为低碳服务业。低碳服务业是指以低碳技术为支撑，在充分合理开发、利用当地生态环境资源的基础上，实现最小碳排放的现代服务业。其发展在总体上有利于降低经济社会的资源、能源消耗强度，是整个低碳经济正常运转的纽带和保障。

二、低碳服务业发展重点

目前要使我国的服务业顺利地从“高碳”向“低碳”转型，需要在餐饮、旅游、金融等几个重点行业进行改革，以对其他行业起到带头示范作用，促进整个服务业的健康可持续发展。

（一）低碳餐饮

所谓低碳餐饮，可以理解为运用安全、健康、节能、环保理念，坚持低碳管理，倡导低碳消费，以维持生态的平衡性和资源的可持续利用性的绿色食物和饮料的生产和消费过程。因此低碳餐饮不仅要求食物本身的天然与营养，还要求食物的生产和消费过程的低碳环保。

近年来，餐饮业的快速发展使其自身的诸多问题日益凸显出来。餐饮业对资源消耗、生态环境产生的消极影响，食品安全与卫生状况等问题引起社会的关注。而我国建设资源节约型、环境友好型社会的政策提出，实质就是追求低碳经济生活，以实现经济社会的可持续发展。在“两型”社会背景下，发展低碳餐饮是餐饮业可持续发展的必然选择。

对于餐饮业来说，低碳餐饮应当保证食品生产与服务过程的低碳化。具体说来包括以下三方面内容：采购环节的低碳化、生产环节的低碳化和食品服务环节的低碳化。

首先，采购环节的低碳化。即保证食品原料的安全与环保。第一，采购的货物必须来自于合法和安全的货源；第二，货物的数量与储备水平一定要与企业的生产和经营规模相适应；第三，严禁采购野生动物作为吸引顾客的卖点，餐饮企业应该明白自身在保护野生动物方面所承担的责任和义务。

其次，生产环节的低碳化。即食品生产方法要确保食品的营养与卫生，生产过程要注意运用低碳技术组织生产。《清洁生产促进法》明确规定，餐饮、娱乐、宾馆等服务性企业，应当采用节能、节水和其他有利于环境保护的技术和设备，减少使用或不使用浪费资源、污染环境的消防品。因此，餐饮企业应实行清洁工艺生产，集中使用水、电、气，降低能耗，做好污水、废气和垃圾的处理工作，做到达标排放。

再次，食品服务环节的低碳化。第一，禁止使用一次性发泡餐具；第二，当用餐客人点菜时，服务人员应本着“经济实惠、减少浪费”的原则推荐食品，并尽可能介绍低碳、健康食品；第三，餐厅的装饰采用环保无污染材料，空气清新，温度宜人，工作人员着装整洁大方，为顾客提供一个整洁、安静、雅致的消防环境。

（二）低碳旅游

目前我国旅游业存在很多问题。首先，旅游资源的粗放开发和盲目利用，缺乏深入调查研究和全面的科学评估与规划。开发中重开发、轻保护，造成许多不可再生旅游资源的损害与浪费。其次，风景区生态环境系统失调。风景区的人工化、商业化、城市化，导致自然和人文景观的极不协调，破坏了景观的整体性、统一性。再次，风景区污染严重。一些风景区的水土、大气等都有不同程度的污染。生活污水增多，垃圾废渣、废物剧增。这些把生态消费摆在首位，不惜以高碳排放量为代价来获取利润的做法，必须引起高度重视。

低碳旅游正是针对这种高碳旅游所生成的一种新型旅游发展模式。作为旅游业可持续发展的良好形式，低碳旅游在许多国家和地区得到重视，其发展势头十分迅猛。低碳旅游具有以下特点：

第一，低碳旅游提倡尊重和保护自然环境。低碳旅游尊重自然的异质性，它是在可持续发展理念指导下，强调对自然环境的保护，要求旅游者约束自己的行为以保护自然环境，以欣赏、探索和认识大自然为目的，对自然环境、生态平衡具有较高的责任感，同时要求旅游从业者开展工作必须围绕自然环境的保护而进行，不能为了获得经济效益而牺牲生态资源。

第二，享受自然是低碳旅游的目的之一。科技化进程的负面影响是人们对自然环境的索取和掠夺，不可避免地出现了森林资源迅速减少、空气污染、生态平衡等自然环境的恶化。人们期待能更多地享受自然环境的美，于是以亲近自然和享受自然为主的低碳旅游备受青睐。低碳旅游与近代旅游业产生以来的各种类型的自然山水旅游的根本不同之处，正在于对享受自然观念的转换。

第三，关注可持续发展的旅游。低碳旅游的核心是旅游的可持续发展，它强调低能耗、低污染、低排放，强调当代人与后代人享受旅游资源机会均等，当代人不能以牺牲和破坏旅游资源为代价，而剥夺后人本应享有同等旅游资源的机会，它要求人们从长远的角度进行旅游资源的开发，确保旅游活动的开展不会超越旅游接待地区目前和未来的接待能力。

第四，带来了经济效益的提高。旅游业是国民经济中产业关联性较强的产业之一。国家自然保护区、国家森林公园、国家风景名胜区等区域通过低碳旅游的发展，可以减少这些旅游区域居民的经济压力，增加居民就业机会，优化产业经济结构，从而提高了当地的经济效益。

（三）低碳金融

金融作为一国经济的核心，在引导资源、优化配置方面发挥着核心作用。一国的金融越发达，其资源配置的效率越高，越能促进经济的发展。低碳经济作为一种创新型的发展模式在实现经济发展中得到贯彻执行，需要有效地对资源进行引导，以实现用低碳经济的模式配置资源。为支持国际社会加强节能减排、发展低碳经济，国际金融界积极倡导低碳金融创新，促进金融业向适应低碳经济发展转型。低碳经济要得到发展自然离不开金融的支持，金融的低碳化经营就是对这种经济发展模式最好的支持。

低碳金融是指金融机构和组织运用相关的金融产品和服务，在引导资金流向、配置社会资源中要考虑到生态保护和污染的治理，通过加大对环保产业和技术创新的支持力度，以期达到经济的可持续发展和社会福利的持续最大化的一系列金融活动。

低碳金融是现代金融发展的一个重要趋势，在本质上它与传统金融的运动过程基本一致，都是聚集社会闲散资金，为资金紧缺部门融资，以优化资金配置，取得较高的经济效益。而低碳金融突出的特点是将生态因素纳入金融业的核算和决策体系中，它关注环保产业、生态产业等长远效益的产业，以未来良好的生态效益和环境效应支持金融的长远发展。

从目前国际金融界的实践来看，“低碳金融”涵盖了两个方面的内容：一是为了利于环保的企业提供直接金融支持。这类金融产品如“低碳信贷”、“低碳证券”、“低碳保险”等，大都采纳了“赤道原则”等标准，提高管理环境和社会风险的能力，直接为能促进节能减排的企业提供投融资产品，也使金融机构有机会分享低碳经济发展带来的长期经济效益。二是利用金融市场及金融衍生工具来限制温室气体排放。这类金融产品，大都开展从量上限制排放以缩小生态足迹的碳金融活动，在支持《京都议定书》减排机制的实施和减排目标实现的同时也遵循金融交易的准则。

目前我国低碳经济发展仍处于起步阶段，在观念认识、制度环境、法律与政策、管理体制、技术支撑和外部推动力等方面均存在不同程度的缺陷和不足。所以，我们必须积极培育低碳经济发展的土壤，而要达到这一效果，金融的支持必不可少。尤其像我国正处于经济转型期，金融调配资金的状况将直接影响到我国经济结构的调整和在世界中的竞争力，与国家的长远利益有着密不可分的关系。因此，金融业要加大对低碳经济的支持力度，发展低碳金融就是促进经济增长快速向循环经济模式转变、进而实现经济的可持续发展的重要一环。

三、低碳服务业发展的措施

处于社会环境中的服务业在经营过程中既要受到来自企业外部因素的影响，又要受制于企业自身的管理和决策。就目前的实际情况来看，我国要发展低碳服务业，首要的条件是政府要提供一个良好的外部环境，综合利用法律法规等强制手段和经济调节手段规范服务业及相关企业的行为。同时，政府部门还需利用自身作为消费者的角色制定政府的低碳采购制度，此外在提供综合服务时应尽可能减少对环境的碳排放，起到引导市场低碳消费的示范作用。其次，服务业发展低碳服务还离不开相关企业的低碳合作及消费者的低碳需要的拉动。最后，服务业在经营过程中也要加强自身的低碳管理和经营理念，共同营造服务业的低碳发展之路。

（一）政府部门应尽快制定和完善相关法律、法规和政策制度

首先，政府部门应建立和完善市场体制和市场环境，为企业营造一个相对公平的竞争环境，打破服务业多领域的垄断和管制，从而实现资源的最优配置，提高服务业的效率，在减少资源浪费的前提下实现资源的最大节约，为低碳服务业提供公平竞争的市场舞台。

其次，政府作为法律法规的制定部门，应建立健全相关的法律法规，为发展低碳服务业提供有力的法律保障。从我国现有的治理企业生产行为的法律结构来看，针对生产环节，已有的《节约能源法》、《可再生能源法》主要强调资源和能源的投入减量；《清洁生产促进法》主要强调生产过程中的废弃物减量。《固体废弃物污染环境防治法》主要强调废弃物产生以后减少对环境的影响，这从一定程度上说是我国末端治理思想的体现，但有关资源化和再利用的专门法律目前还没有，因此应尽快制定《资源循环利用法》。

再次，政府作为管理部门还可以制定一系列促进低碳服务业发展的经济政策和制度。例如：通过制订财政补贴、减免税收以及优惠的信贷、投资等政策，鼓励低碳服务产品的开发和推广，鼓励从事污染治理和废弃物循环利用的企业，从而逐步形成低碳服务业产业，既满足了社会的绿色需要，又实现了国民经济的可持续发展。反之通过重税、取消财政补贴、收取高额排污费等政策，迫使部分服务业企业放弃高能耗、高污染、高排放的服务行为，逐步转移到可持续发展轨道上来。

（二）消费者的低碳服务需求

消费者的低碳需求是促使企业提供低碳服务的主要动力，正是在这种动力的

驱动下，服务业才会不断地为消费者提供低碳服务。充分运用各种手段加强低碳服务的社会宣传，在众多主流新闻媒体上以公益广告的形式大力宣传环保的理念，树立低碳消费是时尚行为的榜样，使环保的理念深入人心，使公众养成低碳消费的行为习惯。引导消费者正确购物和环境友好地消费，尽量减少包装垃圾，鼓励消费者选购以再生资源为原料的制品；引导消费者和单位尽可能减少垃圾排放，增进反复利用意识，对生活耐用品如家电、家具等可通过旧货市场交易，或送交到指定回收点，不要随意丢弃。

（三）树立低碳管理理念

低碳管理理念是企业进行低碳管理的核心与灵魂，要求企业在发展过程中，应具备强烈的环保意识，要以长远的战略眼光看待环境保护问题。企业通过开发低碳服务，进行低碳管理，使服务低能耗、高环保，积极满足低碳消费需求，进而增强企业的低碳竞争力。

（四）选择低碳服务途径

实现服务途径清洁化是企业实现低碳化转向的重要标志之一。在传统强势服务行业中，批发零售贸易业可主要开展低碳营销、电子商务、开辟低碳采购通道、引导低碳消费等来创建低碳化的服务途径；在餐饮宾馆业中，开辟“低碳客房”、开设低碳餐厅、提供打包服务、按顾客意愿提供一次性用具等是低碳化服务途径的主要形式；在交通运输业中，可以通过发展轨道交通、合理规划行驶路线、使用电动车和混合动力车辆等形式的现代低碳交通工具来实现服务途径的低碳化。因此，必须根据不同的服务行业的服务特点开展不同形式的服务途径低碳化过程。

（五）积极参与低碳认证

低碳认证是企业推行低碳管理的有效途径，也是提高企业国际竞争力的重要砝码。而 ISO 14000 则是国际标准化组织制定的环境管理国际标准，是目前最具有代表性的低碳认证。取得该认证，即意味着企业的低碳管理在公众中的信誉度、美誉度提高，增强企业的竞争力。

（六）大力开展低碳营销

服务型企业在营销时应加强低碳消费理念的宣传，传递低碳消费信息，使消费者都认识到低碳消费的好处；通过低碳消费知识的教育，向广大消费者普及低碳消费知识，提高消费者的环境保护意识，形成低碳消费观，使消费者建立合理的低碳消费结构和多样的低碳消费方式等，以此促进服务业不断强化其低碳服务意识，不断改进其低碳服务措施，就能为我国企业开辟一条增强竞争力的新途径，这是我国企业实现可持续发展的必然选择。

思考题

1. 阐述低碳产业产生的历史背景。
2. 阐述低碳产业的内涵。
3. 阐述低碳工业的特点及发展对策。
4. 阐述低碳农业的特点及发展对策。
5. 阐述低碳服务业的发展重点及发展对策。

参考文献

[1] 崔奕，郝寿义，陈妍. 低碳经济背景下看低碳产业发展方向[J]. 生态经济，2010，226（6）：91-94.

[2] 姚良，王锋军. 洛南县发展低碳工业的思考[J]. 陕西发展和改革，2010，4：41-42.

[3] 陶良虎. 中国低碳经济——面向未来的绿色产业革命[M]. 北京：研究出版社，2010.

[4] 赵其国，钱海燕. 低碳经济与农业发展思考[J]. 生态环境学报，2009，18（5）：1609-1614.

[5] 金攀. 低碳农业路在何方[J]. 北京农业，2010（4）：36-37.

[6] 徐华良，周叶君. 低碳农业就在你身边[J]. 北京农业，2010，5：49.

[7] 张志斌. 发展设施蔬菜低碳生产技术的探讨[J]. 中国蔬菜，2010（9）：4-6.

[8] 张潇月，彭玉荣，陆海. 关于贵阳市农村碳减排的调查报告[J]. 贵州农机化，2010（1）：23-24.

[9] 施维. 农业低碳化，农民能做啥[J]. 北方园艺，2010（5）：238-239.

[10] 刘小波. 生态河横村示范“低碳”经济[J]. 新农业，2010，3：21.

[11] 陈晓春，唐姨军，胡婷. 中国低碳农村建设探析[J]. 云南社会科学，2010（2）：107-112.

[12] 姚洋. 中国农村发展之路：低度发展 高度和谐[J]. 中国老区建设，2010（2）：19-20.

[13] 朱小雯. 应运而起的低碳农业[J]. 走近科学，2010，1：37.

[14] 刘英. 拓宽低碳农业发展之路[J]. 环球保护，2010：29-31.

[15] 梁燕君. 关于发展低碳经济的若干思考[J]. 环渤海经济瞭望，2010，3：15-16.

[16] 季昆森. 发展低碳农业潜力巨大[J]. 农村财政与财务，2010，2：14-15.

[17] 张天林，张星. 对淮北市低碳农业发展的思考[J]. 安徽农学通报，2009，15（20）：13-50.

[18] 启山. 低碳农业任重道远[J]. 湖南农业，2010，2：4.

[19] 陈克毅，支三福. 低碳农村经济初探[J]. 山西农经，2009（6）：22-24.

[20] 翁伯琦，王义祥，雷锦桂. 论循环经济发展与低碳农业构建[J]. 鄱阳湖学刊，2009（3）：

92-102.

[21] 杨悦象，熊林海，熊运福. 低碳农业发展存在的问题及对策[J]. 现代农业科技，2010，7：382-384

[22] 史剑茹，陈笑. 低碳经济下我国有机农业发展现状与对策[J]. 研究与探讨，2010，4：48-51.

第八章

低碳城市建设

引言 城市是人类物质投资和智力创新的中心。这颗星球的命运如何取决于我们将这些投资和创新引向何方。目前有两种选择摆在面前，是继续走高碳发展老路，还是转向低碳发展的新途。近年来，由于人类过多使用高碳能源，导致气候变化恶劣，给人类生活带来严重灾害。为了实现人类与自然和谐共生的生存目标，我们必须改变现有的生活方式，节约能源，保护生态，迎接低碳时代的到来。在全球气候变化的大背景下，发展低碳经济正在成为各级部门决策者的共识。节能减排、促进低碳经济发展，既是救治全球气候变暖的关键性方案，也是践行科学发展观的重要手段。低碳城市建设是节能减排和发展低碳经济的重要载体，将引领未来城市建设的新趋势。低碳发展是中国在城市化进程中控制温室气体排放的必然选择，有效利用能源是低碳城市建设的核心内容，制定实施中国城市的低碳发展战略，加强城市公共治理力度，促进城市可持续发展，是低碳城市建设的发展方向。这就要求城市进行科学的城市规划，高效利用土地和能源，实现工业低碳化、循环化，构建绿色交通体系，发展绿色建筑，倡导绿色消费。应尽快建立量化的低碳城市评价指标体系，指导低碳城市发展。

本章学习目标 深刻理解"低碳城市"的概念和内涵，掌握同低碳城市相关的概念，了解低碳城市的基本模式和建设途径，熟悉国内外低碳城市建设的实践经验，并能够对低碳城市的建设赋予自己的思考和见解。

第一节 低碳城市概念的发展

一、低碳城市的概念

（一）城市发展模式演进

传统的城市发展模式产生了很多社会问题。城市的快速发展一方面推动了社会经济、文化、教育及人民生活水平的提高，使人类文明得以不断进步；另一方面也给人类社会的发展产生了威胁。伴随着城市化的进程，城市人口不断攀升，住房拥挤，交通紧张，环境污染严重等一系列城市问题日益加剧。对城市发展模式的探讨是城市化研究中的一项重要内容，科学的城市发展模式是城市可持续发展的关键所在。从各个国家城市发展的经验来看，采取何种城市发展模式，对促进城市发展和社会经济健康、快速发展至关重要。城市作为经济发展的载体，其发展的步伐不能停滞不前，因此人类要在发展中协调好发展与环境、资源的关系。城市可持续发展的概念便应运而生。城市可持续发展，其核心概念是指在一个特定的城市区域和自然空间内，以节约资源、提高技术、改善环境等为主要手段，推动城市经济增长、财富增值、社会进步，优化城市结构、功能并使其与外部的资源、环境、信息、物流和谐一致，在满足城市当前发展需求和正确评估城市未来需求的基础上，满足城市未来发展的需求。城市可持续发展的要求向我们提出了挑战，我们必须及时地、坚决地摒弃非持续的发展模式，积极探索健康合理的城市发展模式。

关于城市采用何种发展模式以实现城市的可持续发展，先前的学者已做过很多的探讨。皮尔斯的城市发展阶段环境对策模型是对城市解决环境问题及实现可持续发展的比较全面的研究；国内外一些学者针对城市发展过程中面临的环境污染、交通堵塞等问题，从生态系统的角度提出了生态城市的概念，生态城市简单来说就是社会、经济、环境的统一体，其基本要求是城市生态良性循环、经济健康运行、社会和谐发展，而内涵则随着社会和科技的发展不断得以充实和完善。20 世纪 90 年代以来，城市生态学已成为城市可持续发展的科学基础，仅 1991 年以来在美洲、澳洲、欧洲和非洲就举行了 20 多次有关生态城市学术讨论会。此外，我国学者黄光宇、王祥荣等人从城市生态学的角度对城市可持续发展做了深入的研究，使其内涵不断得到丰富，并提出要把城市规划理论纳入到生态城市发展中去。发展生态城市，取得城市发展的可持续性，就要求我们必须生存于城市生态系统的承载范围之内。基于测量生态系统承载力的生态足迹模型则为衡量城市可持续发展程度提供了一种方法。生态足迹模型主要是由 William Rees 提出，Wackernagel 加以完善，主要是通过比较一个地区的生态承载力和生态足迹，说明该地区是处于生态赤字还是生态盈余，生态赤字说明该地区发展模式处于相对不可持续状态，反之，则该地区发展模式具有相对可持续性。相关研究表明，近年来我国生态足迹呈增加的趋势，其中能源资源占有较大比重，大多数地区没有留有一定量的土地用于吸收人们生产、生活过程中能源消费所释放的二氧化碳。面对气候变化和全球变暖，二氧化碳排放量呈逐年增加的趋势，“低碳”一词逐渐成为人们关注的焦点，旨在降低人类活动造成的碳排放的“低碳”发展模式在世界范围内得到普遍的认同，并成为新时期人类发展的目标，低碳城市发展模式也被认为是未来城市发展的趋势所在。世界多个城市的政府以及诸多国际组织都在积极推进低碳城市建设。

（二）低碳城市的产生

进入 21 世纪后，人类面临资源短缺和环境污染问题挑战是全方位、多层次的，环境的压力不断加大。向低碳经济转型是世界经济的发展趋势，低碳经济与低碳城市正是在上述背景下开始被人们提出，并正在成为城市研究的热点。

发展观经历了从单纯追求经济增长到经济与社会共同发展，再到以人为本的人、社会（包括政治、经济和文化）、自然三者和谐发展的两次嬗变。发展观的转变带来的是发展理念的转变，各国政府都必须改变不可持续的生产和消费方式，以较小的资源环境代价，赢得较快的、更长久的发展。

政府是全球应对气候变化、发展向低碳转型的主要推动者。面对新阶段、新情况，在新的发展理念指导下，各国政府纷纷调整发展战略，发展低碳城市。低碳城市缘起于发展进入了新阶段，缘起于各国政府发展观的转变，缘起于各国发展战略的调整。发展低碳城市已经获得了广泛共识，各国都在积极展开行动。

（三）低碳城市的概念

低碳城市（Low-carbon City），是指在发展经济和提高人们生活质量的过程中实现了低碳化的城市，以低碳经济为发展模式及方向、市民以低碳生活为理念和行为特征、政府公务管理层以低碳社会为建设标本和蓝图的城市。低碳城市目前已成为世界各地的共同追求，很多国际大都市以建设发展低碳城市为目标，关注和重视在经济发展过程中的代价最小化以及人与自然和谐相处、人性的舒缓包容。它最大限度地减少温室气体排放，改变以往高碳生产、高碳消费和大量废弃的社会经济运行模式，形成结构优化、循环利用、节能高效的经济体系。它要求实现碳的排放与处理的动态平衡，以确保在一个城市范围内维持可持续的生态体系，强调以低碳理念为指导，以低碳能源为基础，以低碳技术为保障，以低碳建筑、交通为载体，通过低碳生产和低碳消费为全球减少碳排放。

2003 年，英国政府发表《能源白皮书》（UK Government 2003），首次提出“低碳经济”的概念，引起社会的广泛关注。在此基础上结合城市的规划与发展逐渐形成一系列关于低碳城市概念的研究，相关研究进展见表 8-1。

低碳城市是通过消费理念和生活方式的转变，在保证生活质量不断提高的前提下，有助于减少碳排放的城市建设模式和社会发展方式。这个定义虽然简单，但是明确了低碳城市发展的基本特点。首先，低碳城市发展绝不是牺牲发展换取环境的模式，而是将经济发展、社会进步和环境保护置于同等重要的地位来综合考虑发展的方式和可能性的一种发展模式；其次，低碳城市的建设最终要依赖于城市治理者和居民消费理念与生活方式的转变才能发生。特别是从低碳城市治理的角度而言，当前理论和地方实践都在不断尝试，试图为未来的城市发展提出新的、适应经济和环境需要的治理模式。

表 8-1 国内外专家关于低碳城市的理解及研究进展

专家	关于低碳城市的理解及研究进展
夏堃堡	低碳城市就是在城市实行低碳经济，包括低碳生产和低碳消费，建立资源节约型、环境友好型社会，建设一个良性的可持续的能源生态体系
付允、牛文元	要建设低碳城市，需要加快以集群经济为核心，推进产业结构创新；以循环经济为核心，推进节能减排创新；以知识经济为核心，推进内涵发展创新
付允、汪云林	低碳城市应当以清洁发展、高效发展、低碳发展和可持续发展为目标，发展低碳经济，改变大量生产、大量消费和大量废弃的社会经济运行模式，同时改变生活方式、优化能源结构、节能减排、循环利用，最大限度地减少温室气体排放
辛章平	低碳城市指在经济高速发展的前提下，城市保持能源消耗和 CO_2 排放处于低水平
胡鞍钢	在中国从高碳经济向低碳经济转变的过程中，低碳城市是重要的一个方面，包括：低碳能源，提高燃气普及率、提高城市绿化率、提高废弃物处理率等方面的工作
Chin Siong H. and Wee Kean F.	研究了能源消耗、碳减排与城市规划的关系问题。运用情景分析法预测未来发展低碳城市的几种可能模式，并指出通过政府在城市土地利用、建筑设计及交通等方面的政策引导，在城市发展过程中执行能源政策、实现能源控制，在未来几年内，可以使城市 CO_2 排放量减小到预期情景
Glaeser E L and Kahn M	通过实证研究发现，城市规模与碳排放存在一定正相关关系，即随着城市规模增大，人均碳排放量具有减少趋势；而土地开发密度与碳排放量存在明显负相关关系，即城市规划对土地利用约束越严格，碳排放量水平越低
Jenny Crawford and Will French	研究了英国空间规划与低碳目标之间的关系，认为实现低碳目标关键在于规划系统对新技术的适应度和准确度，而规划系统必须实现国家层面的自上而下的领导性优势和地方层面强调权力分散的灵活性优势互相结合

二、低碳城市的基本特点

（一）高效性

低碳城市是物质、能量、信息高效利用的城市，将改变以往城市“高投入、高消耗、低产出”非循环的发展模式，使城市向“低投入、低消耗、高产出”的发展模式转变。现代城市的高速运转使得大量的人流、物流、能流、信息流涌入城市，只有少量形成产品，大量地成为废物滞留在城市，造成环境污染。低碳城市就是力图改变这种物质能量的转换方式，通过少排放及多级利用，使物质能量充分利用，变废为宝，保持城市的高效性。低碳城市注重资源的合理利用及不断提高资源利用率，通过借助现代科技手段，使得物尽其用、地尽其利、人尽其才。

（二）宜居性

低碳城市是指城市在经济高速发展的前提下，保持能源消耗和二氧化碳排放处在一个较低的水平上，不对自然生态系统造成太大的压力，保持良好的环境质量，是适宜居住的城市。城市的宜居性是城市的核心本质，因为城市本来就是为人而建，就是让生活在城市里的人更舒服、更方便、更惬意，而一个高污染、高排放，到处充斥着环境污染的城市显然无法有效做到这一点。低碳城市较低的排放水平能够合理地避免以往城市发展的弊端，让生活更美好。

（三）循环性

城市自然生态系统的基本功能就在于满足城市居民生产、生活和服务活动中所发挥的作用，具体表现为城市的生产功能、生活功能和还原功能，通过物质循环、能量流动和信息的传递功能，将城市的生产与生活、资源与环境、结构与功能有机地联系起来。城市的结构与功能是否和谐有序决定了城市的活力与魅力，而低碳城市所倡导的低排放，有助于缓解人类的生产、生活、活动对自然生态系统的压力，实现人与自然之间的和谐，使城市在良好的循环状态下满足人类生产和生活需求，各种物流、能流、信息流得以顺畅运行，从而实现城市自然生态系统的平衡。

（四）持续性

低碳城市的终极目标是可持续发展的城市，坚持可持续发展的思想，在不损害后代人发展权利的前提下，合理地满足当代人的发展需求，寻求代际之间的公正和平等，使城市能够持续长久地发展下去。而要使城市能够实现可持续发展，必须维护好城市可持续性的基础-自然生态系统，只有保持自然生态系统的健康和均衡状态，才能真正实现城市的可持续性。以往大量向城市排放废弃物的发展模式使城市负荷过重，资源承载力和环境容量受到严重挑战，支撑城市可持续发展的能力在不断削弱。而低碳城市则以维护城市的自然生态系统为己任，使城市能够永续发展。

三、低碳城市建设的内涵

2008 年初，国家建设部与 WWF（世界自然基金会）在中国大陆以上海和保定两市为试点联合推出“低碳城市”以后，“低碳城市”迅速成为中国大陆城市自“花园城市”、“人文城市”、“魅力城市”、“最具竞争力城市”之后的最热目标。

“低碳城市”的建设内涵必须把握两个方面：一方面城市必须保持经济的高

速发展；另一方面必须保持能源低消耗和二氧化碳低排放。低碳城市要求在城市化进程中实现“低排放、高能效、高效率”的规划设计与建设；在城市发展中通过产业结构调整和发展模式转变，优先发展低碳经济；同时在城市建设中要求推动地方政府与金融企业的政策激励与融资支持，驱动技术创新和资本流动，推广有效节能减排的低碳技术。

（一）经济系统低碳化

要实现低碳城市发展模式的转变，应重点发展低碳产业，以低碳经济发展为契机实现高碳产业向低碳经济转变，加快城市产业结构和能源结构的调整和升级。在产业结构优化过程中应以“减量化、再利用、可循环”为原则，推动循环低碳产业的发展，严格限制高耗能产业的发展，着力推进节能减排，以实现城市经济的低碳化发展。低碳经济的发展依靠具有竞争优势的低碳产业，而低碳产业将会吸引经济资源、生产要素流入相关产业，会使得一些分工明确、相互关联的企业、协会、供应商在一定区域内聚集，最终必定导致低碳产业集群的形成，推动城市发展模式的转变。付允、汪云林（2008）等学者指出，能源是城市发展的动力，是城市系统的输入端，从源头上改变输入能源的基底，加快碳基能源向氢基能源的转变，是实现城市低碳发展的根本；经济结构影响能源消耗，优化产业结构是实现城市低碳经济发展的重要措施。生产型企业在资源利用上应积极开发新的清洁能源，实现企业从“高消耗、高排放、低效率”的生产方式向“低能耗、低排放、低污染”的低碳模式转变。从“自然资源—产品和用品—废物排放”流程组成的开放式线性经济模式向“自然资源—产品和用品—再生资源”的封闭式流程为特征的循环经济模式转变。

“低碳城市”能够从结构上降低“高碳”产业的比例，淘汰落后产能。同时，低碳城市倡导循环经济模式，在该模式下经济活动组织成一个“资源—产品—再生资源”的反馈式流程，实现经济增长、资源利用与环境保护的统一的“三赢”。循环经济模式淘汰“高投入、高消耗、高污染”为特征的粗放型经济增长方式，实行“低投入、高产出、高效益、低污染”的集约型经济增长方式。

（二）社会系统低碳化

低碳社会系统是低碳城市发展模式在城市生活中的体现，主要涉及政府机关、事业单位、医院、学校、社区等。低碳社会系统实现模式重点是推进环境标志和节能产品的认证，重点推进低碳社区的创建，重点建设低碳节能的绿色建筑，这些都向作为城市政策制定者的政府提出了严峻的考验。要实现城市低碳模式的发展，就要在合理规划城市布局的同时，兼顾以上几个方面的发展。随着城市化进程的不断加快，城市的发展规模不断扩大，但由于缺乏合理的规划导致居民平均交通距离的不断上升，而公交系统又没有及时得以完善，使得原本紧张的交通堵塞现象更加严峻，同时也刺激了私人小汽车的不断增长。另外，由于城市建设的固定性，城市的规划和建设对低碳城市的发展具有长期的、结构性的影响作用。在建筑设计及用料方面符合低碳的理念，发展绿色建筑，延长建筑物使用寿命，推动大型建设节能减排、商业建筑要开展节能改造等措施以减少城市建筑物及拆迁频繁所带来的“高消耗、高排放”现象的发生。同时政府办公楼、医院、学校等公共机构应强制实施节能减排措施，并推广低碳建筑理念。此外，政府应建立低碳城市发展基金，为低碳城市发展模式转变过程中的一些项目建设提供资金支持，鼓励企业开发低碳技术和低碳产品，加快低碳技术的创新；与此同时通过宣传、引导和利用财政、税收等手段鼓励公众低碳消费，使公众真正参与进来。

绿色消费是消费者在基本生活得到满足后，受消费需求上升规律的影响，开始追求生活质量和美好环境而产生的，它反映了人类消费层次的提高，反映了社会的进步和人类的文明发展。绿色消费以低碳消费为主要形式，低碳城市的重要特点就是满足了居民绿色消费，特别是低碳消费的需求。低碳城市发展绿色建筑，推广节能建材和节能设计，同时倡导居民在日常生活中选择低碳产品，减少化石燃料。

（三）环境系统低碳化

随着城市化进程加快，人口加速向城市转移，城市向周边区域蔓延，人口外迁和工业园区建设导致日益增长的交通出行需求。由于公共交通服务质量低下，个人机动化出行占绝对的比例，造成二氧化碳高排放。因此，要实现低碳城市，必须对城市进行恰当的区域环境规划。低碳城市的一个重要特征就是具有健全的基础设施，完善的公共交通网络以及节约集约的土地利用方式。“低碳城市”必须具有合理的低碳化能源结构利用新能源和革新能源利用方式。在“低碳城市”中通过技术突破降低新能源的使用成本，最终达到在城市商业化运行的要求。同时革新能源利用方式提高能源利用效率，实现传统能源的清洁、安全、高效利用。

城市生态环境系统指的是城市空间范围内的居民与自然环境系统和人工建造的社会环境相互作用而形成的统一体，它是一个集自然、经济、社会于一体的复合生态系统，是建立在自然基础上的人工生态系统。城市要实现可持续发展，必须要协调好城市、社会、经济和生态之间的关系。在发展过程中，应通过低碳技术，建立以清洁能源为基础的城市能源体系，从源头上减少碳排放量；注重城市生态系统中物质的循环利用，以提高城市资源的利用效率，保护好生态系统，此外要以“废弃物最小化”为原则，降低城市能源消耗和居民生产、生活产生的废物，注意节约资源和加强物质循环利用，是实现低碳模式下生态环境系统低碳化的可行选择。

第二节 低碳城市建设原则与指标体系

一、低碳城市的建设原则

（一）以人为本原则

城市建设的主体是人，受益者也是人，低碳城市是为人并非为汽车、高楼大厦而建，因而必须坚持以人为本的原则。传统城市发展模式之所以受到严峻的挑战，遭受到越来越多的批评和指责，是因为在经济不断发展、城市不断扩张的过程中，它忽视了人自身的发展需求，使城市无限蔓延发展，被汽车和摩天大楼包围着，资源的不合理利用和过度排放使城市扭曲了以人为本的宗旨，不考虑人的主观感受而无限发展着的城市一定程度上违背了城市发展的初衷。不能否认的是，人是城市发展的主体，城市发展是为了让人生活得更美好，人具有追求美好生活的权利，这种权利不能因为城市的迅速扩张和发展而被剥夺。因而，低碳城市建设要充分考虑人的需求并不断满足人的需求，让人生活在一个环境美好的城市中，使城市的发展与人的需求和进步相吻合。

（二）生态优先原则

运用生态学的原理与方法是建设低碳城市必须要遵循的原则，生态优先意味着要承认生态价值是至高无上的，生态利益是人类超越一切的根本利益。这既是人类积极的生态意识所致，也是寻求解决城市问题的合理途径。只有坚持生态优先的原则，才能维护好支撑城市发展的资源环境系统。为此，它要求城市的生产、生活与消费都要充分考虑对生态的影响与后果，摆正生产、生活与生态的关系，正确处理经济效益、社会效益和生态效益三者之间的关系，实现三者的完美统一和动态平衡，将保护生态作为城市发展和建设的出发点和归宿。而如果不坚持生态优先原则，将无法有效地解决城市发展中的各种问题，无法将城市引导到良性循环和健康发展的轨道。

（三）集约化原则

低碳城市在满足城市经济快速发展需求的前提下，主张以最小的投入获得最大的经济效益和生态效益，而要使低投入获得高效益，就必须倡导城市集约化发展，防止城市无限蔓延发展。工业文明时期，城市建设重规模结构，总认为越大越好，“摊大饼”式的无限向外扩展，造成城市规模不合理，引发了诸多城市问题。低碳城市建设旨在根本扭转这种现象，注重土地资源的集约利用，这样可以降低环境治理成本，努力形成一种“紧凑式”的发展，防止城市无限扩张。在自然资源并不富裕的今天，城市的发展还要不断地消耗资源，从未雨绸缪的角度出发，注重资源的集约利用，提高资源利用率，尽可能做到资源重复利用和循环使用，这也是低碳城市发展的题中应有之义。

（四）综合性原则

低碳城市建设是一项涉及经济、社会、自然的复杂的系统工程，不单单指排放最小、资源利用最大以及环境保护，它要改善和提高的是城市综合环境质量，建设符合低排放原则的生产体系、生活体系和消费体系。包括经济的持续增长、资源的永续利用、体制的公平合理、社会的和谐共生、优秀文化的传承、自然活力的维系，是向传统生产方式、价值观念和科学方法挑战的一场生态革命，旨在探讨一种先进适宜的生产力、生产关系、生活方式、生活质量及生态秩序。低碳城市不仅仅是一场城市运动，更是一场重大的社会变革。对于这样一场源于城市自身又超越城市自身的深刻的城市变革，必须坚持综合性的原则，以综合发展观来指导城市建设，把城市各个领域、各个行业的发展引导到低排放、高效益的发展轨道。

二、低碳城市建设指标体系

2010 年，中国社科院公布了评估低碳城市的新标准体系，这是迄今为止中国首个最为完善的低碳城市标准。该标准具体分为低碳产出、低碳消费、低碳资源和低碳政策等四大类共 12 个相对指标。如果 1 个城市的低碳生产力指标超过全国平均水平的 20%，即可被认定为“低碳城市”。

表 8-2　低碳城市建设指标体系

一级指标	序号	二级指标
低碳产出指标	1	碳生产力
	2	重点行业单位产品能耗
低碳消费指标	3	人均碳排放
	4	人均生活碳排放
低碳资源指标	5	非化石能源占一次能源比例
	6	森林覆盖率
	7	单位能源消耗的 CO_2 排放因子
低碳政策指标	8	低碳经济发展规划
	9	建立碳排放监测、统计和监管体系
	10	公众低碳经济知识普及程度
	11	建筑节能标准执行率
	12	非商品能源激励措施和力度

新标准的四大类之一是低碳生产力，包括单位经济产出的碳排放指标及能耗指标，其测量方法与中国现行的单位 GDP 能耗指标及可能的全国碳排放强度指标一致。这一大类包括碳生产力以及单位产值能耗两个相对指标。其次是低碳消费，包括人均能源消费和每户能源消费。可通过消费指数考察对个人行为的影响。这一大类包括人均碳排放和家庭人均碳排放两个指标。再次是低碳资源，包括低碳能源所占份额，单位能源生产排放量及森林覆盖率。此大类包括零碳能源在一次能源中所占比例、森林覆盖率和单位能源消耗的 CO_2 排放系数。最后是低碳政策，考察低碳发展政策及规划的存在与否，相关规定实施所取得的成效及公众的认知水平。该大类囊括低碳经济发展规划，建立碳排放监测、统计和监管机制，公众对低碳经济的认知度，符合建筑物能效标准和非商业性能源的激励措施等。

第三节 低碳城市建设的重点领域

一、国内外低碳城市建设实践总结

不同国家的低碳城市发展的策略并不完全相同。英国、美国、法国等国家，大多数城市的行政辖域较小，主要的功能是居住和休闲。因此在低碳城市的设计和实施过程中，降低居住能耗，减少生活排碳，改善交通状况和交通用能就成为城市计划的主要内容。地方工业产业的降碳化发展归于国家低碳化发展的管理体系中，金融政策、技术发展政策以及相应的教育和培训都在中央政府的规划范围内，地方政府并不涉及工业结构变化以及产业升级计划的设计。地方政府的主要贡献是对于新能源可再生能源产业发展提供必要的基础设施和用地。而在日本、韩国等国家中，更加注重从国家层面推行低碳发展计划和项目，在城市层面的低碳发展中也不可避免地容纳了更多的工业发展的内容。

目前国内已经进行了很多低碳城市建设的探索，多集中于战略规划的研究以及示范城市、示范园区或示范项目的探讨。2008 年，世界自然基金会启动了“中国低碳城市发展项目”，以期推动城市发展模式的转型，保定和上海是首批试点城市。世界气候组织于 2008 年推出“城市低碳领导力”项目，通过实施该项目，推动国家和地方的相关政府部门以及工商企业、科研机构、新闻媒体等利益相关方，共同构建中国城市低碳领导力体系，发展低碳经济。国内许多城市纷纷开展了低碳发展的试点实践。如位于中国第三大岛崇明岛的上海市东滩地区，正着手打造东滩生态城，该生态城有望成为世界上第一个碳中和区域。在新城中，热能和电力将通过风能、生物质能、垃圾发电和城市建筑物上的太阳能光伏发电直接获得；为满足燃料电池的需求，将建立全国第一个氢能电网；建筑物均采用环保技术；步行、自行车、燃料电池公交车等将是人们的出行方式。再如保定市，提出建设“中国电谷”的概念，依托保定国家高新区新能源和能源设备产业基础，打造光伏、风电、输变电设备、高效节能、电力自动化等七大产业园区。“中国电谷·低碳保定”已成为保定产业发展与城市建设的新亮点与新品牌。

表 8-3　国外低碳城市建设的实践总结

城市	生产	生活消费	交通与城市发展
日本横滨	绿色能源项目，削减温室效应地区联合项目，兴建风力“发电站”	城市垃圾分类细分	零排放交通项目，住宅节能性能评价制度，促进节能住宅的普及
韩国首尔	低碳发展，发展新能源及其相关产业	提倡“变废为宝”活动	建设“能源环境城”，发展绿色公交和绿色铁路
英国布里斯托尔	可持续发展价值评估	“碳中和生态村”；节能型住宅区建设	无
英国伦敦	发展清洁能源技术市场，鼓励可再生能源发电	节能建筑建设；固体垃圾处理	氢动力交通计划；城市规划的修订必须融入可持续发展和气候变化的内容
法国巴黎	无	森林生态城市	城市自行车租借系统
阿联酋阿布扎比	无	人均每日耗水 80 L，碳排放为零	城市里面没有汽车，大量使用清洁能源

表 8-4　我国低碳城市建设的实践总结

城市	目标设定	规划与行动
珠海	低碳经济区	推动液化天然气（LNG）公交车和出租车的使用
日照	“气候中和”网络城市成员	普及居民太阳能热水器；公共照明设备使用太阳能光伏发电技术，在农村推广太阳能保温大棚、太阳能灶
保定	低碳城市	鼓励太阳能光伏设备生产企业的发展，进行公共照明和高速公路的太阳能照明工程
杭州	低碳产业、低碳城市	在国内率先启动了公共自行车交通系统，有 61 个服务点、2 800 辆自行车，免费向市民和游客出租公共自行车，提倡低碳出行
上海	低碳社区、低碳商业区、低碳产业区	世博会低碳建筑、临海新城太阳能光伏发电示范项目和崇明生态岛的碳中和规划区域；绿色变电站；节能灯泡进家庭计划
贵阳	生态城市战略规划	LED 节能照明试点项目，城市轻轨体系建设
昆明	低碳产业	兴建光伏发电站，发展生物质能经济
南宁	低碳城市	争取获国家森林城市称号、林业总产值要突破 200 亿元

二、中国的低碳城市建设途径与策略

如何建成低碳城市，已经成为大家关注的热点问题。它包括：①政府能做好低碳城市营建的监督工作，并且很好地搭建发展低碳的平台。②企业能够处理好利益与生态之间的关系，做到不以损害生态环境为代价的赢利。③市民具有良好的节能意识，并且具有很强的监督企业、政府机构的能源消费状况的责任。中国的低碳城市应当既是符合低碳理念的经济发展，也是符合低碳理念的社会发展，在经济增长同碳减排之间寻找一条“绿色的通道”，采用低碳的方式保障社会持续稳定的发展。建设低碳城市需要制定一定的建设策略，调整和改变久已形成的价值观，树立低碳意识，创新管理体系，加强低碳技术设计，选择低碳生活方式。

（一）树立低碳意识

低碳意识是生态文明时期价值观和道德观的综合反映，是伴随着时代文明前进和发展的步伐而逐步形成的。在城市发展已进入生态文明的今天，当人们不得不合理地解决困扰城市可持续发展的资源、环境等难题时，必须深刻地反思人与自然、人与生态、人与环境的关系，由此便产生了低碳意识这一重新认识人与自然关系的新的思维方式、新的理念，并赋予它以深刻的时代发展的内涵。工业文明时期人们已经习惯高投入、高消耗、高排放的生活模式，要彻底革除工业文明时代根深蒂固在人们头脑中的传统意识和思维，需要按低碳化的发展趋势和要求重塑价值观，使人们的思想观念、认识水平越来越接近“低碳化”，抛弃“高排放”的惯性思维。根据资源保护、环境恢复和重建生态平衡的实际需要，确定各种生产生活活动合理的投入量，充分考虑物质产品消费后有利于在自然界中分解还原，能够加入自然生态系统的正常进化和良性循环，并逐步建立低度消费资源、节约使用能源，有利于生态环境和生产生活持续发展的资源消费体系。倡导低碳意识，为自然生态系统免遭人类生产生活活动的破坏将起到积极的作用，从而唤起人类对自然生态系统的道德理性，有了这种道德理性的约束，人类会很好地保护自然，使各种经济和社会活动不超越自然生态系统的极限。因为人类的未来不仅取决于人类自己的智慧和理性，还取决于生态系统和社会系统的稳定、有序。低碳意识的确立和低碳科学知识的日益推广普及，有助于人类建设一个循环型的社会。

（二）创新管理体制

管理体制是低碳城市运行的必要载体，只有具备良好的管理体制并进行一定程度的创新，才能促进低碳城市的健康发展。鉴于本来耦合的生态系统，由于被体制割裂、部门利益、短期行为所破坏，造成系统结构板结与破碎，创新管理体制就是要努力寻求运用制度管理和制度设计，搭建一个平台，营造一种氛围，使城市朝着低碳这个制度设计的目标而努力。一是科学和严格的管理。低碳城市是一种和谐、健康的城市发展形态，要推动和实现低碳城市的发展目标，需要意识、技术、体制、工程等多方面的努力，不能设想仅仅依靠先进的科学技术就能广泛推进低碳城市建设，科学和严格的管理是建设低碳城市的重要条件。因此，需要建立一套详细、完备、操作实施性强的准则体系和操作程序。例如，从废弃物的循环利用讲，大多数的环境问题是由资源使用不当及资源利用率不高造成的，因而只要有相应的制度设计及管理措施的出台，不一定要花费很多的钱，便可以收到削减废弃物排放的明显效果；从生活垃圾的分类及再利用讲，居民往往由于缺乏低碳和环保意识而将大量可以回收的废弃物丢弃，如果在各类环境保护规划中明确强调这一点，并辅之以良好的宣传和示范，生活垃圾资源化的效果也同样十分明显。二是加强法规建设。建设低碳城市必须寻求依靠良好的法律法规保障予以推进，必须对过度排放、浪费资源、破坏环境的行为用法律法规来硬性约束，规范各类生产生活活动，做到有章可循，有法可依，同时也要适当辅之以经济奖励和惩罚手段，让低碳城市建立在良好的法制建设的基础上。目前，在西方一些发达国家，发展低碳经济、推进低碳生活、建设低碳城市已成为一股潮流。例如，日本就以立法的形式限制过多地排放垃圾，对汽车尾气排放也有相应的规定和标准，试图借助法律法规让低碳排放成为企业和居民的生产生活准则。

（三）加强低碳技术设计

低碳城市的建设目标是把城市建成一个高效和谐的“经济—社会—自然”复合巨系统，使其内部的物质代谢、能量流动和信息传递形成一个环环相扣的网络，从而使系统的功能、结构充分协调，资源利用率最高，废弃物排放最小，经济环境效益最好。要实现这样的目标，必须要有符合低碳排放的技术设计，依靠现代科学技术，使生产、生活和消费，经济效益、社会效益和生态效益有机地结合起来。低碳技术设计实际上是用绿色技术取代传统的技术设计，是模拟自然生态系统的循环和废弃物还原过程，用系统分析方法来设计、分析、规划和调控自然、经济、社会生态系统的结构要素、信息反馈关系及控制机理，使城市的生产生活活动与自然有机地结合在一起，所有的原料和能源都能在这个不断循环的系统中得到充分合理的利用，把人类的生产过程、生活过程纳入自然界的物质循环系统，实现资源的多层分极利用，这既是建设低碳城市所应该坚持的基本指导思想，也是科学技术应用的广泛领域所在。通过低碳技术设计，疏通物质能量流通渠道，提高资源转化效率，开发未被利用的资源，建立一套合理的生态代谢网络。值得一提的是，这种低碳技术设计着眼于生产生活的全过程，而不单单是某一个环节。低碳技术设计寻求以合理的投入取得有效的收益，以最小的成本换取最大的效益，而且效益的取得建立在城市系统内部资源的充分利用，而不是一味地依赖系统外部高强度的投入。

（四）选择低碳生活方式

21 世纪是一个低碳化的世纪，选择低碳生活方式，是基于对工业文明过度排放、过度消费的物质生活的批判和否定，它要求重新建立一种能够保持自然系统的稳固与平衡，有利于人类身体和身心健康的新的生活方式。因为在人类的生存越来越严重依赖于自然界的今天，要满足人们的基本物质需求，必须先维护好自然生态系统的健康，这包括最低限度地消耗各种再生和不可再生资源，最低限度地排放废弃物，节约、节制地使用各种能源等。在保护自然资源、恢复生态环境、维持生态潜力的基础上，通过采取有利于自然界稳定的各种保障措施，形成有利于保护自然环境和自然持续发展并与自然规律相适应的高质量的生活体系。低碳生活方式要求以适度消费代替过度消费的追求，以奉行俭朴的生活，即以获得基本需要的满足为标准的生活，使人们从追求豪华、奢侈、浪费的生活转向追求俭朴、节约的文明生活；更加节俭地使用资源及废旧资源的重新利用，产业活动和日常生活将更体现低碳化的追求，大力推行绿色产品，追求绿色享受；房屋的建筑要更体现节能、环保的意识，并尽量少占用宝贵的土地资源；选择更加体现节省能源、保护环境的交通方式。鼓励和引导合理的生活与消费模式的形成与推广，过一种与自然生态系统相协调的恬静、简单的生活，真正提高生活质量，促进个人自由全面的发展。

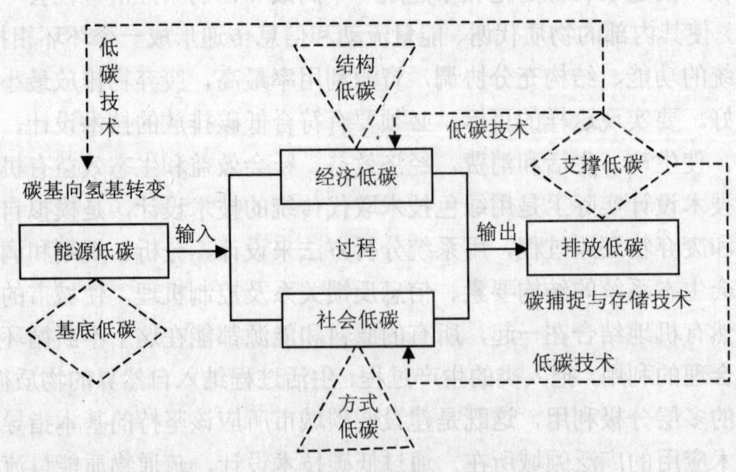

图 8-1　低碳城市发展路径系统框架图

思考题

1. 如何理解低碳城市的概念？
2. 低碳城市建设的内涵有哪些？
3. 低碳城市的基本特点是什么？
4. 如何进行低碳城市建设？
5. 请收集国内外低碳城市建设资料，总结低碳城市建设取得的成果。

参考文献

[1] 辛章平，张银太．低碳经济与低碳城市[J]．城市发展研究，2008（4）：98-102.

[2] 夏堃堡．发展低碳经济实现城市可持续发展[J]．环境保护，2008（2）：33-35.

[3] 付允，汪云林．低碳城市的发展路径研究[J]．科学对社会的影响，2008（2）：5-9.

[4] Chin Siong H，Wee Kean F.Planning for low carbon cities：thecase of Iskandar development region[C]//Sungkyunkwan Univer-sity，Toward Establishing Sustainable Planning and GovemanceII，Seoul，Korea：SUDI，2007（11）：11-15.

[5] Glaeser E L，Kahn M E.The greenness of cities：carbon dioxideemissions and urban development[J]．Journal of Urban Economics，2008，38（1）：650-655.

[6] Jenny Crawford and Will French.A low-carbon future：spatialplanning's role in enhancing technological innovation in the builtenvironment[J]．Energy Policy，2008（12）：4575-4579.

[7] 潘海啸．中国“低碳城市”的空间规划策略[J]．城市规划学刊，2008（6）：57-63.

[8] 毕军．后危机时代我国低碳城市的建设路径[J]．南京社会科学，2009（11）：12-16.

[9] 孟耀．基于资源环境保护的绿色投资及其发展思路[J]．财经问题研究，2007（5）：64-69.

[10] 顾朝林．气候变化与低碳城市规划[M]．南京：东南大学出版社，2009.

[11] 戴亦欣．中国低碳城市发展的必要性和治理模式分析[J]．中国人口·资源与环境，2009（3）：12-17.

[12] 广州市社会科学院课题组．低碳城市的基本特点与建设策略[J]．创新，2010（4）：11-14.

[13] 连玉明．低碳城市的战略选择与模式探索[J]．城市观察，2010（2）：5-18.

[14] 戴亦欣．低碳城市发展的概念沿革与测度初探[J]．现代城市研究，2009（11）：7-12.

[15] 刘文玲，王灿．低碳城市发展实践与发展模式[J]．中国人口·资源与环境，2010（4）：17-22.

[16] 顾朝林，谭纵波，刘宛，等．气候变化、碳排放与低碳城市规划研究进展[J]．城市规划学刊，2009（3）：38-45.

[17] 陈飞，诸大建．低碳城市研究的内涵、模型与目标策略确定[J]．城市规划学刊，2009（4）：

7-13.

[18] 张坤民. 低碳世界中的中国：地位、挑战与战略[J]. 中国人口·资源与环境，2008（3）：1-7.

[19] 付允，马永欢，刘怡君，等. 低碳经济的发展模式研究[J]. 中国人口·资源与环境，2008（3）：14-19.

[20] 刘志林，戴亦欣，董长贵，等. 低碳城市的理念与国际经验[J]. 城市发展研究，2009，16（6）：1-7.

[21] 王峰. 低碳城市建设途径[J]. 国土论坛，2010（6）：22-24.

[22] 保定市“太阳能之城”建设规划（内部材料）[Z].

第九章

新能源产业

引言 每一次大规模经济危机的爆发都会带来产业结构调整和全球分工格局的变化。2008 年金融危机的爆发使人们意识到以 GDP 为核心的经济增长模式已不合时宜，低碳经济发展模式才是维持经济可持续增长的正确道路。2009 年底，中国可再生能源发电量居世界第一，达 2.26 亿 kW，其次是美国，达 1.44 亿 kW，再次是加拿大、巴西和日本。目前我国已形成风能、生物质能、太阳能等新能源产业，新能源产业的发展既是整个能源供应系统的有效补充手段，也是环境治理和生态保护的重要措施，是满足人类社会可持续发展需要的最终能源选择。

本章学习目标 熟悉新能源定义与分类，了解国内外新能源产业发展状况，掌握太阳能产业、风能产业、生物质能产业的发展途径。

第一节 新能源相关概述

一、能源

（一）能源定义

能源也称能量资源或能源资源，是指自然界赋存的已经查明和推定的能够提供热、光、动力和电能等各种形式的能量来源，即向自然界提供能量转化的物质，包括能够直接取得或者通过加工、转换而取得有用能的各种资源，如煤炭、原油、天然气、煤层气、水能、核能、风能、太阳能、地热能、生物质能等一次能源和电力、热力、成品油等二次能源，以及其他新能源和可再生能源。

能源是人类活动的物质基础，是整个世界社会和经济发展的最基本的驱动力，在某种意义上，人类社会的发展离不开优质能源的出现和先进能源技术的使用。但人类在享受能源带来的经济发展、科技进步等利益的同时，也遇到一系列无法避免的能源安全挑战，能源短缺、资源争夺以及过度使用能源造成的环境污染等问题威胁着人类的生存与发展。在当今世界，能源的发展以及能源和环境，是全世界、全人类共同关心的问题，也是我国社会经济发展的重要问题。

（二）能源的分类

根据不同的划分方式，能源可分为不同的类型：

1．按形成和来源分类

（1）来自地球外部天体的能源，主要是太阳辐射的能量。如：太阳能、煤、石油、天然气、水能、风能、生物能等。

（2）来自地球内部的能量，地球本身蕴藏的能量。如：核能、地热能。

（3）天体引力能，地球和其他天体相互作用而产生的能量。如：潮汐能。

2．按转换传递过程分类

（1）一次能源，自然界中以天然形式存在并没有经过加工或转换的能量资源。如：煤、石油、天然气、水能、风能、核能、海洋能、生物能等。

（2）二次能源，由一次能源直接或间接转换成其他种类和形式的能量资源。如：汽油、柴油、焦炭、煤气、沼气、蒸汽、火电、水电、核电、太阳能发电等。

3．按开发利用状况分类

（1）常规能源，利用技术上成熟，使用比较普遍的能源。如：煤、石油、天然气、水能、生物能等。

（2）新能源，相对于常规能源而言的。如：核能、地热、海洋能、太阳能、风能等。

4．按属性分类

（1）可再生能源，如：太阳能、地热、水能、风能、生物能、海洋能等。

（2）不可再生能源，如：煤、石油、天然气、核能等。

二、新能源

（一）新能源定义

对新能源现在有各种各样不同的定义，例如“绿色能源”、“可再生能源”、“低碳能源”等，其含义不尽相同。联合国开发计划署（UNDP）把新能源分为以下三大类：大中型水电；新可再生能源，包括小水电（Small-hydro）、太阳能（Solar）、风能（Wind）、现代生物质能（Modern biomass）、地热能（Geothermal）、海洋能（Ocean）（潮汐能）；传统生物质能（Traditional biomass）。

根据全国科学技术名词审定委员会审定，新能源又称非常规能源，是指传统能源之外的各种能源形式。主要指开始开发利用或正在积极研究、有待推广的能源，如太阳能、地热能、风能、海洋能、生物质能和核聚变能等。狭义的新能源包括风能、太阳能、潮汐能、地热能、生物燃料等以前没有广泛利用的能源；广义的新能源则还包括核能、水能，甚至还包括清洁煤技术。

（二）新能源常见利用形式

相对于传统能源，新能源对环境损害小，且储量大，有利于生态的良性循环，对于解决当今世界严重的环境污染问题和资源（特别是化石能源）枯竭问题具有重要意义。

1. 太阳能

太阳能是太阳内部或者表面的黑子连续不断的核聚变反应过程产生的能量。地球轨道上的平均太阳辐射强度为 1 369 W/m^2，尽管太阳辐射到地球大气层的能量仅为其总辐射能量的 22 亿分之一，但太阳每秒钟照射到地球上的能量就相当于 500 万 t 煤。太阳能资源丰富，既可免费使用，又无须运输，使用过程中不产生任何温室气体，对环境无任何污染。

广义的太阳能所包括的范围非常广，煤炭、石油、天然气等化石燃料实质上是由古代生物固定下来的太阳能。水能、风能、波浪能、海流能等也都是由太阳能转换来的。狭义的太阳能则限于太阳辐射能的光热、光电和光化学的直接转换。虽然太阳能资源总量相当于现在人类所利用的能源的一万多倍，但太阳能的能量密度低，而且它因地而异，因时而变，这是开发利用太阳能所面临的主要问题。目前，太阳能的利用按照能源方式可以分为两种，太阳能发电和光热利用。

（1）太阳能发电。太阳能光伏发电是通过太阳电池直接将太阳辐射的光能转换为电能，即光伏（PV）效应。光伏板组件是一种暴露在阳光下便会产生直流电的发电装置，主要以半导体材料（例如硅）制成的薄身固体光伏电池组成，有硅、化合物半导体、有机半导体等多种材料，按材料结晶形态有单晶态、多晶态和非晶态。利用太阳能发电的方式有多种，目前采用的主要有两种方式。一种是利用太阳辐射所产生的热能发电，即光—热—电转换。一般是用太阳能集热器将所吸收的热能转换为工质的蒸汽，然后由蒸汽驱动汽轮机带动发电机发电。另一种是利用光伏效应将太阳辐射能直接转换为电能，即光—电转换。从 20 世纪 70 年代中期开始地面用太阳电池商品化以来，晶体硅作为基本的电池材料占据着统治地位。由于太阳能光伏发电具有安全可靠、无噪声、无污染、建站周期短、规模大小随意等特点，它已成为太阳能发电最基本、最普遍和最有前景的应用形式。

（2）光热利用。太阳能光热利用是将太阳辐射能收集起来，通过与物质的相互作用转换成热能加以利用。现代的太阳热能科技将阳光聚合，并运用其能量产生热水、蒸汽和电力。通常根据所能达到的温度和用途的不同，把太阳能光热利用分为低温利用（＜200℃）、中温利用（200～800℃）和高温利用（＞800℃）。目前低温利用主要有太阳能热水器、太阳房、太阳能温室、太阳能空调制冷系统等，中温利用主要有太阳灶、太阳能热发电聚光集热装置等，高温利用主要有高温太阳炉等。

据著名电子制造市场研究公司 iSuppli 提供的资料显示，虽然太阳能产业的多数注意力都集中在光伏发电上面，但太阳能市场中增长最快的领域其实是太阳热能，预计该领域 2009—2014 年将扩大 36 倍，而同期光伏产业仅增长 5 倍。由于其成本较低、技术上更容易实现，适用面广，所以世界上很多国家都把它作为太阳能利用的首选，其中太阳能热力发电即太阳能聚热发电（CSP），是当今世界太阳能利用研究的主题之一，预计 2014 年整年的全球 CSP 安装容量将达到 10.8 GW，而 2009 年只有 0.29 GW。

2. 风能

风能是指由于地球表面大量空气流动所产生的动能。由于地面各处受太阳辐照后气温变化和空气中水蒸气的含量不同，因而引起各地气压的差异，在水平方向高压空气向低压地区流动，即形成风，其实风能也是由太阳能产生的，但由于其特殊的性质，因此作为一种特殊的清洁能源。风能资源决定于风能密度和可利用的风能年累积小时数。风能密度是单位迎风面积可获得的风的功率，与风速的三次方和空气密度成正比关系。据估算，到达地球的太阳能中虽然只有大约 2% 转化为风能，但全世界以风力产生的电力约 1 300 亿 kW，中国约 16 亿 kW。风能蕴藏量大，分布广泛，永不枯竭，作为一种无污染和可再生的新能源有着巨大的发展潜力，特别是对交通不便、远离主干电网的岛屿及边远地区具有十分重要的意义。

人类利用风能的历史可以追溯到公元前，我国是世界上最早利用风能的国家之一，公元前数世纪我国人民就利用风力提水、灌溉、磨面和利用风帆推动船舶前进，但风能没有引起人们足够的重视，风能技术发展缓慢。1973 年世界石油危机以来，在常规能源告急和全球生态环境恶化的双重压力下，风能作为新能源的一部分才重新有了长足的发展，特别是 20 世纪 90 年代后，风力发电作为一种可持续清洁能源被许多政府加以推广，风力发电场开始网络化并向海洋进军，兴建了大批海洋风力发电场。

风能最常见的利用形式为风力发电。风力发电机有水平轴风机和垂直轴风机两种，目前水平轴风机应用广泛，但由于其存在如噪声、体积大、机构复杂和抗风能力差等方面的不利因素，今后中小型风力发电机发展的主要方向将以垂直轴风机为主。

3. 生物质能

生物质能是太阳能以化学能形式储存在生物质中的能量形式，即以生物质为载体的能量，直接或间接地来源于绿色植物的光合作用。地球每年经光合作用产生的物质有 1 730 亿 t，其中蕴涵的能量相当于全世界能源消耗总量的 10～20 倍，但目前的利用率不到 3%。生物质能的来源极其丰富，根据其产生的地点不同，主要有以下几部分组成：

（1）林业资源。林业生物质资源是指森林生长和林业生产过程提供的生物质能源，包括薪炭林、在森林抚育和间伐作业中的零散木材、残留的树枝、树叶和木屑等；木材采运和加工过程中的枝丫、锯末、木屑、梢头、板皮和截头等；林业副产品的废弃物，如果壳和果核等。

（2）农业资源。农业生物质能资源是指农业作物（包括能源作物）；农业生产过程中的废弃物，如农作物收获时残留在农田内的农作物秸秆（玉米秸、高粱秸、麦秸、稻草、豆秸和棉秸等）；农业加工业的废弃物，如农业生产过程中剩余的稻壳等。能源植物泛指各种用于提供能源的植物，通常包括草本能源作物、油料作物、制取碳氢化合物植物和水生植物等几类。

（3）其他。除林业资源和农业资源外，适于能源利用的生物质还包括生活污水和工业有机废水、城市固体废物和畜禽粪便等，但目前还没有广泛应用。

生物质能是储存的太阳能，更是一种唯一可再生的碳源，可转化成常规的固态、液态或气态的燃料。现代生物质能的利用包括通过生物质的厌氧发酵制取甲烷，用热解法生成燃料气、生物油和生物炭，用生物质制造乙醇和甲醇燃料，以及利用生物工程技术培育能源植物，发展能源农场等方式。

4．地热

地热能是由地壳抽取的天然热能，这种能量来自地球内部的熔岩，并以热力形式存在，是引致火山爆发及地震的能量。据估计，每年从地球内部传到地面的热能相当于 5×10^{20}cal（卡）（1 cal=4.186 8J）。地热能按其属性可分为 4 种类型，即水热型、地压地热能、干热岩地热能、岩浆热能。根据开发利用目的，又可以将水热型地热能分为高温（＜150℃）及中低温（中温 90～150℃；低温＜90℃）水热资源。地热能的最大特点是其分布具有地区性。

人类第一次用地热水发电是在 1904 年意大利的拖斯卡纳。据美国地热资源委员会（GRC）1990 年的调查，世界上 18 个国家有地热发电，总装机容量 5 827 MW，装机容量在 100 MW 以上的国家有美国、菲律宾、墨西哥、意大利、新西兰、日本和印度尼西亚。我国的地热资源也很丰富，但开发利用程度很低，主要分布在云南、西藏等省区。

地热能的利用可分为地热发电和热能直接利用两大类，现在许多国家为了提高地热利用率，采用梯级开发和综合利用的办法，如热电联产联供、热电冷三联产、先供暖后养殖等。目前利用方式包括地热发电、地热供暖、地热农用和地热医用几种方式，此部分仅以地热发电和地热供暖两个方面加以介绍：

（1）地热发电。地热发电是地热利用的最重要方式。地热发电和火力发电的原理是一样的，都是利用蒸汽的热能在汽轮机中转变为机械能，然后带动发电机发电。所不同的是，地热发电不像火力发电那样要装备庞大的锅炉，也不需要消耗燃料，它所用的能源就是地热能。地热发电的过程，就是把地下热能首先转变为机械能，然后再把机械能转变为电能的过程。按照载热体类型、温度、压力和其他特性的不同，可把地热发电的方式划分为蒸汽型地热发电和热水型地热发电两大类。

（2）地热供暖。将地热能直接用于采暖、供热和供热水是仅次于地热发电的地热利用方式。因为这种利用方式简单、经济性好，备受各国重视，特别是位于高寒地区的西方国家，其中冰岛开发利用得最好。该国早在 1928 年就在首都雷克雅未克建成了世界上第一个地热供热系统，现今这一供热系统已发展得非常完善，每小时可从地下抽取 80℃的热水 7 740 t，供全市 11 万居民使用，由于没有高耸的烟囱，冰岛首都已被誉为“世界上最清洁无烟的城市”。

此外利用地热给工厂供热，如用作干燥谷物和食品的热源，用作硅藻土生产、木材、造纸、制革、纺织、酿酒、制糖等生产过程的热源也是大有前途的。目前世界上最大两家地热应用工厂就是冰岛的硅藻土厂和新西兰的纸浆加工厂。我国利用地热供暖和供应热水发展非常迅速，在京津地区已成为地热利用中最普遍的方式。

三、新能源产业

开发新能源的单位和企业所从事的工作的一系列过程，叫新能源产业。包括新能源装备制造、先进核能、风能、太阳能、生物质能、地热能、非常规天然气等新能源和可再生能源的开发利用，车用新能源基础设施、智能电网、分布式能源等能源新技术的产业化应用等。

新能源产业科技含量高、发展潜力大、分布范围广、带动效应强，不仅涉及钢铁、建材、化工等传统产业，而且与新材料、生物科技、新一代信息等高新技术密切相关。加快新能源产业发展，对培育新的经济增长点，促进产业结构升级，转变经济发展方式，推动经济平稳较快发展有着十分重要的意义。同时，发展新能源将会给世界和我国在金融危机以后提供一个新的经济增长点。

第二节 国外新能源产业

能源是经济发展的驱动力，开发利用新能源已成为当今世界发展的大趋势，尽管短期内新能源还无法替代传统化石能源，但世界范围内资源的供给紧张以及应对气候变化为新能源发展提供了广阔的空间。风能、生物质能和太阳能等成为未来全球新能源的主要开发形式。

一、太阳能

近 30 年来，太阳能利用技术在研究开发、商业化生产、市场开拓方面都获得了长足发展，成为世界快速、稳定发展的新兴产业之一。而其中的太阳光伏发电是世界上主要的高新技术产业。发展光伏产业已经成为全球各国解决能源与经济发展、环境保护之间矛盾的最佳途径之一。

1969 年世界上第一座太阳能发电站在法国建成，自 2004 年以来，全球太阳能产业大约以年均 50%的速度增长，欧盟是世界上光伏发电量最大的地区，2008 年占全球光伏发电量的 80%。2000—2009 年世界太阳能电池产量和太阳能光伏发电累计装机容量增长情况见图 9-1 和图 9-2。

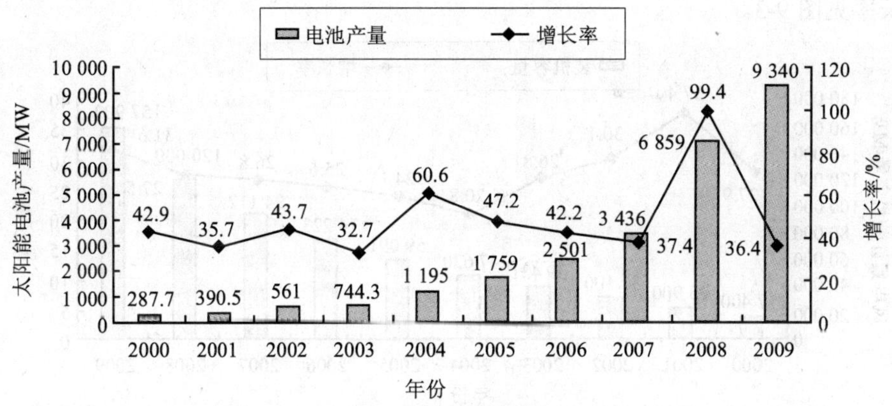

图 9-1 2000—2009 年世界太阳能电池产量增长情况

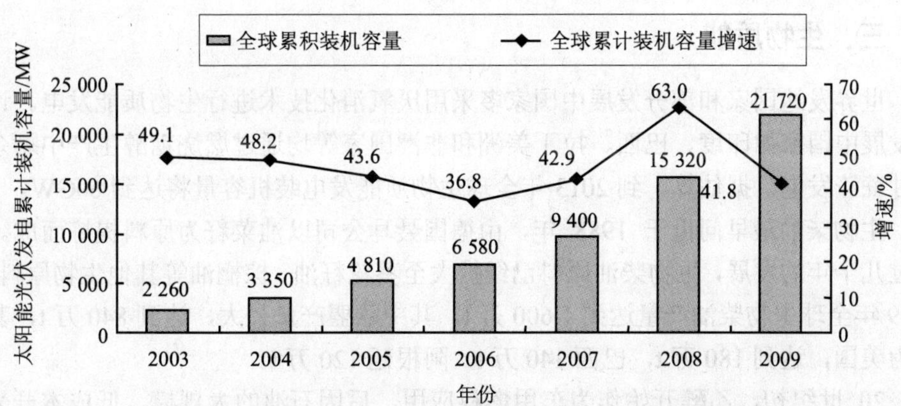

图 9-2 2003—2009 年世界太阳能光伏发电累计装机容量增长情况

2009 年德国是可再生能源发电投资最多的国家，中国紧跟其后，两国投资在 250 亿美元至 300 亿美元之间；其次为美国，投资 150 亿美元；意大利、西班牙大致为 50 亿美元。

二、风能

风力发电机从 19 世纪开始提出，到 20 世纪 80 年代开始飞速发展，在 20 年时间内，风机功率增大了 100 倍，成本大幅度下降 50%，欧洲、北美洲（主要是美国）和亚洲（主要是中国）是世界风电发展的三大主要市场。

2009 年全球吸纳投资最多的可再生能源项目是风电，投资额达 627 亿美元，总装机达到 157 900 MW，但与据估算的每年 53 万亿 kW 时风能相比，目前被开发的只是微不足道的一部分。2000—2009 年世界风电各年累计装机容量规模与增长率见图 9-3。

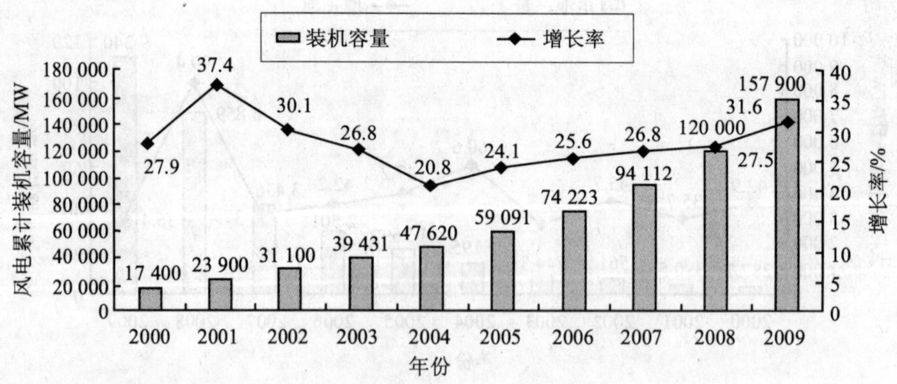

图 9-3 2000—2009 年世界风电各年累计装机容量规模与增长率

三、生物质能

世界发达国家和部分发展中国家多采用厌氧消化技术进行生物质能发电。许多发展中国家如印度、巴西、拉丁美洲和非洲国家等均通过燃烧糖醇生产中剩余的甘蔗渣发电，据估算，到 2013 年全球生物质能发电装机容量将达到 60GW。

生物柴油最早问世于 1988 年，由德国聂耳公司以油菜籽为原料提炼而成。经过几十年的发展，生物柴油原料已经扩大至葵花籽油、棕榈油等其他生物原料。2009 年全球生物柴油产量达到 1 600 万 t，其中欧盟产量最大，达到 840 万 t，其次为美国，达到 180 万 t，巴西 140 万 t，阿根廷 120 万 t。

20 世纪初，乙醇开始作为车用燃料应用，后因石油的大规模、低成本开采而中断。随着一些先进农业国劳动生产率的大幅度提高，以及 70 年代中期以来的石油危机，燃料乙醇在一些国家重新获得发展。生物质能的利用形式主要包括：

生物发电、生物柴油和燃料乙醇。2009 年全球燃料乙醇产量达 8 600 万 t。金融危机发生对生物质能产业发展产生了重人影响，许多生物燃料项目被取消。

四、地热能

地热开发从 20 世纪 70 年代开始快速发展，地热利用的方式主要为地热发电和地热供暖。

地热发电方面，据 2005 年世界地热大会资料，全球有 24 个国家建有地热电站，地热装机前五位国家为：美国、菲律宾、墨西哥、印度尼西亚和意大利。据 2002 年国际能源协会统计的全球电力生产总量为 1.53×10^6GWh，但地热电力仅占其中的 0.37%。2000—2008 年世界各国新装地热机组 960MW，年平均增长 7%。地热发电虽然发展很快，但由于受到资源特性、地理位置、勘探技术等因素的制约，目前各国地热发电在能源结构中，所占比例很小。

地热供暖方面，全球中低温地热资源的直接利用发展较快，重点是地热供暖和地热旅游。1970—1980 年和 1980—1990 的年增长率分别为 9.3%和 15.2%，过去 40 年的年平均增长率约为 10%。世界上利用地热供暖的主要国家有冰岛、法国、匈牙利、罗马尼亚、俄罗斯、日本等，其中最著名的应属冰岛。近年来，随着热泵技术不断推广，极大地提高了地热在能源系统中的地位，地热能正逐渐被认为是替代化石燃料的一种选择，目前热泵已占地热利用能量的 33%。

第三节　我国新能源产业

新能源产业是关系能源安全、经济安全、生态安全的战略性产业，也是一个市场潜力大、经济效益好、关联度强的新兴产业，对于促进产业结构升级，转变经济发展方式，推动经济平稳较快发展有着重要的意义。目前，全国 100 多个城市提出建设新能源基地，并相继出台了一系列政策，加快发展新能源产业。

一、新能源产业总体运行态势分析

（一）新能源产业发展现状

1. 中国新能源产业进入快速发展期

我国政府一直重视可再生能源的开发利用，自 20 世纪 80 年代以来，风电、太阳能、水电、现代生物质能等技术应用和产业稳步发展。

“十五”期间，我国进入了可再生能源快速发展时期。2008 年开始实施的《可再生能源法》标志着我国可再生能源发展进入了一个新的历史阶段。到 2009 年底，我国风电、太阳能发电装机分别达到 1 758 万 kW 和 23 万 kW，相比 2000 年分别增长了 51 倍和 7.7 倍；光伏发电呈现爆发式增长，全年安装量超过 160MW，超过了 2009 年前几十年安装量的总和。其中，并网发电占到了总量的 85%，达到 135MW。目前，我国太阳能制造能力和太阳能利用面积已经达到世界第一，风电连续几年成倍增长，2009 年新增风力装机 1 000 多万 kW，居世界第一。从累计装机来看，位于美国、德国之后，排名第三。

2. 新能源产业发展存在的问题

（1）产业竞争力不强。我国新能源发展虽较快，但仍未形成产业化规模。从总量上看，新能源的产量和消费量跟传统能源相比仍较小，主要常规能源——煤炭的主导地位仍未改变，跟世界能源消费结构相比还有很大的提升空间。我国的新能源尚处在刚起步阶段，规模较小，导致了新能源利用成本较高，特别是光伏发电和风力发电的并网价格更是居高不下，此外相关的装备制造水平也比较落后。

（2）低水平重复建设。新能源的发展必须走科技为先，产业化和规模化的发展道路，在国家政策的扶持下，构建完整产业链，达到产业集群效应。但我国的新能源产业也同样面临着低水平的重复建设问题，在国家政策的鼓励下，各地的地方政府纷纷出台措施，上马新能源项目，一些低端新能源产业重复建设，这样既浪费了资源，也对产业发展的质量及产业竞争力产生了不利影响。

在光伏产业的多晶硅生产方面，2007 年之前，我国只有 3 家多晶硅生产企业，产量不过 600 t，2008 年上半年有近 20 家企业生产多晶硅，产量高达 5 万 t 以上，几乎占全世界 90%以上。2009 年国内厂商有效供货能力达 8 万～11 万 t，而全球有效需求只有 6 万 t。2009 年 9 月，多晶硅、风电设备被国务院列为产能过剩行业。

我国已有 20 个省份在申请或已建立新能源产业基地，其中大多数打出太阳能和风能牌，存在明显的低水平重建现象，这将严重影响我国新能源的产业化进程。

（3）缺乏核心技术。新能源在我国虽发展较快，但由于新能源产业前期投资研发费用大，而且很多企业对新能源产业并不十分了解，涉足积极性不高，而政府对新能源的研发投入还比较有限，使得大多数新能源的开发和利用成本高，技术水平低，缺乏自主技术研发能力，技术和设备生产主要依靠进口。由于没能掌握新能源的关键技术，导致该产业不具备价格优势，使之无法市场化、产业化。技术引进消化吸收能力较差，制约了我国新能源的发展。

以我国发展最快的风能为例，近 10 年来风力发电虽取得了较大进展，但风力发电所用核心部件（如当前流行的 MW 级风电机组）仍需进口，使得风力发电成本无法进一步降低，也在根本上阻碍了风能发电的进一步发展。

（4）政策体制不完善。目前我国风电、生物质能、太阳能等新能源的相关政策体系还不完善，经济激励力度较弱，政策的稳定性和协调性差，还没有形成支持新能源持续发展的长期机制。

风电产业发展的"瓶颈"也同时出现在太阳能光伏产业、新能源汽车等领域。由工业和信息化部牵头制定的《汽车与新能源汽车产业发展规划》已经完成草案，为实现到 2020 年全球节能与新能源汽车产销全球第一的目标，中央财政将投入巨资支持新能源汽车发展，资金额度超过 1 000 亿元。但是，"10 年之后混合动力车型在我国实现 1 500 万辆的突破"的提法引起质疑。

（二）新能源产业发展趋势分析

"十二五"期间，我国把新能源产业列入了国家重点支持的七大领域之一，并将提高非化石能源占一次能源消费比重至 11.4%作为一项约束性指标，不但国家政策支持，各地方也制定了很多优惠政策鼓励企业发展新能源产业。由此可见，中国新能源产业的发展前景将十分广阔。

1．风电产业发展趋势

电网自动化。风电并网长期以来是我国乃至世界风电发展的"瓶颈"因素，并网难的原因很多，但从风电整机的角度看，电网逐步适应风电场的同时，风电机组更要适应电网的要求，提高风机的并网能力和自动化水平刻不容缓。今后将注重电网建设，因地制宜地服务风电上网。

发展海上风电。风电建在海中具有更有效地利用风电机组容量、提高风机有效性、降低基建造价、延长风电设备使用寿命等许多优点。中国风电近几年的发展动摇了欧美的领先地位，为了维持自身优势，发展海上风电必然成为其下一个全力争夺的技术制高点。据预测，2012—2013 年应是海上风电大发展高速膨胀的时期，海上供电在全球未来的份额要超过 30%。

提高装机容量。风机升级换代的间隔越来越短，国内众多风电整机企业，前两年还是 kW 级风机占主流，现在已经在紧锣密鼓地研发 10MW 级。中国实现风电产业全球领先目标的手段就是大型化，谁能以更快的速度推出大型机组，谁就抢占了市场的制高点。

2．太阳能产业发展趋势

光伏产业快速发展。长期以来，我国光伏产业是一种两头在外的模式，即超过 80%的原料从海外进口，同时超过 90%的产品向海外出口，留给自己的多是能耗和环境污染等。今后应注重国内光伏装机市场的培育，拉动国内对光伏组件产品的消费需求，以内销拉动生产，形成稳定的、持续的发展模式。我国出台了一系列的财政支持政策，特别是在金太阳示范项目工程等的推动下，国内的光伏装机有了大幅的增长，估计在政策持续作用下，我国光伏装机容量递增的趋势将越来越明显。

太阳能热发电是未来发展趋势。太阳能热发电技术是近年来热议的一项技术，具有相当的优点，其产业环节没有光伏复杂，在制造过程中的能耗和环境污染也没有光伏发电高，维护费用也比较低，是一种好的发展方向。随着国内兆瓦级太阳能光热电站建设开始，可以预见未来太阳能热发电是一种新趋势。

3. 核电产业发展趋势

核电规模不断扩大。核电是目前新能源发电技术方面，没有间歇性问题的少数几种发电技术之一，不受自然环境及季节交替影响。随着我国国民经济的发展，对能源的消费需求将越来越大。在现有火力发电已到极限的情况下，发展核电的趋势势不可当，随着我国核电技术的日趋成熟，核电的规模将不断扩大。

4. 新能源汽车产业发展趋势

面对国家节能减排的大力提倡，“十二五”期间，新能源汽车已经被提升至国家战略层面，成为当前中国汽车产业的主旋律。我国新能源汽车产业发展很快，北汽、上汽、长安、奇瑞、比亚迪等汽车企业对此更是不遗余力，今后企业将更加注重核心技术的研发，向市场推出性价比合理、性能可靠的产品。随着国家对新能源汽车支持政策进一步明朗，加上充电技术和储能技术等配套技术的快速发展，新能源汽车道路将越走越广。

二、太阳能产业

（一）太阳能资源利用与开发概况

1. 太阳能资源状况

我国是太阳能资源相当丰富的国家，绝大多数地区年平均日辐射量在 4 kW·h/m^2 以上，西藏最高达 7kW·h/m^2（居世界第二位，仅次于撒哈拉大沙漠）。年日照时数在 2 200 h 以上地区约占国土面积的 2/3 以上，太阳能理论年储量达 2.4×10^4 亿 t 标煤。我国西藏、青海、新疆、甘肃、宁夏、内蒙古高原的总辐射量和日照时数均为全国最高，为太阳能资源丰富地区；除四川盆地、贵州资源稍差外，东部、南部及东北等其他地区为资源较富和中等区。

2. 太阳能开发特点

储量的“无限性”。太阳能是目前世界主要能源探明储量的 10 000 倍，可利用量巨大。相对于常规能源的有限性，太阳能具有储量的“无限性”，取之不尽，用之不竭。开发利用太阳能是人类解决常规能源匮乏、枯竭的最有效途径。

存在的普遍性。虽然由于纬度的不同、气候条件的差异造成了太阳能辐射的不均匀，但相对于其他能源来说，太阳能对于地球上绝大多数地区具有存在的普遍性，可就地取用。

利用的清洁性。太阳能像风能、潮汐能等洁净能源一样，其开发利用时几乎不产生任何污染，没有温室气体排放的现象。

利用的经济性。在接收太阳能时不征收任何“税费”，可以随地取用。虽然太阳能热能设备一次投入较高，但其使用过程不产生耗能。

（二）太阳能产业运行现状及问题

1．太阳能产业运行现状

太阳能产业是我国目前在全球的优势产业之一，中国太阳能光热产业的核心技术遥遥领先于世界水平。中国是全球太阳能热水器生产量和使用量最大的国家。太阳能热水器已基本实现了商业化，并带动了玻璃、金属、保温材料和真空设备等相关行业的发展，成为一个产业规模迅速扩大的新兴产业。

（1）光热产业。我国已成为世界上最大的太阳能热水器生产国和最大的太阳能热水器市场。2009 年真空管太阳能热水器总产量达到 3744 万 m^2，与 2000 年 640 万 m^2 相比，增长了 5.85 倍；太阳能热水器总保有量为 1.62 亿 m^2，与 2000 年 2 600 万 m^2 相比，增长了 6.23 倍；太阳能热水器行业实现总销售额 578.5 亿元，其中出口额为超过 12 亿元。

（2）光伏产业。我国光伏发电产业于 20 世纪 70 年代起步，90 代中期进入稳步发展时期。2003 年以后，国内太阳电池产量迅速增加，2004—2006 年是中国太阳电池大量出口的 3 年，2004 年太阳电池年产量 50MW，国内安装 10MW，80%出口；2006 年太阳电池产量 370MW，国内安装仅 10MW，95%以上出口，到了 2007 年，中国已经成为世界上第一大电池生产国，电池产量达 1 200MW，2008 年超过 2 000MW。

截至 2009 年底，中国太阳能电池组件生产厂达到 500 多家，分布在我国的 28 个省、市、自治区，年生产能力约 4GW。目前 85%以上的光伏电池生产厂家和产品均为多晶硅电池，产品也因价格高 95%以上只能出口。

2．太阳能产业存在的问题

一是中国太阳能光伏产业两头在外，即 90%以上的硅材料依赖进口且价格过高，90%以上的产品依赖出口；

二是中国太阳能产业正式起步才 10 多年时间，在设备、工艺、技术、市场和人才等方面基础还很薄弱，核心技术特别是硅材料等仍需引进、消化和吸收；

三是尽管 10 年间世界晶体硅光伏组件的生产成本降低了 32%，但国际市场售价与中国的消费能力仍有很大距离；

四是虽然中国《可再生能源法》已正式实施，国家也配套出台了一系列优惠政策，但要落到实处还有一个过程；

五是太阳能产业门槛较低，中国企业普遍存在跟风现象，容易见好就上，一哄而起，造成投资过热和市场起伏。

（三）太阳能产业低碳发展途径

1. 加大政策扶持力度

太阳能资源的开发利用成本高，无法与常规能源竞争，所以更需要政府制定相应的法规和政策以驱动我国太阳能资源开发利用。

目前，我国还没有能够出台诸如欧美国家鼓励太阳能产业的一系列政策。应加大政策扶持力度，进一步完善促进太阳能产业发展的政策环境，并积极探索政府引导和市场机制推动相结合的方法，研究制定推进太阳能应用的激励政策。主要包括：一是加强领导，提高太阳能应用地位。二是加大投入，加快太阳能应用步伐。三是制定优惠政策，促进产业发展。四是制定长远规划和开发利用，为事业的发展提供前瞻性。

2. 提高技术创新能力

技术创新能力是太阳能发展的重要保障。目前我国太阳能基础研究仍较薄弱，太阳能开发总研发投入不足，设计能力不足，整个太阳能行业的研发投入占销售收入的比例还不到 1%，远远低于其他行业投入的平均水平，严重制约了太阳能行业的发展后劲与竞争能力。

我国太阳能技术发展可分为四类，即经济可获利技术、需要激励的商品化技术、待发展技术和远景技术。太阳能热水器技术属于经济可获利技术，技术已成熟并研制开发出了实用产品，已具有一定的获利能力和巨大的市场，我国太阳能热水器生产能力与市场规模均居世界第一。太阳能光伏技术基本成熟，一些太阳能光伏产品已逐步在市场中出现，但还需要进一步改进技术，降低上游原材料供应成本以及实施激励政策进行推动，才能与常规能源技术竞争，扩大国内市场，改变“两头在外”的产业特点。太阳能—建筑一体化已在某些方面成功商业化，但程度不高，仅仅是初步应用，与国外相比还有很大的差距。太阳能热发电技术为待发展技术，还处于实验阶段，但发展潜力很大，一旦商业化成功，必将成为一项极具革命性的技术。

3. 完善产业体系

太阳能产业是由制造业、服务业、咨询业和保险业等组成的一个综合性很强的产业体系，是太阳能开发和利用的主要途径。要完善太阳能产业，就必须通过资源整合尽快建立完整、合理的产业链，为太阳能产业的规模化发展提供保障。

三、风能产业

（一）风能资源利用与开发概况

1. 风能资源状况

我国幅员辽阔，海岸线长，风能资源比较丰富。根据全国气象站资料进行估算，全国平均风功率密度为 100W/m^2，风能资源总储量约 32.26 亿 kW，可开发和利用的陆地上风能储量有 2.53 亿 kW，近海可开发和利用的风能储量有 7.5 亿 kW，共计约 10 亿 kW。主要分布在两大风带：一是“三北地区”（东北、华北北部和西北地区）；二是东部沿海陆地、岛屿及近岸海域。另外，内陆地区也有一些局部风能资源丰富区。

中国风能资源丰富，开发潜力巨大，将成为未来能源结构中一个重要的组成部分。如果陆上风电年上网电量按等效满负荷 2 000 h 计，每年可提供 5 000 亿 kW · h 电量；海上风电年上网电量按等效满负荷 2 500 h 计，每年可提供 1.8 万亿 kW · h 电量，合计 2.3 万亿 kW · h 电量。

2. 风能的主要应用及特点

风能为洁净的能量来源，风能设施多为不立体化设施，可保护陆地和生态，不会对环境产生污染。风电是目前最具成本优势的可再生能源，风力资源较好的地区的风力发电成本与燃油发电成本或燃气发电成本相比，已经具备成本竞争力。2004 年，风力发电更成为所有新式能源中的首选。

（二）我国风能产业运行现状及问题

1. 风能产业发展现状

2006 年中国新增风电装机 133.7 万 kW，占全球新增装机的 8.9%，同比增长 165.83%，累计装机容量已经达到 260 万 kW，成为继欧洲、美国和印度之后发展风力发电的主要市场之一。

2007 年以来，中国风电产业规模延续暴发式增长态势。全国内地已有 15 个省、市、自治区建成了 62 个风电场，总装机容量达到 126.6 万 kW。其中，国产风力发电机组占 22.7%，进口风电机组占 77.3%。列装机容量前三位的省区是新疆、内蒙古和广东，其装机容量分别为 18.1 万 kW、16.6 万 kW 和 14.1 万 kW。

截至 2009 年底，全球累计装机容量已经达到了 1.59 亿 kW，2009 年全年新增装机容量超过 3 000 万 kW，涨幅 31.9%。从累计装机容量看，美国已累计装机 3 516 万 kW，稳居榜首；我国为 2 610 万 kW，位列全球第二。

2. 存在问题

（1）装机容量与实际入网电量脱节。电网规划和建设的速度远不及风电装机发展的速度，大规模风电接入电网存在障碍。2008 年，中国拥有 1 221 万 kW 风电装机，实现并网发电的只有 894 万 kW。风电装机容量与实际上网电量脱节，使已引进的风电设备等资源闲置或没有充分利用，此外，风电项目的建设多以银行的贷款资金为支持，而风电发电不足也将会给银行还贷带来困难。

（2）政府扶持力度不够。国家虽然在税收、国产化、并网方面有鼓励政策，但对于正处在幼稚期的风电产业来讲，政府扶持力度明显不够。风电开发前期投入巨大，而国内的风电项目缺乏正常的投融资渠道。国内商业银行对风电项目的贷款期限远短于火电和水电项目的贷款期限，偿还期限大多为 7 年，利息也没有优惠，使风电只能上一些小规模项目，导致风电难以普及，电价下降缓慢。对风电投入的科研经费不足，则制约着风电技术向高端发展，并会导致科技人才的稀缺。风电上网电价不合理则制约着风电产业投资商发挥作用。过低的上网电价阻碍了风电产业链的健康发展。

（3）核心技术缺乏，自主创新能力低。我国风电设备制造业仍处于从“技术引进和消化吸收”转向“自主创新”的初期阶段，风机设备的平均国产化率仅为 25%。国外风电机组目前已普遍达到兆瓦级，美国的主流机组一般为 1.5 MW，一些欧洲国家则多为 1.5～2.5 kW。我国国内目前本土化生产的风电设备单机容量仅在 600 kW、750 kW 级上，最大风电机组是 1 MW，且在机组总体设计技术上落后于发达国家。主要原因是我国还没有形成掌握风电整机总体设计方法的核心技术和人员队伍，更缺乏自主创新的风力发电基础性理论、辅助工具和研究成果，核心技术水平和自主创新能力低下，制约我国风电产业自主化发展。

（4）风电产业服务体系不尽完善。目前，我国风电产业服务体系尚不完善，与火电、水电和核电相比，风电技术标准、产品认证、规划设计、工程管理等基础都比较薄弱；风能资源评价体系、宏观选址和微观选点技术深入研究不足；大型风电场的并网技术以及风电对接入电网影响等研发工作相对滞后。风电产业服务体系不尽完善，是制约风电发展的重要因素。

（三）我国风能产业发展对策

1. 科学制定风电发展规划

建议通过国际合作和国家财政投入，建立符合国际标准的国家风能资源评估中心，为国家和企业提供资源普查和详查的技术支持。一方面要做好全国风能资源普查和详查工作，为大规模开发风电、优先开发风能资源好的地块提供技术支撑，加强风能资源的评价和规划，建立充足的风电项目储备；另一方面要做好配套电网建设，努力实现风电资源有序规模化开发。我国西北、华北和东北等地区风能资源十分丰富，但这些地区距离负荷中心较远，电网结构也比较薄弱，制约了风能资源的开发和利用。为了合理和有效利用风能资源，促进我国风电的健康发展，确保电网安全和可靠运行。对于具备成片大规模开发条件的地区，可进行统一规划，优先、集中开发较好的风力资源，不仅能够提高风电开发商的投资收益，还能降低电网企业接入系统工程的成本，有利于风电的良性发展。

2．实行更加优惠的税收政策

风电的发展离不开强有力的激励政策尤其是实行更加优惠的税收政策。为支持风电产业的商业化进程，建议从“开始获利年度起”给风电设备制造企业设置所得税免税期，鼓励风电产业的发展。借鉴国外经验，对企业购置并在生产产品过程中实际使用的可再生能源专用设备，其设备投资额的10%可从企业当年内的应纳所得税额中抵免。当年不足抵免的，可在以后 5 年内逐年延续抵免。建议对风电产品采取低于 8.5%或实行与小水电相同的 6%增值税税率或者参照大亚湾核电站零税率的增值税政策。

3．建立以企业为主体，市场为导向的技术创新体系

目前，一方面，我国风能发展中技术创新还很薄弱，需要从国外引进技术。但是，如果企业没有自主创新的能力，就不知道引进什么先进技术，引进以后也不会消化吸收，更不能在此基础上进行再创新；另一方面，国外的核心技术也是引进不来的，必须靠自主创新来掌握核心技术，因此，应构建以企业为主体，市场为导向，产学研结合的风电产业技术创新体系。在建立创新体系中，要特别注意加强产、学、研的联合，通过整合资源、联合创新、合理安排市场份额和知识产权的情况下，使企业、科研机构和高等院校优势互补、共同发展。

4．建立合理的风电价格形成机制

目前风电的融资成本和设备成本占了整个费用电价的 2/3 以上，随着能源材料价格的提高和融资成本的增加，在现阶段风电设备技术没有重大突破的前提下，未来 2～3 年我国风电电价应该适当上涨。原因有三：一是从设备供应角度来看，预计未来几年内设备供应没有缓解，依旧会保持卖方市场，设备上涨已成定势；二是风电建设成本越来越高，造价上升趋势明显；三是受种种因素的影响，有些风力资源好的、风力利用率高的地区，在地理上受到风力送出的限制，近期不可能发展很快。目前全国风电利用小时数大约在 2 200 h，成本比火电足足高出 2～3 倍，发电小时数仅是火电发电小时数的一半，在这种情况下，如果风电的价格再继续下降，投资商的积极性会受到严重挫伤。因此，目前从技术水平和实际能力来说，风电还做不到合理电价。这就需要政府积极倡导发展风电，鼓励风电对环保和解决能源多元化作出的贡献，适当提高电价。但从长远发展来看，风电电价也不能涨得太高，关键是要制定合理的风电电价形成机制。

四、生物质能产业

（一）生物质能资源利用与开发概况

我国生物质能资源丰富。目前，我国生物质资源可转换为能源的潜力约 5 亿 t 标准煤，今后随着造林面积的扩大和经济社会的发展，生物质资源转换为能源的潜力可达 10 亿 t 标准煤。同时，加上荒山、荒坡种植的各种能源林，资源潜力在15 亿 t 标准煤以上。

（二）我国生物质能产业运行现状及问题

1. 生物质能产业运行现状

（1）沼气。我国沼气产业始于 20 世纪 70 年代，经历了两落三起，现在处于第三个高峰发展期。至 2007 年，我国新增农村户用沼气用户 482.35 万户，全国已累计推广户用沼气池 2 800 多万口，大中型沼气设施达到了 8 000 多处，沼气年利用量达到了约 120 亿 m^3，比 2000 年增加了 1 802 万口，年均增长速度为17.7%。同时，在综合利用方面，以沼气为纽带，建立了物质多层次利用、能量合理流动的高效农业生产模式。在北方推广的“四位一体”沼气生态农业模式、南方建立的“猪—沼—果”模式已成为农村经济的新增长点。

（2）燃料乙醇。2009 年，中国燃料乙醇总产量已达到 170 余万 t。中国秸秆资源量达 6 亿 t，目前有 3 亿 t 用于薪柴燃料的消耗，其余均被焚烧；我国林业废弃物资源量 8 亿 t，其中工业消耗 5 亿 t，有 3 亿 t 亟待开发利用。按照每 4 t 秸秆出产 1 t 乙醇的技术水平，这些原料将能生产 1.5 亿 t 燃料乙醇。如果纤维素燃料乙醇技术获得突破进展，实现工业化生产，则对突破我国资源“瓶颈”将起到至关重要的作用。

（3）生物柴油。截至 2007 年底，我国生物柴油行业年产能超过 300 万 t。据不完全统计，现有产能 1 万 t 及以上的生物柴油企业有 26 家，其中，产能小于 5 万 t 的有 13 家，5 万～10 万 t 之间的有 7 家，产能达到和超过 10 万 t 的有 6 家。以每吨生物柴油 7 000 元计算，产值在 3 亿元以下的有 13 家，3 亿～10 亿元之间有 12 家，10 亿元以上的只有 1 家。除了现有产能外，我国还有多项大规模的生物柴油项目正在建设中，累计约 300 万 t。2009 年，我国生物柴油产量不足 100 万 t，产能利用率较低。

（4）固体成型燃料。固体成型燃料技术根据不同的加工工艺，可分为螺旋挤压、活塞冲压、模压、辊压等技术类型。根据不同的动力形式，又可分为机械驱动和液压驱动等技术类型。目前，我国生物质固体成型机的生产和应用已初步形成规模，并逐步进入半商业化、商业化阶段，但距国际先进水平还有一定的差距。

2. 存在的问题

（1）原料资源短缺制约。由于粮食资源不足的制约，以粮食为原料的生物质燃料生产已不具备扩大规模的资源条件。虽然中国有大量的盐碱地、荒地等劣质土地可种植甜高粱，有大量荒山、荒坡可以种植麻风树和黄连木等油料植物，但目前缺乏对这些土地利用的合理评价和科学规划。生物质燃料资源不落实是制约生物质燃料规模化发展的重要因素。

（2）技术研发、创新能力弱。由于长期缺乏科技的投入，缺少激励生物质能产业科技进步创新的措施，使得生物质能产业在基础技术研究、新产品研发和应用技术创新等方面存在技术含量低、产品单一、缺乏具有自主知识产权核心技术的问题。在技术能力建设方面，生物质能科研机构分散，科研资金、专业人才匮乏，没有相应的技术研发队伍，技术研发能力薄弱，不能适应我国目前生物质能源发展的需要。

（3）扶持政策缺位。生物质能产业是具有社会效益的弱质产业，我国政府虽然逐步建立了支持生物质能发展的法律法规，但体系还不完整，缺乏具体明确、操作性强的实施细则，经济激励措施力度不够。我国生物质能建设项目还没有规范地纳入各级财政预算和计划，没有建立起与常规能源建设项目同等待遇的固定资金渠道，相关政策之间的协调性差难以落实，没有形成支持生物质能持续稳定发展的长效机制。

（4）市场体系建设不完善。任何产业的发展都需要相关产业的配套，产业规模效益的实现与上下游市场的依托密不可分。我国生物质能源产业的配套产业还很不完善，产业规模比较弱小，综合成本高，在能源利用的终端缺乏相关产业的支持，示范推广和产业服务体系建设不完善，使大多数生物质能源产品还需要额外的处理和转化。

（三）我国生物质能产业发展对策

1. 开展资源评价，调整种植业结构，发展能源作物

虽然我国生物质能资源丰富，但还没有对生物资源量做过较详细的调查和评价工作。通过开展生物质能资源评价工作，摸清哪些地方具有建设生物质发电厂的资源条件，哪些地方具有种植能源作物的条件。在此基础上，制定切实可行的生物质能开发利用规划，调整种植业结构，积极发展能源作物，促进我国生物质能开发利用的健康有序发展。

2. 完善相关激励支持政策

生物质能开发利用的许多技术还不够完善，开发利用尚处于起步阶段，建设成本高，市场竞争力差，要促进生物质能事业的发展，必须尽快制定相关支持政策，建立有利于生物质能发展的市场环境。制定的法律政策要适用，不但要有管

理，更要有促进生物质能源发展的内容，例如：对生物质能源生产企业、农业废弃物（畜牧粪便、秸秆）的经销企业以免税、补贴和项目倾斜，要鼓励企业积极参加到生物质能源开发利用的领域中去，促进我国生物质能源的开发利用。

3. 制定生物质能产业发展规划

生物质能发展战略应分两步走，近期，以农村和城市周边的分散、小规模能源消费市场为目标，将生物质能的产业发展与农林业的发展统筹规划。农林业是生物质能产业的基础，占我国人口 60%、地域面积 80%的广大农村既是生物质能资源的生产基地也是生物质能的广大市场，上述目标在我国生物质能发展的初期是符合我国国情的现实选择；远期，在解决小规模、分散能源需求的基础上，规模经营，实施生物质能源对化石能源的规模化替代战略。

4. 完善市场体系建设

生物质能开发利用的产品是多元化的，需要进入的市场也是多元化的，因此需要建立规范的各种能源产品的市场环境和市场运行机制，加强生物质能技术和产品的标准体系建设，尤其在实行生物质能源的市场准入制度、生物质能发电入网的规定和要求、生物液体燃料自由进入石油销售体系的规定和要求等方面。同时要尽快建立完善生物质能技术推广服务体系，加强生物质能产业管理和技术队伍建设，通过市场带动，积极发展上下游企业和相关配套产业，整合资源，优化结构，建立完善的市场体系，从而实现生物质能产业健康有序可持续的发展。

5. 加大科研投入

生物质能利用技术种类很多，技术的成熟程度也不一样，建议设立生物质能专项资金，增加科研经费投入，加大对生物质能技术研发力度，加快推进生物质能利用技术的科技进步与产业化发展。对于已经比较成熟的生物质能技术，要选择有发展潜力的生物质能技术进行试点和示范，重在实现技术产业化和完善产业服务体系。例如，加大对沼气应用领域和应用方式的研究，如何能更加有效地开发利用沼气能源研究，对多余的沼气进行提纯、发电、液化等，以此来实现沼气商品化、产业化。

6. 加大宣传力度

根据我国研究制订的可再生能源规划思路，我们应大力推广以沼气为纽带的能源生态模式，把发展农村户用沼气作为重中之重，然后再发展大、中型沼气工程；在帮助农民解决生活清洁能源的同时，发展沼气发电；另外要大力研究推广先进实用的秸秆综合利用技术，如秸秆气化、秸秆固化和秸秆发电，同时发展生物质酒精、生物质柴油和太阳光伏、光热等。生物质能源作为一项新型产业，需要得到广大社会的认可和关心，必须要大力宣传培训，利用各种媒体，采取多种形式，向全社会广泛宣传发展生物质能产业的重要意义，通过宣传先进典型和成功经验，形成全社会关心、支持生物质能发展的良好社会氛围。

五、地热能产业

（一）地热能资源利用与开发概况

中国是一个地热资源丰富的国家，我国地热资源占全球的 7.9%。其中，高温地热资源主要分布在滇南、藏西、川西以及台湾。

我国地热能的开发利用始于 20 世纪 70 年代初，由于缺乏经验，在广东、湖南、江西、辽宁及河北等许多不具备高温地热资源的省区，开采 67～92℃地热水，建起了 9 个容量为 50～300 kW 的“试验性”地热电站，由于效率低大都停产，只有西藏地热发电得以发展。日前羊八井地热电站总装机容量为 25.18 MW，虽然其装机容量小，但在拉萨地区的电力供应上却起着很大作用；中低温地热资源的开发利用始于北京、天津等经济相对发达、人口相对密集的内陆盆地和沿海地区，主要用于城市供暖、工农业用热及洗浴、旅游疗养等。同时，华北广大农村及中小城镇都建立起一批地热温室，培植越冬蔬菜，还利用地热水（掺含海水）冬季养殖对虾等，除此之外，在印染、烘干、水稻育秧等方面也有利用，但规模较小。

（二）我国地热能产业运行现状及问题

1．我国地热能产业运行现状

（1）地热发电产业已具有一定基础。国内可以独立建造 30 MW 以上规模的地热电站，单机可以达到 10 MW。电站可以进行商业运行。

（2）地热供热产业。全国已实现 800 万 m^2，在天津地区单个地热供暖小区面积已达 80 万～100 万 m^2。开发利用和科学技术水平，经济、社会和环境效益在示范点、示范区可以达到国际 20 世纪 90 年代水平，但总体上与国际上先进水平相比尚有一定差距，目前正在由粗放转入集约。

（3）地热钻井产业。目前已具备施工 5 000 m 深度的地热钻探工程条件和水平，在华北地区，从事地热钻探的 3 200 m 型钻机就有 15 台套，形成全国最大的地热钻探群体，具备了大规模开发地热能力，并开始朝着专业化、规范化方向发展。

（4）地热监测体系、生产与回灌体系正逐步完善和建立，但当前正处在试验研究阶段，尚没有形成工业化运行。

2．存在问题

（1）技术上差距。包括地热资源勘探技术、评价技术、开采技术、回灌技术、发电技术以及热利用（含热泵）技术等。

（2）资源利用上的差距。地热资源开发抽取上来的热水经过利用后，一般仍有 30～50℃的尾水被排放，如西藏羊八井发电后每天有 5 万 m^3、80℃以上的尾水（沸点温度 86～87℃）排入藏布曲，造成了资源的严重浪费。同时，绝大多数地热生产井均未设置和实际利用回灌井，只采不补，造成地热水位持续下降、地面沉降以及尾水排放造成环境污染等现象，严重影响资源的可持续利用。

（3）政策上差距。地热不同于其他新能源，开发前期需投入大量资金用于勘查研究才能减少风险，国家只在少数地区地热资源进行勘查，大部分地区尤其是西部地区的勘查工作基本没有开展，影响地热资源的开发利用。而自 1994 年以后，必要的地热资源区域性地质勘查也被认为是商业性地质工作，大大削减了勘探费用的投入。与此同时，国家未能及时出台以市场机制为基础的补贴、激励政策。

（4）管理上的差距。对地热资源开发重视不够，管理水平低，专业队伍素质差，缺乏技术创新活动和技术培训工作。地热管理工作大多偏重于发证、收费，而对资源开发利用以及科学管理未能严格履行自身的监管职能。

（三）我国地热能产业发展对策

1. 加强地热资源勘查

启动调查研究项目，科学规划，重点部署，对全国地热资源进行必要的补充调查与评价，开展适宜发电的地热资源的调查研究，进行全国地热资源评价和区别，确定具有经济开发价值的重点地域；地热热泵推广应用必须建立在浅层地热资源勘查评价基础上，首先在大中城市、重点城镇落实这项工作，逐渐向全国范围内推广。

2. 编制地热资料开发利用规划

在地热资源勘查的基础上编制全国地热资源规划，将其纳入国家能源规划中，制定相应的发展路线，进行合理布局，确立开发利用优选区，提出开发规模、产业优化方向以及由此可能产生的生态环境问题的防治措施。

3. 制定相关政策、法规

在《可再生能源法》框架下，制定以市场机制为基础，制定一系列配套的法规政策和优惠扶持政策，参照太阳能、风力、生物质能发电的国家补贴的方式，对地热能发电实行激励机制。建立相关部门间的协调机制、支持与鼓励外来投资的优惠政策，设立可再生能源发展专项资金，安排部分资金作为支持和鼓励示范区域地热的开发利用，以保证我国地热资源的可持续发展。

4. 加强地热资源管理

按照国家“在开发中保护，在保护中开发”的资源开发管理原则，不断研究地热资源管理与保护的新政策、新措施，积极发挥监督管理作用，更好地促进地热资源的开发利用。

5. 加强技术研究与推广

重点解决地热能开发过程中的关键科学技术问题，以国家财政扶持和企业投入结合的方式，实施中低温地热发电、增强地热系统示范工程；开发热泵技术，采用地源热泵和水源热泵开发利用浅层地热能，同时对尾水进行二次利用，提高热能利用效率；加强回灌技术研究与实施，全面提高回灌率，监理科学的地热开采—回灌体系；监理和完善地热资源动态监测系统，为持续开发利用提供信息和科学依据。

思考题

1. 什么是新能源，可分为哪几类？
2. 新能源产业发展存在哪些问题？请举例说明。
3. 简述我国新能源资源状况及其特点。
4. 简述新能源产业发展的有利因素和不利因素。
5. 举例说明新能源产业发展的途径。

参考文献

[1] 张坤民，潘家华，崔大鹏，等. 低碳经济论[M]. 北京：中国环境科学出版社，2009.

[2] 张坤民，潘家华，崔大鹏，等. 低碳发展论[M]. 北京：中国环境科学出版社，2009.

[3] 2009—2010 年中国新能源产业发展研究年度报告[R]. 2009.

[4] 王革华. 新能源概论[M]. 北京：化学工业出版社，2006.

[5] 李全林. 新能源与可再生能源[M]. 南京：东南大学出版社，2008.

[6] 沃野. 我国太阳能产业现状分析及政策建议[J]. 当代经济，2008（4）.

[7] 赵勇强. 我国太阳能光伏产业的近期进展、挑战和对策建议[J]. 宏观经济研究，2009（2）.

[8] 周鹤良. 我国风力发电产业发展前景与策略[J]. 电气技术，2006（6）.

[9] 成思危. 转变经济发展方式　大力发展新能源　向低碳经济转型[J]. 城市住宅，2010（1）.

[10] 王应宽. 中国生物质能产业的发展空间探析[J]. 产业论坛，2007（2）.

[11] 吴创之，周肇秋，等. 我国生物质能源发展现状与思考[J]. 农业机械学报，2009（1）.

[12] 袁振宏，罗文，吕鹏梅，等. 生物质能产业现状及发展前景[J]. 化工进展，2009（10）.

第十章
低碳生活

引言　本章阐明了消费模式及其随着经济社会发展演进的历史，论述了低碳生活的含义、特点、影响因素及其现实意义，分析了日常生活减碳的巨大潜力，解析了低碳生活理念，提出了在全社会实现低碳化生活的途径。

节能减排和应对气候变化是当前全球经济社会发展面临的一项重要而紧迫的任务。"发展低碳经济"、"倡导低碳消费"、"建设低碳社会"是实现节能减排、减缓气候变化的有效途径。工业节能减排固然是减少二氧化碳排放的重要手段，但与此同时，每一位公民的日常生活也与能源消耗和温室气体排放息息相关，自觉践行"低碳生活"，积极参与节能减排，既是人类社会可持续发展的必然要求，也是每一位公民应尽的义务。

本章学习目标　深刻理解低碳生活理念及其产生的背景、实现低碳生活的必然性和必要性，充分认识日常生活行为节能减排的巨大潜力，树立低碳生活的理念，培养低碳生活的良好习惯。从宏观层面了解政府应该如何发挥主导作用，引导和推进低碳生活的普及。

第一节　低碳生活及其现实意义

低碳生活是为缓解当前全球气候变化的压力、顺应人类社会、经济和生态环境可持续发展的要求而必须奉行的一种消费模式，它不仅具有巨大的降耗减排潜力，还具有深刻而丰富的内涵，对于缓解经济建设中的资源危机和环境压力、发展低碳经济、全面建设小康社会和构建和谐社会、促进经济社会的可持续发展和人的全面发展都具有十分重要的作用。

一、消费模式及其演进

（一）消费模式及其类型

1．消费模式的含义

所谓消费，是指人们通过对各种劳动产品的使用和消耗，满足自己需要的行为和过程，包括生产消费和非生产消费（生活消费）。生产消费是指生产过程中工具、原料和燃料等生产资料和生产劳动的消耗。非生产性消费又分为个人消费和组织消费，前者是为满足个人生活需要而消费的各种物质资料和精神产品；后者是非生产部门（如机关、团体、事业单位）日常工作中对物质资料的消耗。

消费模式则是消费的表现形式，消费模式是指在一定的社会经济条件下，消费者同消费资料相结合的方法与形式，包括消费者以什么身份、采用什么形式、运用什么方法取得和消费这些消费资料和劳务。

2．消费模式的类型

消费模式根据其属性分为消费的自然模式和社会模式两种。消费的自然模式是指同消费资料间自然、技术性的结合模式，由消费对象和消费手段本身的自然属性所决定。消费的社会模式是指消费的社会组织形式及其与社会的关系，如是个体消费还是群体消费，是自给性消费还是商品性消费，是经济合理性消费还是浪费性消费，等等，都属于消费的社会模式的范畴。消费的社会模式体现了特定的社会消费关系性质。

根据消费模式的结构分为群体消费模式和个体消费模式。群体消费模式是指社会团体、政府机构等组织的消费模式；个体消费模式指个人和家庭消费模式。个体消费模式根据其收入水平不同又可分为贫困型消费模式、温饱型消费模式、小康型消费模式和富豪型消费模式。贫困型消费模式挣钱只是养家糊口；温饱型消费模式消费开支主要用于购买生存资料，消费以追求物美、价廉、实惠为标准；小康型消费模式家中有较多存款，享受资料和发展资料消费所占比重较高，购买力向“高、精、新、多功能”的消费资料投放，支付能力对购买能力的约束弱化；富豪型消费模式趋于随心所欲，追求名牌、高档和豪华，这种消费结构的人数极少，但消费倾向影响很大。

根据消费资料发挥的效用和消费方式不同，消费模式又可分为浪费型、奢侈型和节约型。浪费型消费模式是指在消费过程中伴随着较大浪费。这种消费模式违背客观现实，造成消费资料的浪费，如过多地购买食品、药品，最终用不完只能当垃圾扔掉，在浪费物质资源的同时，也浪费了金钱，降低了消费水平。奢侈型消费模式以追求享受和显示富有为特征，其消费者大多数是先富起来的人们，消费水平较高，热衷于豪华、舒适、讲体面、讲排场的消费，挥金如土，购买商品或劳务注重档次、质量及自己的满意度，不顾及商品或劳务的价格。节约型消费模式是指在消费过程中注重实用和实效，力争以最小的物质消耗发挥最大的效用、产生最大的效益，并使废弃物的排放最少，做到物尽其用，物有所值。我国大多数消费者的消费属于这种模式。

（二）消费模式的演进

从人类社会的起源至今，人们都在消费，但随着生产力水平不断提高和社会文明不断变迁，消费模式却有很大的差异。人类文明的演替经历了狩猎文明、农业文明、工业文明到生态文明几个阶段。与此相适应，消费模式作为人类文明的表征也经历了原始生态消费模式、线性消费模式、循环消费模式、可持续消费模式和绿色消费模式的更替，现在又进入了低碳消费模式的时代。它们均具有各自的特点。

1. 原始消费模式

从人类社会产生以来，人类就在天然的食物链中与动物竞争。在中国古代传说中，有巢氏发明了“构木为巢”，使人类的“巢”由树上下迁到地面；燧人氏发明了人工取火，使人由吃生肉过渡到吃熟肉；伏羲氏发明了饲养牲畜，形成了原始的畜牧业；神农氏发明了可以种植的植物，开始了原始的农业（种养业）。这就从一定程度上说明了当时人类的消费状况是很生态化、很原始的，并与其他成员平等地参与了生态系统的能量流通，因而对环境的破坏很小。

2. 线性消费模式

进入农业社会以后，人类已经能够利用自身的力量去影响和改造局部地区的自然生态系统，通过简陋的生产工具与自然界作斗争，以求得自身的生存。进入工业社会以后，人类改造自然的能力大大增强，自然资源的重要性和巨大功效使人们对资源的渴求加深，开采的深度和广度不断扩大，甚至是掠夺性的。在地球默默忍受人类野蛮行径的同时，人们也渐渐形成了一种根深蒂固的观念：自然是可以被人类征服的，人与自然的关系就是征服与被征服的关系。与此同时，科技进步又使人类改造自然的能力显著增强，从而促使并不断发展了人类自身生存和享受的消费。进入现代社会，知识积累和更新的速度大大加快，人类利用发达的科学技术，造就了一个物质堆积的世界，虽然不发达国家的消费尚处于“生存型”或“温饱型”，而发达国家的消费则是极其奢侈的。贫穷而导致的过度开发和富裕而导致的奢侈消费从两个不同的极端毁损自然资源和生态环境。这一时期人们的消费特点是：经济系统致力于把自然资源转化为产品，以满足人们生存、享受和发展的需求，用过的物品则当作废物被抛弃，即“开发—生产—消费—废弃”的线性消费模式。由此可见，线性消费模式是一种资源耗竭型消费和环境污染型消费。

3. 循环消费模式

20 世纪 40～50 年代，由于人类线性消费模式的盛行，资源的过度消耗和大量废弃物排放导致了日益严重的环境问题，并给人类的生产与生活带来了严重的影响。这就促使人们开始重视资源的节约和废弃物的综合利用，于是逐渐形成了循环消费模式。循环消费模式的特点是：对人类生活消费和生产消费的部分废弃物进行回收、再生和利用，旨在减少对原始自然资源的使用和废弃物排放导致的环境污染。与此同时，对环境的治理由末端治理发展到生产过程控制和清洁生产，以减少生产过程中废物的输出。循环消费模式是对线性消费模式的重大修正，是一种相对进步的消费模式。但是，这种消费模式也存在一些缺陷：一是有些物品是不能循环利用的，如汽车尾气造成大气污染，其物理化学过程是不可逆的；二是有些物品可以回收利用，但技术难度大，经济成本高；三是重在消费过程的“输出”（废物）上做文章，不在“输入”（资源）上做文章，仍然是“半拉子”革命，对消费过程中的资源浪费制止不力；四是偏重工程技术，忽视消费观念更新和社会机制的改善。

4. 可持续消费模式

20 世纪 60 年代以后，面对由于人类线性消费的惯性和循环消费的局限性而导致资源危机和环境污染越来越严重的现实，尤其是发达国家的奢侈型消费和对不发达国家资源的掠夺而导致世界贫富两极分化，又进一步强化了这种趋势的蔓延，并向人类敲响了警钟，人们才开始理性地关注和讨论全球的环境与发展问题。经过十多年的探讨，形成了可持续发展的广泛共识。1992 年在里约热内卢召开的联合国环境与发展大会上，把可持续发展作为人类迈向 21 世纪的共同发展战略。这标志着在人类历史上第一次将可持续发展战略由概念推广落实为全球行动。与此同时，一场在消费领域贯彻落实可持续发展战略的举措——可持续消费的广泛讨论轰轰烈烈地展开并付诸行动。

联合国环境规划署 1994 年发表的报告《可持续消费的政策因素》中将“可持续消费”定义为：“提供服务以及相关的产品以满足人类基本需求，提高生活质量，同时使自然资源和有毒材料的使用量减少，使服务和产品的生命周期所产生的废物和污染物减少，从而不危及后代的需求。”我国学者俞海山在综合了国外众多学者的定义后提出，可持续消费应该是“既满足当代人消费发展需要而又不对后代人满足其消费发展需要的能力构成危害的消费。”由此可见，可持续消费并不是因贫困引起的消费不足和因富裕引起的过度消费之间的折中，而是一种新的消费模式。这种消费模式的特点是：一是把人类的消费活动置于一个时间坐标中，当做一个连续的过程来看待，并要求是可持续的，既满足当代人的需求，又不危及后代发展的需求；二是突破了仅局限于从社会的角度来考察消费的藩篱，将人类消费置于社会—经济—自然空间中来考察，要求三者的协调发展；三是以提高人类生活质量为内容，以减少自然资源使用和不污染环境为条件；四是这种模式的建立有赖于技术、法律、制度等因素的共同作用和创新。

5. 绿色消费模式

20 世纪 90 年代后期，随着可持续发展观念的不断深入人心和人们对可持续发展内涵认识的日益深刻，以及环境问题的警钟频频告发，人们进一步意识到，地球的承载能力和自然的承受能力是有限度的，人类必须彻底改变与自然相对立的传统观念和行为，高度重视建立人与自然的和谐共处关系，以自然和人类（包括当代人和后代人）的双重利益为准绳，遏制人类的贪婪欲望，约束人类的不合理行为。所以，在提倡可持续消费的同时，不应该忽视绿色消费问题。绿色消费理论是一种人与自然相互协调的消费观，既强调消费的重要作用，又强调消费及再生产其他环节与环境的动态平衡，是可持续消费内涵的进一步丰富与发展。

6. 低碳消费模式

20 世纪末期以来，面对全球气候迅速变化的严峻形势，急需世界各国协同减低或控制二氧化碳排放。于是，发展低碳经济、促进低碳消费成为世界各国的广泛共识和战略行动。低碳消费模式就是致力于减少生产和生活过程中所消耗的物质和能量，降低碳排放，其目的就是协调好经济社会发展与资源节约、环境友好的关系，它与可持续性消费和绿色消费的本质是一致的，是可持续性消费和绿色消费内涵的继承、发展与融合。

综上所述，消费模式的变迁是自然的、绝对的，但这种变迁却是渐进的、缓慢的。这种变化不仅取决于人类自身，还取决于环境的变化及人与环境的协调。人类作为自然有机整体的组成部分，只有适应环境才能生存，谨慎地改造环境才能发展，这种适应和发展首先表现为消费模式的变化。

二、低碳生活及其影响因素

（一）低碳生活的含义

低碳生活是指人们自觉节约资源和能源，减少温室气体和污染物排放的生活态度和生活方式。由于人们生活中的每一个行为和每一个细节，以及在各种消费品生产、流通的每一个环节，都伴随着能源消耗和二氧化碳排放，所以低碳生活就是在满足人们生活需要并保证生活质量的前提下，奉行节约化的生活方式，即从节电、节水、节油、节气、节粮、节纸等和废物回收来改变生活细节，从而实现减排的目的。一些学者将低碳生活的主旨概括为“适度吃、住、行、用，不浪费，多运动”。如果用中国传统文化来解释这一概念的主要内涵，还可以简单概括为“勤”和“俭”二字。例如，提倡徒步、自行车等低能耗方式出行，少乘高能耗的机动车和飞机；提倡手洗衣服、自然风干，少用洗衣机、烘干机；多食蔬菜、瓜果，少食肉食；提倡废水、废物再利用，少丢垃圾等。低碳生活的内涵表现在以下几个方面：

1. 低碳生活是一种理念

“低碳生活”虽然是个新概念，但它反映的却是世界可持续发展的老问题，它反映了人类因气候变化而对未来生存与发展的担忧。一百多年来，以大量矿石能源消耗和大量碳排放为标志的工业化过程不仅让发达国家的生产力和科技水平遥遥领先于发展中国家，也令它们的生产与生活方式长期以来习惯于“高碳”模式，并形成了全球的“样板”，从而在碳排放上也遥遥领先于发展中国家，最终导致其自身和全世界被“高碳”所笼罩。在首次石油危机、继而在气候快速变化成为问题以后，才引起发达国家对高耗能的生产消费模式的重新审视，并对“低碳生活”理念翻然觉悟，并形成了广泛的共识：要减少碳排放，减缓气候变化的速度，保护好人类赖以生存和发展的资源基础和美好家园，保证人类社会的可持续发展，就必须遵循自然规律，约束不合理的生产活动和消费行为，使人们的行为限制在自然和生态允许的限度内。低碳生活就是人类返璞归真地进行人与自然的活动，是可持续发展理念在人们行为中的具体体现。

2．低碳生活是一种科学、高尚的生活态度

改善和丰富人民的生活，不仅指提高消费水平，还包括提高生活质量。而生活质量表现在物质生活、精神文化生活、人居和生存环境、社会公共设施和公共服务的享有等各个方面。低碳生活不以牺牲生活质量、减少生活内容、降低人的欲望为目的、为代价，是对过度奢华、过度复杂的摒弃，是尝试为快节奏生活带来的沉重心理负担减负、将自己融入自然和社会、活出生活本真的生活方式，它所追求的不只是物质生活的富有，而是适度、实用、舒心、科学的物质生活和充实的精神生活及高尚的精神境界。这种生活方式不是吝啬，而是一种公德，是人类文明进步的体现；不是迫于无奈，而是一种快乐，一种无悔的选择。

3．低碳生活方式是一种追求健康、文明、绿色的生活时尚

过度消费不仅会造成巨大的浪费，对生态环境产生不利的影响，而且还会影响消费者的健康。美国学者威廉·H. 鲍伊尔指出，据现在估计，人的自然长寿年龄应该在 90 岁左右，但大多数美国人至少少活了 20 年。造成早亡的原因主要是滥用食物，其中高脂肪是男性癌症患者中的 40%和女患者中的 60%的主要致病因素。美国著名的约翰斯堡霍普金斯医学院证实，降低肉品摄取量，可降低美国四大疾病——癌症、心脏病、糖尿病、肥胖症的罹患率。此外，过量的烟、酒、饮料等奢侈品消费都对人体健康无益。

在生活的行为方式上，低碳生活提倡的是“勤”，如多用手洗衣服，少使用洗衣机；多以步行或自行车出行，少使用汽车等。在这些力所能及的行为活动中，既可实现节能减排的目标，又锻炼了身体，强化了体质，同时还增加了生活的乐趣，丰富了生活的内容。

在物质消费上，低碳生活追随现代社会风靡的绿色消费时尚，提倡消费那些满足人类需要且和自然环境和谐一致的绿色产品。所谓绿色产品是指那些生产和使用对环境和人体健康无害且在其生命周期终结时可以回收再利用的产品，例如，选择用天然纤维制作的服装，使用节能灯和节能电器，建设节能住宅，反对使用一次性消费品、高耗能消费品以及不可回收和高污染物品，等等。

4．低碳生活是一种有条不紊的良好思维习惯

对于普通人来讲，低碳生活是一种意识，一种态度，而不是一种能力。只要人们有环境保护的责任感和低碳生活的意识，有坚持奉行低碳生活的态度，就能在日常工作和生活中的每一个行为、每一个细节和每一项产品或服务的消费中，自觉和自然地坚持“低碳”的原则，并成为一种思维习惯。这是每一个有行为能力的人都能做到的。

总之，低碳生活是高尚的伦理观和价值观的体现，是一种崇高的社会责任意识和科学的生活态度，是对绿色文明时尚的追求，是一种健康、良好的生活习惯。

（二）低碳生活的特点

今天我们倡导的低碳生活，既有别于农业社会简单、落后的低碳生活，也不同于工业社会那种消费主义主导的高碳生活，而是在理念、结构、方式、内容、性质、环境等方面均有特色的新型低碳型生活方式。

1．消费理念的生态化

人类高消耗的生产方式、高消费的生活方式和对待自然功利化的价值观是环境问题产生的根源。低碳生活要求人们树立生态消费观。这种消费观要求人们把保持良好的生态环境作为指导生活消费行为的最高准则，主张消费者购入对环境负担少的商品，人们不再以大量消耗资源的方式来求得生活的舒适，而是为了保障经济、社会、生态环境的协调与可持续发展自觉地节约资源。生态消费观符合人类的终极利益，是21世纪人类消费理念上的必然走向。

2．消费结构的合理化

消费结构是人们消费的各种消费对象的比例关系。低碳生活消费的合理结构主要是指把消费和消费者的收入联系起来，合理安排好用于生存消费、发展消费和享受消费的比重，使既定的收入获得最佳的消费效益，反对无度的、结构失衡的消费习惯。

人的需要是有层次性的，大致可以分为物质需要和精神需要。美国心理学家马斯洛又把人的需要由低到高分为生理需要、安全需要、爱与归属的需要、获得尊重的需要和自我实现的需要五个层次，其中前两个层次主要表现为物质层面的需要，后三个层次主要表现为精神层面的需要。按照人的需要可以把人们的生活分为物质生活和精神生活，满足人们需要的消费也分为物质消费和精神消费，其中物质消费是基础。

3．消费水平的适度性

消费水平是指人们在消费过程中对物质和文化需求的满足程度。它表明一定

时间内人们的物质和精神消费所达到并能维持的一种状态。消费水平相对过低和过高都是不可持续的。因为消费又是社会大生产过程中的一个重要环节，是生产的直接目的和动力。增加物质资料消费，可以推动物质产品生产规模扩大；增加劳务服务消费，可以促使社会分工发展，增加工作岗位，并进一步提高社会生产效率。但是，如果消费不足，就无法提供人类正常生活所必需的消费品，从而抑制人的体魄和智力的发展，进而影响生产的发展，最终影响经济的发展并危及人类社会的发展。相反，若将消费作为人们生活的唯一目的，永无节制的消费则会造成资源浪费和环境污染，并将遭到自然的报复，甚至带来毁灭性的灾难。所以，我们提倡的低碳生活，既不是“过度消费”，又不是“消费不足”，而是适度消费，即从人类总体来讲，要把人类的消费需求的水平控制在地球承载能力范围之内；从个体人来讲，要以人的生理需求为界限，倡导健康理性的、有节制的消费。

4．消费方式的绿色化

所谓消费方式，是指在一定的生产发展水平和生产力关系条件下，消费者与消费资料相结合以实现需要满足的方法和形式，是消费的自然形式和社会形式的有机统一。绿色消费是一种无害于环境和人类的消费，它要求人类应以对其他物种和地球产生影响最小的方式来生活，提倡那些满足人类需要且和自然环境和谐一致的绿色产品。例如，重视保持和享受绿色食品的天然风味与营养；钟情手感柔软、透气性好的棉、麻、丝、毛等天然衣物；追求清新、幽雅并与山水相映的居住环境；重视消费环境的优雅和品位高低；提倡健身与健心结合的运动方式，如球类活动、游泳、冲浪，保龄球、高尔夫球、形体训练、攀岩、漂流、潜水、探幽等；提倡徒步或自行车出行；等等。同时也注重消费过程中废物排放减量化、无害化和回收利用，不造成环境污染。正像国外学者认为的绿色消费就是要做到“5R”，即节约资源，减少污染（Reduce）；绿色生活，环保选购（Reevaluate）；重复使用，多次利用（Reuse）；分类回收，循环再生（Recycle）；保护自然，万物共生（Rescue）。绿色消费的这些特点正是低碳生活所要求的。

5．消费性质的公平性

消费性质是由生产性质所决定的，指的是在现存的生产关系下消费的代内公平与代际公平性。低碳生活必须坚持公平性原则，要求任何人都不应该由于自身的消费而危及他人的生存和消费。在商品或服务的消费中，不仅要兼顾代内其他人的利益，还要充分考虑不损害后代人满足其消费需要的能力，公平分配自然资源和无污染的自然空间，绝不能吃祖宗饭、断子孙粮。

6．生活环境的优越性

生活环境是指人们生活赖以实现的社会和自然环境，如人口密度、消费品和服务保证程度、城市面积、绿化面积、废弃物排放量及其处理情况、周围河流、湖泊水质情况、饮水卫生情况、环境卫生设施情况等。生活环境的好坏对人们的生活产生直接的影响。要使人们的生活实现低碳化，就要健全和优化环境保障体系。

（三）低碳生活的影响因素

影响低碳生活的因素是多方面的，并且它们往往并不是单独起作用，而是各种因素共同发挥作用。其中主要的影响因素有科技水平、社会心理、政策、法规及制度、消费者收入水平。

1. 科技因素的影响

就对人类消费的影响来讲，科学技术是一把“双刃剑”。一方面，科技进步在提高人们的生活水平、促进消费模式转变和减少经济增长对环境的影响方面发挥着十分重要的作用；另一方面，先进的技术应用不当，对人类生活的负面影响和对生态环境的破坏作用也是非常显著的。例如，飞机、汽车的发明和大量使用使人们的出行更加方便、快捷、舒适，但是，由于人体活动的减少而影响健康，大量消耗燃料而排放的废气又污染了环境；食品加工技术的发展使人们的饮食结构优化并为人们的饮食带来了方便，但各种食品添加剂的发明和大量使用又成为当今食品安全的一大隐患。总的来讲，科技进步的积极作用是主要的，因为产生的消极影响是可以通过技术创新加以改进或克服的。

2. 社会心理因素的影响

社会心理、文化传统和价值观对消费模式产生十分重要的影响，进而影响对产品的需求。如崇尚节俭还是追求炫耀的价值观，是以我为中心还是尊重自然、尊重他人的伦理观，都直接影响着生活方式。现代社会上普遍流行着一种对现代化和经济发展的错误理解，把现代化建设等同于经济增长，又把经济增长等同于物质消费的增加，促进消费增加就是促进经济增长，从而大肆宣传和鼓励消费，甚至把物质消费看做是个人经济成就和个人地位的象征，把成功看做是物质财富和消费的增加，认为“越多越好”。在这种观念的指导下，各种各样的奢侈浪费型消费大为流行。这种消费模式必然会加大对生态环境的破坏，具有明显的不可持续性。

3. 政策、法规及制度因素的影响

国家经济政策会直接或间接影响人们的生活消费。例如，20 世纪 90 年代我国将汽车产业作为主导产业并加以扶持，促进了我国汽车产业的快速发展，现在轿车已经开始走进通常百姓家庭，并成为一些家庭成员出行的主要交通工具；近年来实施的家电下乡、汽车下乡补贴政策，大大促进了家用电器在农村的普及和汽车的消费；一些发达国家对节能产品和清洁能源消费的补贴政策，促进了节能产品生产及消费和清洁能源产业的迅速发展。通过立法、建立管理体系或制度来影响和引导消费，一直是世界各国的通行做法。例如，一些国家对私人汽车征收

二氧化碳排放税，对工艺老化、高能耗产品实行淘汰制，我国对奢侈品征收高额消费税，不少地方对水价、电价实行梯度制，等等，以限制人们对奢侈品、高能耗产品的消费，从而减少生活消费中资源浪费和对环境的破坏，并引导人们形成科学合理消费的良好习惯。

4．消费者收入水平的影响

消费都是以收入水平作为基本支撑，消费者都会根据自身的经济收入来决定消费对象和消费方式。如果人们的收入水平低，无论是选择消费对象还是选择消费方式，首先关注的是根据自己的收入水平满足基本的需求，而不是碳的高低和对环境的影响。只有当收入水平达到一定的程度，人们才会开始关注其消费行为如何才会对自然和社会更加有益。一项研究结果也充分说明了这一点：在月收入为 800～2 000 元、200 1～4 000 元、4 001～6 000 元、6 000 元以上四组收入阶层中，选择商品有无绿色标志的比率分别为 14.5%、17.25%、23.3%、41.7%。但是对一些高价位的高碳产品（如牛肉、奶制品）和珍稀动物产品（如熊掌、野生动物皮草服装），也是高收入人群青睐的对象。所以，对于低碳消费意识淡薄的高收入消费者，消费商品和服务更注重价位和质量，环保因素关注度较低。

除了以上提到的四个方面的主要影响因素之外，还有诸多因素（如民族特点、消费习惯、人口状况、资源状况、自然地理和环境状况等）都会不同程度地影响着消费模式的转变。

三、低碳生活减排的潜力

（一）日常生活中的碳排放

大气中排放的温室气体不仅来自于生产领域，来自于消费领域的也占有相当大的比例。据英国环境食品及农村事务部的最新统计和研究数据显示，英国每年的二氧化碳排放量为 6.1 万 t，其中 40%直接来自于个人和家庭的活动。由中国科学院科学管理、自然资源、大气物理三家研究所联合提出的《关于我国减排问题的若干政策与建议》显示，1999—2002 年间，我国城镇居民生活用能已占到了全国能源消费量的大约 26%，二氧化碳排放的 30%是由居民生活行为及满足这些行为的需要造成的。

1．居家生活中的碳排放

据测算，我国年人均二氧化碳排放量为 2.7 t，而生活在城市里的居民，由于居住的楼房或公寓维修、取暖和空调使用等，每人每年平均排放 3～10 t 的二氧化碳。一个城市居民如果有 40 m^2 的居住面积，开 1.6 L 汽车上下班，一年乘飞机 12 次，二氧化碳排放量 1 年就能达到 2 611 t 左右。农村居民居住条件较差，居民生活能耗较低。有关人员对湖南省居民消费方式研究的结果表明：农村居民生活行为消耗的能源和排放的二氧化碳分别为城市的33.8%和36.5%。

居家的碳排放主要来自于集中供暖和空调能源消耗、电器使用和照明能源消耗、居家装修使用的各种材料的间接能源消耗。在我国，1 kW·h电的二氧化碳排放量是752 g。居家装修时每使用1 m^3的木材就相当于排放568 kg碳，每使用1 kg铝材就相当于排放21 kg碳。

2. 服饰行为中的碳排放

根据环境资源管理公司的计算，一条约400 g重的涤纶裤，假设它在我国台湾生产原料，在印度尼西亚制作成衣，最后运到英国销售，预定其使用寿命两年，共用50℃温水的洗衣机洗涤过92次，洗后用烘干机烘干，再平均花两分钟熨烫。这样算来，它“一生”所消耗的能量大约是200 kW·h，相当于排放47 kg的二氧化碳，是其自身重量的117倍。

对于一个家庭来讲，洗衣机每次洗净衣服大约需要1.2 kW·h电，将衣服甩干还需要3.5 kW·h电，这样，每洗一次衣服就会间接排放2 kg的二氧化碳。

以最常见的纯棉和化纤面料的服装计算，我们的衣柜一年因新添服装而排放的二氧化碳至少有1 000 kg。按照每季只买两件T恤（250 g/件）、两件衬衫（250 g/件）、两件外套（500 g/件）计算，不经任何染色印花处理，每件纯棉服装的碳排放量总计约为224 kg，化纤服装的碳排放总量约为1 504 kg。一旦选择了有颜色和图案的服装，再加上皮革、羊毛等服装，你衣柜里每年新添服装的碳排放量远不止1 000 kg。

3. 饮食中的碳排放

人类生命的延续和生活离不开食品。但每一种食品从生产、加工、包装、运输、销售到最后消费的全生命周期中的每一步都要直接或间接地消耗能源、释放温室气体。

食品生产的碳排放总量基本上是来自畜牧业产品。联合国粮农组织（FAO）提供的数据显示，畜牧产品占了农业碳排放总量的80%，这相当于温室气体排放总量的18%，比交通运输业或工业还多。在畜禽产品中，牛肉和牛奶的碳排放最多。牛在消化过程中（如反刍、打嗝、排气等）会产生温室气体，每生产1 kg牛肉相当于向大气排放3.6～6.8 kg二氧化碳。此外，饲料的生产以及饲养牲畜的农场排除废物也都要释放大量二氧化碳、甲烷等温室气体。2007年诺贝尔和平奖得主、联合国政府间应对气候变化委员会（IPCC）主席帕卓里博士的研究结果是：制造1 kg牛肉要产生的温室气体相当于排放36.4 kg的二氧化碳；有关计算结果显示：1 kg牛肉的碳排放量相当于欧洲一部车行驶250 km的平均排碳量，而且它消耗的能量足够让一个100 W灯泡亮20天。

世界多数发达国家居民肉食消费量尤其是牛肉消费量远远高于我国，见表10-1。

表 10-1 2003 年一些国家肉类消费量 单位：kg/人，%

国家	人均肉类消费总量	人均牛肉消费量	牛肉消费占类消费总量的百分比
美国	123	41.0	33.3
澳大利亚	118	46.0	39
法国	98	26.0	26.5
日本	43	8.0	18.6
韩国	50	12.0	24
中国	54	4.0	7.4

我国肉食消费量尤其是牛肉消费量虽然较低，但增长速度较快。全国人均肉食消费总量 1980 年为 8.4 kg，1990 年增长为 12.6 kg，2008 年又增长到了 54.8 kg，前 10 年年均增长 0.42 kg，后 18 年年均增长约 2.3 kg。牛肉全国年人均消费由 1980 年的 0.5 kg 增长到了 2008 年的 5 kg 以上。

碳酸饮料是现代人生活不可或缺的饮品，但从饮料的包装和饮品的生产、运输和销售链条以及包装的处置都会产生碳排放。以可乐为例，一罐可乐大约含有 6 g 的二氧化碳，一部分在打开可乐罐的时候逃逸到大气中，一部分在人们喝到肚子里之后又从口中呼出。再考虑生产、运输、销售链条中的碳排放和包装物整个生命周期中的碳排放，一罐可乐给环境带来的温室气体的数量就更高了。

德国的一个研究机构，通过进行产品生命周期分析，研究了各种不同饮料包装所产生的碳排放。其中玻璃瓶的碳排量是 230～250 g/L，塑料瓶是 115～190 g/L，利乐包是 60～90 g/L。

4．出行中的碳排放

“行”是人们生存与生活的必要行为。随着人们生活水平的提高和生活节奏的加快，人们出行的方式也逐渐由以步行、自行车、公交车为主转向以自驾车、公务车、出租车为主。机动车数量的增加必然造成燃料消耗量和二氧化碳排放量的增加。近年来世界各国交通部门平均碳排放约占全部碳排放的 20%。在美国，交通运输所排放的二氧化碳占总排放量的 33%。在我国，据环保部、统计局、农业部最近发布的普查结果，机动车氮氧化物排放量占排放总量的 30%。据测算，普通轿车行驶 1 万 km，会造成 10 t 二氧化碳的排放。

在现代交通工具中，乘坐飞机出行排放的二氧化碳最多。短距离空中旅行与铁路相比较，每名旅客产生约 3 倍以上的二氧化碳排放。乘坐飞机行驶 200 km 就要排放二氧化碳 55 kg；行驶 500 km，排放 80 多 kg；行驶 1 500 km，排放 200 kg。联合国环境规划署在 2008 年世界环境日发布的《改变生活方式：气候中和联合国指南》指出，跨大西洋的飞行所造成的碳排放相当于驾驶汽车 1 年。对于经常飞行的人士，不论你是成功人士还是普通游客，乘飞机是目前导致全球变暖的重要原因。据有关方面提供的数据显示，整个航空业排放的温室气体占全球温室气体排放量的 2%～3%。

日常生活都直接或间接地伴随着能源的消耗和碳的排放。虽然每个人甚至每个家庭浪费能源和增加碳排放的数量看似很小，但是，将全球 60 多亿人口、数亿个家庭的总量加起来，就是一个惊人的数字。

（二）低碳生活的减碳潜力

注重生活中的节能降耗，减少资源和能源的浪费，加强废弃物资的资源化利用，是节能减排的重要措施。

1. 日常行为中节能减排的潜力

——在保证生活需要的前提下，每人每年少买一件不必要的衣服可节能约 2.5 kg 标准煤，相应减排 6.4 kg 二氧化碳。

——如果每月用手洗代替一次洗衣机洗衣，每台洗衣机每年可节能约 1.4 kg 标准煤，相应减排 3.6 kg 二氧化碳。另外，少用 1 kg 洗衣粉，可节能约 0.28 kg 标准煤，相应减排 0.72 kg 二氧化碳。

——每台冰箱每天减少 3 min 的冰箱开启时间，一年可省下 30 kW·h 电，相应减少二氧化碳排放 30 kg；及时给冰箱除霜，每年可以节电 184 kW·h，相应减少二氧化碳排放 177 kg。

——如果每台空调在国家提倡的 26℃基础上调高 1℃，每年可节电 22 kW·h，相应减排二氧化碳 21 kg。

——如果全国每个人都能做到用完电器随手拔掉插头，全国每年就能省电 180 亿 kW·h。

——少浪费 0.5 kg 粮食（以水稻为例），可节能约 0.18 kg 标准煤，相应减排二氧化碳 0.47 kg。

——少生产 1 个塑料袋节能 0.04 g 标准煤，减排二氧化碳 0.1 g。如果全国减少 10%的塑料袋使用量，那么每年可以节能约 1.2 万 t 标准煤，减排二氧化碳 3.1 万 t。

——在公园中慢跑取代在跑步机上运动 45 min，可节省近 1 kg 的温室气体排放量。

——如果全国有 10%的纸张做到双面打印、复印，每年就可减少耗纸约 5.1 万 t，节能 6.4 万 t 标准煤，相应减排二氧化碳 16.4 万 t。

2. 选择和消费低能耗产品或服务减排的潜力

——以 11W 节能灯代替 60W 白炽灯、每天照明 4 h 计算，1 支节能灯 1 年可节电约 71.5 kW·h，相应减排二氧化碳 68.6 kg。

——一台节能空调比普通空调每小时少耗电 0.24 kW·h，按全年使用 100 h

的保守估计，可节电 24 kW·h，相应减排 23 kg 二氧化碳。

——每个家庭安装 2 m^2 的太阳能热水器，就可以满足全年 70%的生活热水需要。

——骑自行车或步行代替驾车出行 100 km，可以节约油约 9 L。

——混合动力车可省油 30%以上，每辆普通轿车每年可因此节油约 378 L，相应减排二氧化碳 832 kg。

——汽车耗油量通常随排气量上升而增加。排气量为 1.3 L 的车与 2.0 L 的车相比，每年可节油 294 L，相应减排二氧化碳 647 kg。

——英国剑桥大学制造研究所的研究，一件 250 g 重的纯棉 T 恤在其“一生”中大约排放 7 kg 二氧化碳，是其自身重量的 28 倍。而环境资源管理公司的计算结果是：一件涤纶裤子“一生”中排放的二氧化碳，是其自身重量的 117 倍。

——每使用 1 t 循环纸张和纸板，就可以减少 1.4 t 二氧化碳排放。

科技部组织编写了《全民节能减排手册——36 项日常生活行为节能减排潜力量化指标》。该手册本着量大面广、贴近百姓生活、具有可操作性和不降低现有生活水平的原则，选取了百姓生活中衣、食、住、行、用等五个方面的 36 项日常行为，研究了每一项行为指标的节能减排潜力。研究的结果表明，个人生活点滴中的节能减排潜力巨大，如果大家都积极参与，36 项日常生活行为的年节能总量约为 7 700 万 t 标准煤，相应减排二氧化碳约 2 亿 t，经济效益、社会效益和环境效益十分显著。

四、低碳生活的现实意义

在全社会普及低碳生活，无论是从经济，还是从社会或环境，无论是着眼于眼前，还是着眼于长远或未来，其积极作用和实际意义都是十分重大的。

（一）低碳生活是缓解资源危机和环境压力的现实需要

我国是一个资源相对匮乏的国家，特别是水资源和能源资源供给严重不足。现在我国人均每年水资源拥有量为 2 250 m^3，不到世界平均水平的 1/4。我国 660 多个城市中，已有 400 多个城市缺水，其中比较严重缺水的城市有 110 多个，全国城市年缺水达 60 亿 m^3。

我国虽然是能源资源较为丰富的国家，已探明的煤炭储量占世界储量的 11%，原油占 2.4%，天然气占 1.2%，但由于人口众多这一国情所限，人均拥有能源资源量仅相当于 230 t 标准煤，只有世界平均水平的 51%。其中，煤炭资源人均水平只有世界人均水平的 68%，石油资源为 17%，天然气资源为 9.3%。据有关方面预测，我国煤炭的剩余开采储量现在只有大约 1 300 多亿 t，按照 2003 年的开采速度（16 亿 t/a）计算，只能维持大约 80 年。石油和天然气的剩余开采储量最多只能维持 30 年消费。

随着我国经济的快速增长，能源需求增长与供给不足的矛盾日益突出，并且已经成为制约我国经济发展的重要“瓶颈”。我国从 1993 年开始成为原油纯进口国，之后进口原油量逐年增加，2004 年达到 1.45 亿 t，原油消耗的进口依赖度达到了 42%，2010 年已超过了 55%。如果按照现在的需求增长率计算，2020 年对外进口原油的依赖度将超过 70%，远远超过了 60%的危险临界点，届时能源安全问题的出现将不可避免。

不仅是水资源和能源问题，在铁、铜、铝等重要矿产资源的供给上，我国一样面临着不可持续利用的问题。中国地质科学院的研究认为，2012—2014 年，中国将迎来年 2.4 亿～2.6 亿 t 铁的消费高峰，未来 20 年缺口将达 30 亿 t；2019—2023 年，将迎来年 530 万～680 万 t 铜的消费高峰，未来 20 年缺口将达 5 000 万～6 000 万 t；2022—2028 年，将迎来年 1 300 万 t 铝的消费高峰，未来 20 年缺口将达 1 亿 t。

国家发展和改革委员会在几年前提供的数据显示，新中国成立后的 50 多年里，中国的 GDP 大约增长了 10 倍。经济增长的速度让全世界刮目相看，但举世瞩目成就的背后，却是资源与环境的巨大代价：矿产资源消耗增长了 40 倍；荒漠化土地面积发展到 267.4 万 km^2，占国土总面积的 27.9%，有 18 个省的 471 个县近 4 亿人口的耕地和家园正在受到不同程度的荒漠化威胁；全国 131 个流经城市的河流有 70%被污染；酸雨面积已经占到国土面积的 30%。据环保部 2010 年提供的数据显示，我国约 1/5 的城市大气污染严重，113 个重点城市中 1/3 以上空气质量达不到国家二级标准。由于生态环境的严重破坏，导致了近年来地震、泥石流、沙尘暴、干旱、洪涝、酷暑、冰冻等地质灾害和极端气候天气的频繁发生。

为了保证国民经济发展所需资源的有效供给，减少温室气体等废弃物质的排放量，保护好人们赖以生存的生态环境，需要我们一方面改变生产领域的粗放式经营模式，走集约化的发展道路；另一方面，还要通过大力倡导低碳生活，挖掘生活领域节能降耗的巨大潜力。

（二）低碳生活是发展低碳经济的必然选择

近年来，随着气候变化的加剧，走低碳经济发展之路成为世界各国的广泛共识和保护环境的重要行动之一。我国已将发展低碳经济、建设低碳社会作为战略重点和全民教育的重要方向。种种迹象表明，一场以低碳经济为核心的产业革命已经开始在我国出现，并成为转变经济发展方式和调整产业结构的必由之路。

低碳经济作为一种全新的经济发展模式，要求节能降耗，实现清洁生产和经济的绿色发展，而消费作为社会生产领域的重要环节必然要求与之相适应，消费绿色产品，消费低能耗产品，养成良好的消费行为习惯和偏好。另外，在市场经济的体制和观念下，“低碳经济”高能效、低能耗技术状态下的生产仍然是追逐最大利润，所生产的产品最终一定要想办法卖出去，而且卖得越多越好，因此，大量的生产不可避免。然而大量生产必然会大量排碳，产生大量污染。单位能耗虽然通过技术创新降低了，但能耗总量因大量生产而大大增加，二氧化碳的排放量不会减少多少或许还会增加。举例来说，通过几十年的努力，小汽车行驶100km的耗油量下降了约50%，但由于小汽车的总量增加了几十倍，二氧化碳排放量和环境污染也随之增加了许多倍。由此可见，低碳经济仅有先进技术的支撑是不够的，必须依托于低碳生活的支撑。只有在消费中注意节约，杜绝浪费，才能促进生产的节约和适度的发展，从而减少废物的排放，实现真正节能减排的目的。

（三）低碳生活是全面建设小康社会和构建和谐社会的需要

党的十六大报告提出了全面建设小康社会的奋斗目标，党的十七大又根据世情、国情、党情、民情发生的重大变化，从新的历史起点出发，在十六大确定的全面建设小康社会目标的基础上，对我国发展提出了新的更高要求，并将生态文明建设纳入全面建设小康社会目标体系之中，明确提出：要“建设生态文明，基本形成节约能源资源和保护生态环境的产业结构、增长方式、消费模式”。

长期以来，由于受工业社会消费主义思想的影响，人们把生产作为目的，而把消费作为手段，无论是从理论指导，还是从政策的制定，都以生产为核心。一方面，无视生产与自然环境的关系，疯狂地开发利用自然资源，并依靠科技进步的威力，有力地促进生产高速发展和各类消费市场繁荣；另一方面，为了促进产品的消费和生产的发展，又大力宣传、激励和引导消费，使得各种消费思潮盛行，如讲究“名牌”、“高档”和婚丧大操大办的“炫耀性消费”，随时随处使用一次性物品如筷子、牙刷、水杯等的“便捷性消费”，使用大排量汽车和频繁乘坐飞机出行的“快捷性消费”，利用公款到处吃、喝、游、玩的“腐败性消费”，超越正常需要而过量使用水、电等的“过度性消费”，使用高档化妆品、购置豪宅别墅等的“奢侈性消费”，信贷购物、超前教育等的“超前性消费”，等等。据媒体报道，2008 年，在北方某市举办了国际顶级私人物品展览。这个展览堪称集近几年中国奢华消费之大成，其中有 68 万元一张的双人床，298 万元一辆的德国手工制作名车，上千万元的珠宝，顶级古巴雪茄等。

我国虽然总体上已经进入了小康社会，但全国还有一些没有解决温饱的贫困人口。2005 年 10 月 12 日的《报刊文摘》中显示了国务院扶贫办公室主任刘坚提供的数据：我国没有解决温饱的贫困人口 2 610 万，没有稳定解决温饱收入的人口 4 977 万，二者占全国总人口的 5.8%。在中国社会还普遍不够富裕的情形下，大力宣传和推销“奢侈型”消费，不仅造成大量的资源浪费，给环境带来了沉重的负担，而且还助长了社会不良风气，并成为影响社会安定与和谐的隐患。这与全面建设小康社会的目标要求背道而驰。

另外，近些年来我国地区之间、城乡之间、行业之间、群体之间的收入差距有所加大，分配格局失衡导致部分社会财富向少数人集中，收入差距已经超过基尼系数标志的 0.4 的国际公认警戒“红线”，达到了 0.47。由此带来的诸多问题正日益成为社会各界关注的焦点。

消费领域中的收入不公平、消费不协调现象，一方面影响了资源的合理有效配置，并在一定程度上造成了资源的浪费和对环境的破坏；另一方面也人为地制造了社会阶层之间的鸿沟，引发了社会的不安定、不和谐。低碳生活以正确的消费伦理观和科学的消费观为指导，一是要求人们正确看待人的消费与自然环境的关系，确立善待自然和与自然界和谐相处的理念，不能为了满足自身的欲求，无节制地向自然索取，肆无忌惮地污染和破坏环境，将崇尚自然、改善生态、保护环境的意识注入消费行为之中。二是要求人们正确看待消费中个人利益与他人及社会利益的关系，确立人人都有享受自然生态系统权利的公平理念，不能为了满足自身膨胀的物欲而过量地耗用自然生态资源，以致侵占本应属于他人（包括后代人）的份额，从而自觉地节制物欲和以我为中心的不良行为，讲求消费的公平、合理和消费行为的适度、文明。三是正确看待物质消费与精神文化消费的关系，在追求适度、实用、舒心的物质生活的同时，要不断增加健康有益的精神文化消费，从而拓展精神生活空间，提升精神境界，努力实现人的全面发展和人格的升华。低碳生活消费的这些理念及要求与建设和谐社会的理念相一致。由此可见，倡导低碳生活也是建设和谐社会的需要。

（四）低碳生活是落实科学发展观的要求

“科学发展观”，是指 2003 年 10 月召开的党的十六届三中全会提出的“坚持以人为本，树立全面、协调、可持续发展观，促进经济社会和人的全面发展”。它是按照“统筹城乡发展、统筹区域发展、统筹经济社会发展、统筹人与自然和谐发展、统筹国内发展和对外开放”的要求，推进各项事业改革和发展的一种方法论。党的十七大将其写入党章，成为中国共产党的战略指导思想之一。

“科学发展观”的主旨是“坚持全面协调可持续发展”，“坚持生产发展、生活富裕、生态良好的文明发展道路，建设资源节约型、环境友好型社会，实现速度和结构质量效益相统一，经济发展与人口资源环境相协调，使人民在良好生态环境中生产生活，实现经济社会永续发展”。这就充分表明，科学发展也就是节约发展、清洁发展、和谐发展、可持续发展。而低碳发展是指在社会生产、生活消费活动中，实现低能耗、低物耗、低排放、低污染和高效能、高效益，走上人与自然和谐发展和经济社会协调可持续发展的道路。

科学发展观的核心是“以人为本”。“以人为本”就是把满足人的需要和促进人的全面发展作为经济社会发展的出发点和落脚点，围绕人的生存、享受和发展需求，提供充足的物质文化产品和服务。提倡低碳消费，就是既要千方百计地满足广大人民群众的物质文化需要，创造人人平等发展、充分发挥聪明才智的社会环境，又要合理安排生存消费、发展消费和享受消费的比重，力求保证生存消费，鼓励发展消费，适当享受消费，使消费成为人们不断提高素质的过程，成为自觉抵制不良习气和腐朽思想、树立良好社会风尚的过程，成为提升人的精神境界、促进人的全面发展和社会进步的过程。由此可见，低碳生活充分体现了科学发展观的目标要求，因而它是落实科学发展观的必然要求。

第二节 低碳生活理念与实现途径

低碳生活不是一种能力，而是一种理性的生活态度，一种对自然和人类社会发展高度负责的意识。要在全社会普及低碳生活，需要确立低碳生活理念，在政府的主导下，通过意识形态领域的观念变革和经济、法律等手段的引导以及环境建设，才能得以实现。

一、低碳生活理念

低碳生活的主旨就是适度消费，不浪费，物质消费与精神消费相协调。其核心理念是：消费有理，节俭有德，浪费可耻。

（一）消费有理

“消费有理”有三个方面的要义：一是承认消费的必要性；二是注重消费的科学性；三是讲求消费的合理性。

人类最基本的权利就是生存权。人们为了生存就必然要消费，因而消费是人类生存的基本手段。随着经济的发展和社会的文明进步，人们的消费水平、消费内容、消费方式也将随之发生变化，这是人类社会发展的必然趋势。提倡低碳生活并不是刻意限制或反对消费，而是以提高生活质量为核心的适度消费。只有不断提高消费质量和消费水平，扩大消费规模，才能开拓和繁荣消费市场，进而促进经济的健康发展，为构建低碳型小康社会提供物质保障。

消费的科学性，就是根据经济和社会发展水平，从实际出发，自觉地运用科学知识指导消费，实现以最少的生活资料消耗获取最大的功效，并且在消费过程中排放的废弃物最少甚至为零的目标。

消费的合理性表现为三个层次：一是充分满足消费者自身必要的消费需求，遏制贪婪的欲求，特别是要注重文化、教育、体育等精神需求的满足；二是消费资源分配在当代人之间及代际人之间的公平性与合理性，缩小当代人之间的消费差距，反对不顾及后代人的利益而肆意掠夺的消费行径；三是协调好消费与自然的关系，将人类自身的消费限定在自然允许的范围之内，不以牺牲环境为代价来满足人们无限的欲求。

（二）节俭有德

提倡节俭朴实的生活，不是简单抑制生活消费，追求不坐车、不用电、节衣缩食的“苦行僧”的生活，也不是重新回到物质短缺时期的“温饱型”消费，更不是回到农业社会的“适应型”消费，而是在不降低生活质量、减少不必要和不合理消费的前提下所进行的资源和能源的节约。

人们厉行节俭的生活作风，并不是迫于某种压力，也不是出于某种无奈，更不是为了某种个人利益，而是以全人类的大局和长远利益为出发点，自觉地为应对全球气候变化、保护人类赖以生存的生态环境尽责，是生态伦理观和社会道德观的具体体现，是一种为人类社会可持续发展谋社稷、为人类生活谋福利的崇高精神境界。

对我国而言，虽然已经进入了全面建设小康社会新阶段，但仍处在社会主义初级阶段，现在达到的小康还是水平较低的、不够全面的、发展不够平衡的小康。要实现全面建设小康社会的奋斗目标，还需要全党、全国各族人民齐心协力，进行长期的艰苦奋斗。因此，奉行节俭的生活，就是自觉地为国家破解资源约束和解决环境污染问题出力，为实现夺取全面建设小康社会新胜利的目标作贡献，是一种崇高的责任意识，是神圣的使命，是光荣之举。

（三）浪费可耻

生活中的浪费有两种表现形式：一是对资源利用不当；二是没有节制。无论是哪一种形式的浪费，都使得资源没有很好发挥应有的效用，并对生态环境造成直接或间接的危害，同时也对社会环境造成不良的影响。尤其是少数消费者的“炫耀型”、“奢侈型”、“腐败型”等不良消费行为，对社会的危害极大。一方面，引发人们相互攀比，引起从众效应，使消费主义思潮泛滥，并使得一些好逸恶劳的追随者走向不劳而获的犯罪道路，一些意志薄弱的党政领导者利用其掌管的财政、人事权力大肆挥霍、疯狂敛财，走上与人民为敌的道路；另一方面，人为地制造了社会贫富阶层的分化与隔阂，引发社会矛盾，影响社会的安定与和谐。

由此可见，在人们的衣、食、住、用、行等基本生活需要得到较好的满足后，奢侈无度、铺张浪费的生活方式既不利于身体健康和生活质量的提高，而且还破坏生态环境，污染社会环境，违背了生态伦理道德和社会公德，与建设节约型小康社会的要求背道而驰。我们倡导低碳生活，建设低碳型社会，就必须以此为耻，以此为戒。

二、低碳生活的实现途径

从表面上看，生活消费是家庭或个人的私生活问题，政府无权过问。但是，政府是否倡导以及每个家庭是否响应绿色简约的低碳生活，却直接决定着一个国家乃至全球碳足迹的大小。所以，建设低碳社会，倡导低碳生活，绝不是个人或组织的个体行为，而是一个涉及社会方方面面的系统工程，需要在政府的主导下，通过意识形态领域的观念变革和经济、法律等手段的引导，建设有利于低碳生活的环境，才能得以实现。

（一）宣传低碳生活道德准则

虽然由于世界各国、各地区或各民族的政治制度、经济发展水平、社会文化、资源环境等条件差异，发展模式和发展水平不同，但可持续发展则是全人类共同的发展战略和行为准则，作为可持续发展内容体系重要组成部分的可持续消费的意识也就自然成为人类共同遵守的消费道德准则。

消费观念是消费行为的向导。消费观念是人们对待其可支配收入的指导思想和态度以及对商品价值追求的取向，是消费者主体在进行或准备进行消费活动时对消费对象、消费行为方式、消费过程、消费趋势的总体认识评价与价值判断，因而它决定着人们的消费内容及其消费行为方式。消费观念的形成和变革是与一定社会生产力发展水平及社会文化变化相适应的。

在远古时代，人类文明尚未产生，生产力水平低下，技术水平落后，此时的消费是为了生存，为了维持最低的生理需要，其消费观是朴实的生存观，即所谓的“生存型消费观”。

人类进入农业社会，由于生产力水平不断提高，人类逐步认识自然、效仿自然和改造自然以求更好地生存和发展。人们比较尊重自然，奉行天命论，崇尚“天人合一”，其消费观以适应型为主导，因而称为“适应型消费观”。

进入工业社会，科学技术迅猛发展，人类利用和改造自然的能力与日俱增。人们的欲望逐步膨胀，表现为人类中心论为基础的消费主义意识形态迅速扩展。在经济理论和政策上鼓动企业实行“大量生产—大量消费—大量废弃”的生产模式，希望以高消费拉动经济的高速增长。在文化层面，把高消费和奢侈消费视为道德的、自然的和普遍的，并将其作为较高生活质量的标志。这个时期人们的消费观念是以消费主义为主导的“扩张性消费观”。

在后工业时代，由于大量生产与大量消费的恶性循环，导致资源危机和环境日益恶化，经济社会发展受到了资源环境的严重制约。为了改变这种现状和追求经济的长久发展，人类开始关注环境问题，并提出了可持续发展战略，因而反映可持续发展思想的“可持续消费观”也由此诞生了。

可持续消费观以消费的适度性、公平性和科学性为核心理念，协调了经济发展与物质消费、即期利益与远期利益、人的全面发展与生态环境保护的关系。树立可持续消费观是人类社会、经济、环境协调、可持续发展的必然要求。

消费观的形成还与人们本身所具有的文化知识水平和素质有很大关系。在现代社会中，文化教育是实现和提升个人素质的重要途径。要普及可持续消费观，确立低碳消费道德准则，政府的宣传教育是必要的手段。政府应该通过各种渠道开展以宣传低碳消费的意义和作用、传播低碳消费知识、传授低碳消费经验、培养低碳消费技能、倡导低碳消费观念和提高消费者素质为内容的全面系统的社会教育活动，使广大消费者分清低碳消费与不可持续消费的界限，形成健康的消费心理和理性的消费习惯，自觉抵制消费主义思潮的侵袭和奢侈消费、低俗不文明消费的诱惑，使每个人都能以主人翁的姿态积极主动地进行低碳生活的实践，从而形成一股追求低碳消费的强大合力，为构建低碳社会打下坚实的基础。

（二）政府行为引领低碳生活

政府作为公共事务的管理者，自觉地实施低碳化运作，对于在全社会普及低碳生活具有十分重要的作用。一是示范引导作用。在社会主义市场经济体制下，政府的职能就是为经济建设服务，为社会服务，为人民服务，不含有经济目的，因而与人民群众有着自然的亲和力。所以，政府及公务人员的低碳行为具有示范和引导作用，容易引起公众的效仿和追随。正像温家宝总理 2008 年在全国建设节约型社会近期重点工作电视电话会议上所说的那样：“政府做好了，老百姓就会跟着做。”二是政府消费对人民群众的消费影响巨大。在政府消费总量和结构比较合理的情况下，政府在节约自身开支的同时，会提供更多的公共产品和公共服务，由此给居民带来更多的社会福利和相对收入的提高，从而间接地推动居民提高消费信心、消费能力和消费水平。

目前我国政府消费中存在着诸多不尽如人意的地方。一是行政机构庞大，行政事业费支出增长迅速，据财政部数据显示，2005 年我国财政行政事业公用经费支出每年增加 1 000 多亿元。2007 年，该项经费支出已接近 9 000 亿元。二是公车消费愈演愈烈，目前，党政机关及行政事业单位公务用车总量为 200 多万辆，每年公务用车消费支出 1 500 亿～2 000 亿元（不包括医院、学校、国企、军队以及超编配车）。三是公款吃喝数额巨大，据报道，全国公款吃喝开支 1990 年 400 亿元，2002 年竟高达 2 000 亿元。四是政府形象工程、豪华办公楼宇建设成风。五是日常公务活动浪费严重，湖北省对部分省直机关办公建筑能源审计结果显示，省直机关办公楼，每年每平方米的平均耗电量为 80 kW·h，是普通民宅的 3～4 倍。

由此可见，高度重视建设“节约型机关”势在必行。一是精减队伍，改变人浮于事的局面，减少人员开支。二是规定日常办公低碳消费的刚性约束制度，促使工作人员自觉养成节约办公的良好习惯。三是大力提倡利用旧有办公楼，严格控制新建、扩建办公楼。四是严格控制公务车的使用范围和标准，积极推行公务交通货币化或半货币化改革模式，大力提倡各级领导干部和工作人员以公交出行代替公务车出行。四是要充分发挥政府采购在GDP中所占比例不断扩大的优势，强力推行“低碳采购”，制定政府低碳采购目录，不断提高政府低碳采购标准，率先进行低碳消费与示范，提高低碳消费的社会化程度。

（三）利用经济手段，促进低碳生活

经济手段是从影响成本和收益入手使得价格反映全部社会成本，通过价格机制的作用引导经济当事人进行行为选择，从而实现改善环境质量和持续利用自然资源的目标。经济手段的作用机制在于确保环境和资源的合理价格，影响决策者的决策和影响经济当事人的行为方式，使得人们最终作出的决策和生产、消费方式有利于可持续发展的需要。

直接或间接影响或调节消费的经济手段主要有价格手段、税收手段、财政金融激励政策、收费和退费制度、责任制度等。

利用价格手段促进低碳消费，是通过充分发挥价格对生产、流通、消费与分配的调节职能，促进低碳产品或服务的开发和低碳消费。如提高机票价格以限制飞行出行，提高柴油价格以限制个人汽车使用，从而达到减少二氧化碳排放的目的；对居民用水、电、气价格实行梯度制，既保证人们基本生活需要的福利性供给，又限制了过度消费；针对环保产品价格普遍较高的现实状况，对购买和消费环保产品、节能产品的消费者给予一定的价格补贴，以促进环保产品市场的繁荣。

税收手段是通过向污染者征税或改变税务负担来影响生产经营者及消费者的决策及其行为，从而达到节能减排的目标。例如，对个人汽车燃油征收二氧化碳税，以限制个人汽车使用；对有破坏或污染环境行为的企业征收生态税，可以有效约束企业的不良行为，并促使其加强技术创新，优化技术装备，提高经营管理水平；对开发有机和绿色食品的企业给予税收减免的优惠，以鼓励其提高产品质量，增加绿色产品供给。

财政金融激励政策主要是针对新能源、环保、绿色食品等为低碳生活消费提供物质或服务保障的产业给予财政和金融政策扶持。另外，对于开发各种低碳技术的科研院所、企业和技术推广单位给予资金支持，以促进低碳技术迅速投入产业化运营的轨道。

收费制度是对使用消费对环境有害的物品实行收费制和对污染环境的行为实行罚金制。例如，对消费一次性餐具、塑料袋收费；对随意倾倒或焚烧生活垃圾

的行为给予一定数额的罚款。退费制度是为了促进废物回收、防止资源浪费和污染环境，对废旧物资（如电池、电子垃圾等）实行回收退费制。

（四）利用法制手段，引导低碳生活

如果说确立有利于低碳消费的道德准则是劝说人们“应该怎么做”的话，那么建立有利于低碳消费的法律法规则是解决“必须怎么做”的问题。人的消费具有二重性，即自然属性和社会属性。一方面，消费是将物质产品和精神产品用来满足人们需要的行为过程。任何人都是一个以个体存在的自然物，为了维持自己的生存，都必须与自然界保持物质和能量的交换，以消耗一定的物质作为延续生命和种族的条件，因而它总是依赖一定的自然环境；另一方面，任何人同时又处于一定的社会关系中，是一种“社会存在物”，他必须与社会保持物质与能量的交换。所以，消费不是孤立的单个个人的行为，而是在一定的生产关系的制约下，在人们相互的经济关系中进行的社会行为和过程，并且每个人的消费行为都会对社会产生各种影响。

人们对社会产品的消费，无论是物质产品还是精神产品，从表面上看是人与物之间的关系，但从本质上讲是人与人之间的关系，是社会关系的重要组成部分。在消费过程中，各种关系协调与否，关系到能否实现消费和谐乃至社会秩序的稳定。法制在消费领域中的作用就是要处理好消费过程中所发生的各种社会关系。具体来讲，就是将消费中发生的社会关系上升为法律关系，并通过相应的制度设计和对这些关系的调整，规范人们的消费行为，促进消费和谐，稳定社会秩序。

法律作为人们行为的基本准则，对人们的行为可以起到导向作用。首先是保护公民消费的合法权益，鼓励他们遵纪守法，引导他们采取正确的消费行为。其次是规定消费中违法行为的范围，警戒人们不要违法，并对违法者实行制裁。因此，建立有利于可持续消费的法律法规，是引导人们实现低碳生活的有效手段。

有关低碳消费的法律法规应该包括两个方面的内容：法规内容体系和监督管理体系。法规内容体系又包括法律和相应的手段两个方面。法律就是教导人们应该“怎么做”，如有节制使用再生资源，严禁浪费非再生资源；防止污染，对排放物进行处置，制定环境质量产品及生产标准，确保人类健康和保护生态环境；有效利用资源，建立产品能量和效益标准；废物处理，包括制定最大排污量，采取废物回收利用措施；等等。法律手段主要是为了确保低碳消费法律措施的有效执行并对违法人员实行制裁而制定的具体操作手段。如制定责任制度，对不符合产品质量和环境质量标准的产品生产者给予处罚，对于使用者造成的损失进行赔偿，对造成的生态损失进行索赔；对假冒伪劣行径进行严厉制裁；建立消费保护的纠纷解决机制，为消费者维权提供便利。

监督管理体系包括标准体系、监督制度和组织保障体系。环境管理部门监督

执法、实行环境管理需要有相应的标准作为依据，因此标准体系建设是低碳生活法制体系建设的重要方面。如重点耗能产品的能耗（或电耗）限额、建筑节能标准、新能源与可再生能源标准等。

监督管理制度是确保低碳消费法制措施执行的有效手段。如建立产品和服务市场准入制度，减少能源密集型产品和服务进入市场，创造低碳、合理的产品与服务供应结构；建立完善的能源和耗能相关产品质量监督制度，加强对石油等能源产品、建筑节能产品、燃煤燃气产品、绿色照明产品、节水产品、机电产品、可降解产品等耗能相关产品的强制监督抽查力度，以优化低碳市场消费环境；建立食品溯源制度，从保证食品质量安全卫生的必要条件抓起，从加工源头上保证不合格的产品不能出厂，确保消费者的消费安全。

为了保证监督管理部门对消费行为进行有效的监管，应该建立以代表国家意志并拥有广泛权力的环境保护综合机构（环保部）为核心，以地方各级政府环保职能部门为主体，以第三方环境监测与评价机构为辅助的监督管理组织保障体系。这样就能确保环境监督与管理的客观性、公正性和实效性。

（五）建设低碳生活的良好环境

由于消费具有自然性和社会性，因而构建有利于低碳生活消费的环境也应该从自然环境、经济环境、政治环境、社会环境、文化环境和生活环境的建设与优化入手。

在消费的经济环境方面，必须符合“发展生产，生活富裕”的要求，始终坚持坚定不移地发展生产，使国民经济保持一定的增长速度，建立一个低耗、高效、少污染或无污染的生产体系，建立与合理消费结构相适应的产品结构，并努力增加生活资料的数量、品种和提高质量，以满足人们日益丰富的物质和精神文化需求。

在消费的政治环境方面，要按照“社会主义民主法制、平等自由、公平正义”的要求，坚持以人为本，充分尊重和保障人民群众对消费对象的知情权和监督权，激发和培养人们的消费主人翁意识，使他们在消费中应有的权利和权益得到保障。

在消费的文化环境方面，要遵循“诚信友爱”的原则，通过各种途径、利用各种媒介传播低碳消费理念、提倡低碳生活的意义和消费主义扩张的危害，普及低碳消费知识，弘扬低碳文明，确立科学、合理、健康的消费观，增强节约意识，使人们自觉地成为低碳生活的践行者。

在消费的社会环境方面，一方面要遏制铺张浪费和奢侈无度的消费行为，另一方面要关注弱势群体的利益，不断提高他们的收入和消费水平，从而缩小社会收入与分配的差距。同时要不断完善教育、居住、就业、医疗等社会保障体系，扩大其覆盖面，人人都能公平地享受公共物品和服务，为建设低碳社会营造和谐氛围。

在消费的生活环境方面，要加强公共服务设施和服务体系建设，如生活污水处理和中水利用系统，固体废物资源化与无害化处理系统，高效率低污染的公共交通系统，医疗、卫生、教育服务体系，科学消费和勤俭节约型生活服务体系，健身和娱乐设施等，为人们的低碳生活提供便利。同时要完善社会管理，维护安定团结。

在消费的自然环境方面，要按照“人与自然和谐相处”的要求，加强生态环境建设与保护，使人们赖以生存的环境实现“生态良好”的目标。

思考题

1. 你是如何理解低碳生活的？为什么要大力普及低碳生活？
2. 你怎么认识“低碳生活是一种态度，而不是一种能力”？
3. 低碳生活的核心理念是什么？
4. 为什么说普及低碳生活是一项系统工程？
5. 你认为普及低碳生活应该从哪些方面着手？

参考文献

[1] 熊焰．低碳之路——重新定义世界和我们的生活之路[M]．北京：中国经济出版社，2010.

[2] 俞海山．可持续消费论[M]．北京：经济科学出版社，2002.

[3] 科学技术部．全民节能减排手册——36 项日常生活行为节能减排潜力量化指标. 2007.

[4] 中国 21 世纪议程管理中心，中国科学院地理科学与资源研究所．低碳生活指南[M]．北京：科学社会文献出版社，2010.

[5] 王信领，王孔秀，王希荣．可持续发展概论[M]．济南：山东人民出版社，1999.

[6] 张明霞．论可持续发展理念及消费方式[J]．工会理论与实践，2001（5）.

[7] 郝素琴，胡泊．对秦皇岛市发展生物质能源产业的思考[J].中国环境管理干部学院学报，2008（1）.

[8] 黄钟．警惕中国增长的极限[N].秦皇岛日报，2004-05-18.

[9] 新华网调研小分队．我国贫富差距正在逼近社会容忍“红线”[EB/OL]．http：//news.sohu.com，2010-05-10.

[10] 张建平．世界各国消费模式比较[EB/OL]．http：//business.sohu.com，2010-02-24.

[11] 李欣欣．行政事业单位每年公务用车消费支出超千亿元[EB/OL]．http：//business.sohu.com，2010-01-04.

[12] 全球的警讯：肉品生产与肉食对气候变迁的影响[EB/OL]. http：//www.vegreen.cn，2009-09-06.

[13] 新浪环保. 中国公众将低碳与环保画等号[EB/OL]. http：//www.sina.com.cn　2010-10-12.

[14] 高云才. 城市化不能“大跃进”[N].人民日报，2011-02-14.

第十一章

中国低碳经济案例分析

引言　随着全球气温变化已经悄然演变成了一场产业革命，传统的经济发展模型正向“低碳经济”发展模式过渡，全球性保护组织世界自然基金会（WWF）在北京正式启动“中国低碳城市发展项目”。推行低碳理念，发展低碳经济，建设低碳城市，把低碳理念融入经济发展、城市建设和人民生活之中，有助于带动产业升级，提高资源利用，控制环境恶化，缓解生态压力，建设资源节约型、环境友好型社会，促进人与自然的和谐发展。为了实现低碳城市的目标，WWF 将力助上海与保定这两个试点城市，在建筑节能、可再生能源和节能产品制造和应用等领域寻求低碳发展的解决方案并总结可行的模式陆续向全国推广。中国 2010 年上海世博会实施了新能源、生态环保、建筑节能、智能化技术、信息网络技术和新材料等 230 余项科技攻关项目，取得 1 100 项左右具有自主知识产权的科技成果并在世博会上实现广泛应用。世博会是科技应用推进的孵化器、发动机，是先进发展理念的播种机。本届世博会已为科技成果的转化应用提供新的平台，并为新一轮科技创新提供思想引领和创意动力。上海世博会提出“低碳世博”的理念，确定以“低碳、和谐、可持续发展的城市”为主题，并将实验室里日新月异的科技梦想“转化”为“节能、环保、可持续发展”的现实生活，为每一个“城市人”未来的日常生活展示了美好前景。

本章学习目标　本章通过对上海世博会低碳建设实例、河北保定低碳建设经验、苏州低碳城市营建的学习和解读，了解低碳城市建设的原理和方法，经验和成果。熟知建立合理的低碳城市制度是对公共治理理论和实践的又一有力拓展；是顺应工业文明向生态文明转变的必然选择；是坚持以人为本、执政为民宗旨的具体体现；是推进经济结构调整、转变发展方式的必由之路。

第一节　低碳世博

历届世博会都会给人类带来生活方式和观念的重大转变。与历届世博会相比，上海世博会最大亮点就是在场馆建设中始终遵循“节能”与“低碳”的理念，将大量新能源、节能环保科技成果转化应用于世博会。世博园区内的各种建筑都按照节能、生态建筑的要求进行设计与建设，充分利用自然风场、地下空间地道风、自动遮阳系统、自然透光、屋顶绿化、墙面绿化等，减少建筑能源消耗，最大限度地实现场馆建筑的节能环保，使场馆与周边的自然环境融为一体。另外，世博场馆还利用紧邻黄浦江的优势实现资源循环技术的应用，通过开发利用降水热源和地热热源，形成零污染、可循环的清洁能源；同时通过建立大面积雨水收集系统，节约水资源。在上海世博会上，节能减排等新技术的应用可谓无处不在。世博园内运行着太阳能设施、新能源汽车、智能电网、LED 照明工程等一系列示范应用项目，在节能减排方面创下多项世博历史纪录和国内纪录。世博场馆照明大量采用 LED 绿色光源，比普通白炽灯节电高达 90%；上海企业联合馆屋顶安装一块 2 200 m^2 的太阳能集热屏，屏上布有管道，管道里充水，太阳能将管内水加热，然后借助低温热水发电新技术，产生的电能可以满足该建筑照明及设施用电；国家电网馆专门设计建筑“自遮阳”，有效降低了室温；日本馆设计了一种能吸收阳光、存储雨水、吸取自然空气的“循环呼吸柱”系统，高温时节展馆内凉风习习，无须开空调……

从上海世博会的场馆建设不难看出，未来城市的建设和发展一定会突出“绿色”和“低碳”环保的理念。打造抢眼的“低碳展馆”，也成了参展国家（地区）和企业的王牌。

一、“一轴四馆”呈现出中国“低碳”智慧

在众多的“低碳”建筑中，最引人注目的是被称为上海世博会“永恒记忆”的“一轴四馆”。其在场馆建设上，研发和应用了亚洲最大跨度无柱空间、世界最大规模索膜结构等建筑高新技术，以及光伏太阳能建筑一体化、黄浦江江水的水（地）源热泵，将自然光和空气引入地下空间的“阳光谷”、雨水收集利用等生态环保技术。

世博轴是上海世博会的主出入口和世博园区的中央立体交通轴线。作为上海世博会永久性建筑之一，世博轴长度超过 1 000 m，分地下、地上各两层。“白云”是世博轴上方所采用的世界最大规模的张拉索膜屋面，其独特的结构，令漫步其下的人流在炎热夏季依然能感受到自然、清新的大气环流。6 个“阳光谷”贯穿世博轴各层建筑平面，可能倾泻而下的自然光、流动的空气引入建筑内部和地下空间，这是世博轴节能的一个起点；6 个“喇叭口”还有下水口、蓄水池的作用，其底部有大型沟渠，既能满足蓄洪需求，又可浇灌草地，调节世博轴内的小气候。整个世博轴，还有地源热泵和江水源热泵的空调系统。这些设施都将减轻世博园区的水、电消耗，同时减少二氧化碳排放。

中国馆，以层层出挑的造型设计，在夏季既可自然形成上层对下层的遮阳，

又能通风透气；白天，顶部和外墙上的太阳能电池蓄存电能，晚上，高科技冰蓄冷技术利用夜间用电低峰时的电能制冰，用于白天释放冷源；馆内人工湿地等技术措施有效实现内部环境调节，使能耗比传统模式降低 25%以上。作为亚洲最大的地下展厅，上海世博会主题馆的地下空间格外注重节能环保。在空调设计上，主题馆根据功能分区使用不同的空调系统。在常年使用空调的地方，设计师设计了冷热源独立的空调系统，可以对空调能耗进行实时监控。另外，主题馆东西两侧的垂直生态绿化墙可以让阳光照进馆内。由于设计巧妙，阳光照射进主题馆后，可以折射到馆内许多角落。世博中心是上海世博会园区内最大的钢结构项目，玻璃幕墙北立面临黄浦江、无夏季阳光曝晒，透明中空玻璃幕墙实现自然采光，还能饱览黄浦江美景；南立面因日照充分，采用了可开启折线形玻璃幕墙和石材幕墙，其中双层玻璃幕墙中还精心设计了金属丝网和惰性气体，既有利于自然通风、遮阳保温，又不失通透性，创造性地解决了国内外大型公共建筑节能减排的世界性难题。

世博演艺中心的弧形外观蕴藏着精妙的环保构思。下层圆弧表面形成自遮阳体系，在高温季节避免阳光直射，同时为玻璃屋顶的地下空间进行自然采光。其外围有着养眼的"绿坡"，而非呆板的水泥。"绿坡"是壁顶覆土技术的应用，它不仅使世博演艺中心能完美融入周边的水绿景观，而且能为场馆外延地下空间保温隔热。另外，世博文化中心还采用了节能、环保的气动垃圾回收系统。

中国馆、主题馆、世博中心、演艺中心的屋顶和玻璃幕墙上安装了总装机容量超过 4.68 MW 的太阳能发电设施，预计年可减排二氧化碳 4 000 t，是国内面积最大的太阳能光伏电池示范区，特别是主题馆屋面太阳能板面积达 3 万多 m^2，是目前世界最大单体面积太阳能屋面，相当于每年节约标准煤约 1 000 t，减排二氧化碳 2 500 t 左右，减排二氧化硫 84 t，减排氮氧化物 42 t，减排烟尘 762 t。另外，"一轴四馆"都有雨水收集系统；经过沉淀和过滤，建筑收集的雨水能基本满足世博园区的清洁和绿化需要。半导体照明则是"一轴四馆"广泛采用的低碳节能技术；其中，在 1 km 长的世博轴上用了 200 多万枚 LED 灯泡，照明的二氧化碳排放，预计将减少 30%。冰蓄冷、江水源、地源热泵等多项节能技术都在"一轴四馆"中得到体现。

二、触摸未来低碳家居

二氧化碳无度排放导致的全球气候变暖，不可再生的传统油气能源的过度使用引发的传统能源危机，哥本哈根会议之后，节能减排迅速成为世界潮流。这一潮流下，未来世界城市的家居方式将会发生怎样的改变？在上海世博园城市最佳实践区，各国城市精心设计未来低碳家居样式，竞相引爆绿色生活创想……

坐落于上海世博园浦西展区 E 区的"沪上·生态家"是上海也是中国唯一

一座入选城市最佳案例的项目。用 15 万块上海旧城改造时拆除的石库门旧砖头砌成，集生态智能技术于一身的“沪上・生态家”，立足于上海的城市、人文、气候特征，通过“风、光、影、绿、废”五种主要“生态”元素的构造与技术设施进行一体化设计，展示出未来“上海的房子”。“沪上・生态家”的原型位于上海市闵行区，是中国第一座生态示范楼。作为国内首座“零能耗”生态示范住宅，实际上还是产能高手——屋项安装的太阳能光伏电池能将太阳能“收集”起来转化为电能；屋顶高高矗立的风力垂直发电装置可以发电；房子的主人在室内骑自行车锻炼的动能也可转化为电能……更令人惊讶的是，这座建筑中不同类型的能源都能被集中收集起来，甚至可根据不同住户的实际需求进行转化。在“沪上・生态家”3 楼一个 LED 屏幕上，清晰地记载着该建筑太阳能发电的数据；从 4 月 17 日开放以来不到一个月时间，太阳能发电就达到 4 000 多 kW・h，一周内累计发电 400 多 kW・h。

“沪上・生态家”的屋顶还安装有“追光百叶”，可跟随太阳角度的变化自动调节，实现遮阳、照明多用途。在室内，墙上满铺着蓝色小管，这是利用地热能调节整幢建筑温度的地源热泵；通过管中流动的溶液将地下土壤中的温度带上来，使室内温度上升，就像中央空调一样。

用 15 万块老石库门砖，砌成建筑的立面灰砖“呼吸墙”，成为“沪上・生态家”最点睛的妙笔。这些老石库门砖还用来铺砌楼梯踏面及雨水回收景观水池。拆旧厂房拆迁回收的型钢经处理后拼装焊接加工成“生态核”、钢楼梯等钢结构。

三、国网馆以智能电网为核心实践“低碳世博”

从场馆节能减排，到展现未来生活，上海世博会国家电网馆以智能电网为核心，真正成为了“低碳世博”的倡导者和践行者。

（一）回归自然极尽环保

在国家电网馆，参观者可充分感受“回归自然、极尽环保”的可能。例如，采用“建筑自遮阳”设计，利用夏季主导风向，形成独有的“穿堂风”，带给参观者阵阵清凉。馆内通过“向日葵”系统引入的自然光，也成为了独有的照明光源。这些技术尽可能地利用了可持续的绿色能量，以最生态、最环保的方式，减少了碳排放，也节约了能源。据统计，运营至今，通过充分利用太阳能、风能，国家电网馆清洁能源总发电量为 69 万 kW・h，等效于节省煤 242 t，减排二氧化碳 649 t，为整个场馆节电约 60%。

（二）智能电网实践低碳理念

上海世博园智能电网综合示范工程包括 9 个示范工程和 4 个演示工程，是国内首个智能电网综合示范项目。作为世界上首个涵盖“调度、输电、变电、配电、用电、调度六个环节和通信信息支持平台”的已建并投运的智能电网综合示范工程，上海世博园智能电网综合示范工程全面提高了电网的资源优化配置能力和电力系统的运行效率，保障了安全、优质、可靠的电力供应，同时提高了节能减排能力，成功地演绎了“低碳世博”。

接入世博智能电网综合示范工程的，包括风电、太阳能光伏等清洁能源。世博园区有中国馆、主题馆、世博中心和城市未来馆四个大型光伏电站接入电网运行，总容量达到 4.687 MW，特别是主题馆，光伏发电容量 2 825 kW，是亚洲单体建筑最大的光伏建筑一体化电站。

据统计，自世博开始运营至 2010 年 8 月下旬，已并入上海电网的清洁能源发电量已近 5 万 MW · h，占世博园区总用电量的 26%以上，相当于二氧化碳减排超过 4 万 t。这些数据充分反映了智能电网为“低碳世博”作出的贡献。

第二节 保定市低碳示范建设

保定市地处京、津、石三角中心地带，辖 4 市、18 县、3 区和 1 个国家级高新技术产业开发区，总面积 2.21 万 km^2，总人口 1 101.66 万（约占河北省的 1/6）。

低碳保定，就是保定市要探索建立一个低排放、低污染、低消耗、生态化的经济增长方案，实现一种循环、节约、可持续的低碳城市发展之路。2007 年，制定了“保定•中国电谷建设工程、太阳能之城建设工程、城市生态环境建设工程、办公大楼低碳化运行示范工程、低碳化社区示范工程、低碳化城市交通体系整合工程”等低碳保定发展的六项重点工程。

一、保定 · 中国电谷工程

保定 · 中国电谷，是在保定国家高新技术产业开发区的基础上，打造的新能源与电力技术产业基地。建立以风力发电、光伏发电、输变电、新型储能、高效节能、电力自动化为核心的新型产业体系，成为国内外重要的新能源与能源装备的制造基地和要素集聚区。

2007 年以来，以兵装集团、中国国电集团为代表的战略投资者，开始在保定大规模投资新能源产业。在风电产业上，保定是目前国内最大的叶片生产研发基地，建立了集群环境最优的风电产业体系；在太阳能光伏产业上，天威英利作为国内光伏企业龙头，形成了完备的制造体系。

其中，英利绿色能源公司已经成为国内最大的具有完整产业链的太阳能光伏发电设备制造企业，中航惠腾公司成为亚洲最大的风电叶片生产企业，2009 年叶片生产占全国市场份额的 20%左右。2008 年保定市被科技部授予“国家可再生能源产业化基地”，被国家发改委授予“新能源产业国家高技术产业基地”，2009 年末，科技部在保定市的英利集团设立了太阳能光伏发电设备国家实验室，在惠腾公司设立了风力发电设备国家实验室。

目前保定·中国电谷已形成风力发电装备、光伏发电装备、输变电装备、新型储能装备、高效节能装备及电力自动化装备六大产业体系，创建了以新能源与能源装备产业为核心的特色产业集群。

其中主导产业的情况：

（一）光伏发电产业

2008 年，保定·中国电谷的光伏发电产业实现工业总产值 83.6 亿元，同比增长 86.2%；利税 11.7 亿元，同比增长 56%；出口创汇 9.7 亿美元，同比增长 84.3%。太阳能电池及组件产能达 500 MW，国际市场占有率 11%。

龙头企业英利公司目前是世界第二、国内唯一的全产业链光伏设备制造商，拥有硅原料生产、铸锭、切片、电池组件生产和系统集成全套生产能力。

以英利公司为核心，光伏应用设备等相关配套产业快速成长。目前企业已达 60 余家，产品涉及多晶硅太阳能电池、非晶硅薄膜太阳能电池及太阳能产品应用等光伏全系列装备。

在太阳能光热应用发展方面，高新区跳出单纯研究太阳能热水器的传统领域，围绕建筑节能与光热设备相结合，进行了新型光热设备的研究，比传统光热设备的热转换效率高出 20%以上，可用于冬季室内采暖。已经建设完成的电谷锦江大厦在世界光伏电站与建筑一体化探索方面作出了表率。在此基础上，高新区正在太阳能光热领域进行新的探索。

（二）风力发电产业

目前，保定·中国电谷在风力发电装备领域拥有整机、叶片、控制系统、塔架、配套生产企业近 30 家。其中，整机厂 3 家，叶片厂 6 家，控制系统企业 3 家，配套件生产企业和研发、检测机构中心等 10 多家。龙头企业中航惠腾风电设备有限公司是集设计、工艺开发、测试试验和生产于一体的全国最大的拥有自主知识产权的专业化叶片生产企业，产品规格 660 kW～2.0 MW，国产叶片市场占有率达到了 90%。国电集团 2008 年 1.5 MW 整机 100 台成功下线，惠德风电设备有限公司 1.0 MW 整机实现了国内首个兆瓦级风电机组出口创汇和行业出口零的突破。中能风电设备有限公司已建立起完备的风电叶片研制开发、生产检测平台，技术力量雄厚，管理完善，生产的 750 kW～1.5 MW 系列风电叶片市场前景广阔。

保定·中国电谷近年来建成了多个风电整机及叶片研发检测中心。其中包括中科院十五位院士加盟的河北省重点实验室——华翼风电叶片研发中心，与河北大学合作的保定国家高新区新能源产业基地公共实验室，与中科院电工所合作建立的控制系统检测平台也正在建设之中，保定·中国电谷的风电产业链条已日趋完整。

（三）输变电和电力自动化产业

以保定天威集团为核心的输变电、电力自动化装备产业规模迅速扩大。天威集团是中国最大的变压器生产企业、国内唯一的核电变压器制造企业，拥有国家级大型变压器检测中心。主导产品为大型、超高压电力变压器、电抗器、互感器，特种传动整流变压器。与德国西门子、日本三菱、韩国三星等多家知名国际电工集团形成良好合作关系。产品供应三峡水电站、秦山核电站等国家重点工程并已打入美国、中国香港等国家和地区的市场，国际市场占有率不断提高。以天威集团为龙头，中国电谷还拥有近百家从事小型变压器、开关、开关柜、电力系统自动化控制装置的电力设备制造企业，其产品遍及全国各地，技术水平均在国内居领先地位。

（四）新型储能和高效节能产业

保定新型储能产业发展势头强劲。龙头企业风帆股份公司 2008 年实现产值 27 亿元，主要产品包括起动铅酸蓄电池、工业铅酸蓄电池和新型绿色环保电源、新型锂电池等。

保定市三川电气公司大电网节能等高效节能技术和产品获得多项国际专利，市场潜力巨大。此外，宇能电气公司生产的智能充电系统技术国内领先，并成功用于国庆六十周年阅兵装备。

二、“太阳能之城”工程

“太阳能之城”的建设在市区生产、生活等各个领域实现太阳能的综合利用。2007 年，保定市政府出台的《关于建设“太阳能之城”的实施意见》。主要建设内容包括光伏-LED 及 LED 其他产品的推广应用，建筑领域太阳能照明、热水供应、取暖等方面的综合利用。

该工程最为标志性建筑——电谷锦江酒店，酒店采用了英利公司自主生产的光电玻璃，利用太阳能光伏并网发电，是世界上首座将不同类型太阳能电池组件应用方式与建筑完美结合的标志性建筑。并网容量 0.3 MW，年发电量 26 万 kW·h，可替代 104 t 标准煤，可减少二氧化碳排放量 75.5 t，减少二氧化硫排放量 2.3 t，减少烟尘排放量 1.8 t。电谷会展中心 0.4 MW 光伏发电设备也已安装完毕。

同时，酒店采用了污水源热泵系统，将城市污水经过处理后用于整个酒店采暖、制冷、生活用水，使污水实现了循环利用，提供了可再生能源的利用效率，是国际上为数不多的节能环保型酒店。

三、城市生态建设

（一）“蓝天行动”

“蓝天行动”就是以“拆锅炉、拔烟囱”为重点，全面取缔市区建成区内的分散燃煤设施。到2012年，全市1 100台燃煤锅炉将被全部取缔。

（二）“碧水计划”

“碧水计划”就是两年内全部县城和部分重点镇都建成污水处理厂并规范运营。

市区雨污分流工程全面完工。西大洋、王快水库连通为市区补水工程也全面开工。“大水系”工程全部完工后，将使市区逐步形成“两环四廊、五湖十园；青绿交映、水城一体”的城市水系空间格局。

（三）“绿荫行动”

“绿荫行动”就是加快城市绿化步伐，创建森林城市，逐步提高“三绿”指标，通过广泛开展植树造林活动，增强碳汇能力。到2015年，人均绿地面积由目前9.28 m^2增加到13.5 m^2，绿地率达到40%，绿化覆盖率达到43%。

四、办公大楼低碳化运行示范工程

办公大楼低碳化运行示范工程主要内容是发挥政府部门的带头示范效应，带动和引导全社会增强低碳意识，广泛开展低碳行动。市政府办公区域内进行了公共照明改造，院区内全部采用了太阳能照明，内部更换节能灯。

五、低碳化社区示范工程

低碳化社区示范工程主要内容是积极推广面向低碳化的社区规划手段、建筑技术和社区管理方式。

六、低碳化城市交通体系整合工程

低碳化城市交通体系整合工程主要内容是倡导低碳化出行，建立低碳理念指导下的现有城市交通体系评估，开展低碳化交通整合方案设计。控制高耗油、高污染机动车发展，鼓励使用节能环保型车辆和新能源汽车、电动汽车。

第三节 低碳校园建设

“低碳校园”是指校园里提倡“无纸化教学”，即减少教学过程中对纸质书本的使用，加大电子化教学的力度，从而达到环保的目的。而非网络中盛传的“洗手后关好水龙头、出门关电”等，这些是社会应有的道德准则，并不是“低碳校园”的要求。低碳校园就是在校园生活中引入低碳生活，例如：少用纸巾，重拾手帕，保护森林，低碳生活；每张纸都双面打印，相当于保留下半片原本将被砍掉的森林；随手关灯、开关、拔插头，这是第一步，也是个人修养的表现；不坐电梯爬楼梯，省下大家的电，换自己的健康；绿化不仅是去郊区种树，在家、校园种些花草一样可以；少用塑料袋，一只塑料袋 5 角钱，但它造成的污染可能是 5 角钱的 50 倍；在校用餐，不要浪费；节约练习本和白纸，把字写小一点，那么练习本和白纸就能写更多的东西，避免浪费。

一、上海同济大学——实施低碳校园科技创新教育三年规划方案

同济大学利用自身拥有专业人才众多、学科交叉方便、配套设施齐全等优势，对推动低碳经济与校园可持续发展等相关课题进行深入研究，并与各相关单位密切合作，并共同搭建了同济大学“低碳经济与碳减排促进中心”，通过国际合作与交流，对节能减排、温室气体排放、低碳经济等领域的焦点问题进行沟通与研究，在现状评判的基础上更多地借鉴发达国家的经验和教训，进而寻求改进校园的能源消耗和碳排放模式，找出推动节能减排、促进低碳经济的途径，通过论证实施校园设施改造工程（如学校水处理与循环系统改造、太阳能热水系统和学校照明系统改造等），让师生体验低碳生活，并探索出一整套与创建低碳环保校园相配套的制度体系，成为具有一定科技含量的低碳环保示范校园。同济大学获 2008 年中照照明工程设计奖暨第三届中照照明奖，同济大学教学科研综合楼“异形体空间照明工程”获一等奖。

二、浙江大学——搭建能耗监管平台打造节约型低碳校园

浙江大学节约型校园能耗监管平台是教育部、住房和城乡建设部首批 12 所节约型高等学校监管体系试点示范项目之一。目前，一共在四个校区的 50 幢重点建筑设置了 4 700 多个包含水、电、气、冷热量等不同能耗种类的数据采集点，初步建立起了可靠性强、效率高、共享程度高的高等学校建筑能耗数据库，真正地靠科技手段来实现节能。建成后的监管平台，丰富强大的能耗信息数据库为学

校开展建筑节能相关研究构建方便、快捷、可扩展的数据公众服务信息化平台。如通过用水远程监测管理平台，全校节水率达到 9%，节约水量 40 余万 t。2009 年浙江大学着力打造的校园能耗监管平台，并在教育部、住房和城乡建设部联合举办的“节约型校园监管平台建设示范工作座谈会”上被评为全国高校节能工作先进单位。

三、江南大学——创建绿色低碳校园成效显著

江南大学利用科学监管，高起点建设低碳、节约、绿色校园，取得显著成绩。学校利用“数字化能源监管系统”，强化单位水电指标化管理和监测。通过 3 年多的实践，学校已建成“节约型校园数字化能源监管系统平台”，并在此平台上相继建成了“校园电能计量管理系统”、“校园给水管网监测系统”、“校园路灯智能管理系统”、“网络化预付费电能管理系统”和“3D 江大地理信息系统”等子系统。2009 年 12 月，江南大学“节约型校园数字化能源监管系统的研制与应用”项目通过了教育部组织的科技成果鉴定，专家组一致认为该成果在能源监管领域已达到国际先进水平。同时，学校还将学生浴室收费系统改造成计时刷卡收费，用高科技手段管理水电，充分利用自然资源降低用水量，建设低碳绿色校园。2009 年 11 月，江南大学荣获“全国高校节能工作先进集体”称号。

四、烟台大学文经学院——实施“五进”举措推动“低碳校园”的建设

烟台大学文经学院把低碳校园打造成低碳经济的教研机构、低碳排放的高校社区、低碳环保的花园环境和低碳行为的示范基地，充分利用校园的优势资源，发挥校园的教育职能，引导人们养成低碳环保的生活方式，为国家和世界的可持续发展贡献一份力量。

（一）大力宣传，低碳理念进人心

为了让更多师生树立低碳理念，学院利用校园网、校园广播、校报、橱窗、宣传板、海报、倡议书、调查问卷、讲座等形式，在全院范围内大力宣传低碳意识，倡导低碳生活，让师生们感受到节能减排的紧迫性和艰巨性，进而启发他们对建设低碳校园的思索。同时，通过在教职工定期理论学习课和党团组织生活会上，加入低碳专题，帮助他们加深对低碳的了解。

（二）精心组织，低碳教育进课堂

学院组织相关专业的教师开设了“低碳经济”公选课，通过知识问答、案例剖析、互动咨询等环节，将低碳教育引入课堂教学，向学生普及低碳常识。同时，

相关教师还编写了教材《低碳经济概论》，使低碳教育有理可依，有章可循。“整合资源，低碳研究进科研”。在搞好低碳教育课程的同时，学院还将有关低碳方面的研究纳入学院科研整体考虑的范畴。首先，在对相关学科进行整合的基础上，成立专门的研究机构“烟台大学文经学院低碳研究中心”，由学院领导和相关专家组成，主要开展低碳技术（新能源和可再生能源技术、温室气体减排技术）的基础研究和应用研究、政府发展低碳经济的政策研究、建设低碳校园的标准研究等。其次，积极申报有关低碳研究方面的课题，以课题带动研究，使文经学院的低碳研究走在全省乃至全国高校的前列。再次，鼓励、指导学生组成兴趣小组参与或完成低碳研究课题，课题结合学校及社区实际，引领学生不断在低碳环保领域探索实践，形成低碳环保方面的再认识，并不断提升科技创新能力。学校相关机构对这些兴趣小组进行领导和大力资助。

（三）优化组合，低碳排放进社区

学院通过优化组合，在对校内的基础设施调研的基础上，进行改造。打造具有一定科技含量的低碳环保校园与运营模式，使学院碳排放量降到最低。通过这些设施的改造直接让师生体验低碳生活，体验科技进步给人带来的舒适与便利，从而自觉接受低碳环保生活理念，形成低碳环保生活方式，并能自觉宣传。学院设想利用校园的环境引进沼气工程，应用于开水房、澡堂、食堂等，缓解或替代传统燃料燃烧带来的碳排放。同时通过在学生和教师社区安装太阳能热水器等途径，降低生活中的温室气体排放。另外，在全院范围内实施“节能增绿”工程，不断提高二氧化碳的中和率。

（四）全员参与，低碳行为进生活

学院倡导“节能减排，低碳生活”，“不用一次性木筷，减少森林的损耗；少开车，多坐公交车出行；少浪费粮食；脏衣服用手洗，节省水电”……这些倡导提高了大学生的环保意识并使之落实到行动中，有利于形成全社会的绿色生活理念，从而也必将全面推动节能减排。在文经学院低碳校园建设年，学院将制订并践行《烟台大学文经学院师生员工低碳行为准则》，全员参与，全民行动，将低碳行为渗透到生活的时时刻刻、点点滴滴，使全体师生尤其是大学生成为全民低碳“排头兵”。

（五）百花齐放，低碳活动进校园

学院举办各种各样、丰富多彩的学生活动来宣传低碳、倡导低碳。成立宣传低碳经济、组织低碳活动的学生社团，并以此社团为主，联合学生会、志愿者协会、义工团队等其他学生组织在校园内开展寓教于乐、生动活泼的，如签名、植树、知识竞赛、征文、演讲等活动，同时开展“低碳宿舍”、“低碳班级”、“低碳教室”创建活动，使大学生在活动中加深对低碳的认识，在创建中将低碳理念融入生活，真正做到从力所能及的小事做起。

烟台大学文经学院将把低碳校园打造成低碳经济的教研机构、低碳排放的高校社区、低碳环保的花园环境和低碳行为的示范基地，充分利用校园的优势资源，发挥校园的教育职能，引导人们养成低碳环保的生活方式，为国家和世界的可持续发展贡献一份力量。

思考题

1. 举例说明上海世博会中所体现的低碳技术和理念。
2. 试述河北保定市进行低碳建设所取得的经验和成果。
3. 校园发展低碳经济的路径是怎样的？
4. 请收集国内外低碳城市建设的案例资料，并仔细阅读。

参考文献

[1] 启明．低碳世博，我们能触摸到什么[J]．文明，2010（6）：126-130.

[2] 陈文艺．关于中国低碳城市及其营建的初步研究[D]．兰州：兰州大学，2009.

[3] 卢小祈．对南昌发展低碳经济的路径选择的思考[N]．中国城市发展网.

[4] 无锡发改委：无锡市光伏太阳能推广应用实施方案[EB/OL]. http：//old.wuxi.gov.cn/ba01/c/02/153763.shtml.

[5] 保定市“太阳能之城”建设规划（内部材料）[Z].

附录
低碳经济政策汇编

附录1　国家“十二五”规划纲要（摘要）

2011 年 3 月第十一届全国人民代表大会第四次会议批准的《中华人民共和国国民经济和社会发展第十二个五年规划纲要》描绘了我们国家未来五年的发展蓝图，主要阐述国家的战略意图，明确政府工作的重点，是未来五年全国各族人民共同的行动纲领，也是政府履行经济调节、市场监管、社会管理和公共服务职责的一个重要的依据。规划纲要对我国的低碳经济发展战略进行了规划，现节选如下：

第二章　指导思想

高举中国特色社会主义伟大旗帜，以邓小平理论和“三个代表”重要思想为指导，深入贯彻落实科学发展观，适应国内外形势新变化，顺应各族人民过上更好生活的新期待，以科学发展为主题，以加快转变经济发展方式为主线，深化改革开放，保障和改善民生，巩固和扩大应对国际金融危机冲击成果，促进经济长期平稳较快发展和社会和谐稳定，为全面建成小康社会打下具有决定性意义的基础。

以科学发展为主题，是时代的要求，关系改革开放和现代化建设全局。我国仍处于并将长期处于社会主义初级阶段，发展仍是解决我国所有问题的关键。坚持发展是硬道理的本质要求，就是坚持科学发展。以加快转变经济发展方式为主线，是推动科学发展的必由之路，是我国经济社会领域的一场深刻变革，是综合性、系统性、战略性的转变，必须贯穿经济社会发展全过程和各领域，在发展中促转变，在转变中谋发展。今后五年，要确保科学发展取得新的显著进步，确保转变经济发展方式取得实质性进展。基本要求是：

——坚持把经济结构战略性调整作为加快转变经济发展方式的主攻方向。构建扩大内需长效机制，促进经济增长向依靠消费、投资、出口协调拉动转变。加强农业基础地位，提升制造业核心竞争力，发展战略性新兴产业，加快发展服务业，促进经济增长向依靠第一、第二、第三产业协同带动转变。统筹城乡发展，积极稳妥推进城镇化，加快推进社会主义新农村建设，促进区域良性互动、协调发展。

——坚持把科技进步和创新作为加快转变经济发展方式的重要支撑。深入实施科教兴国战略和人才强国战略，充分发挥科技第一生产力和人才第一资源作用，提高教育现代化水平，增强自主创新能力，壮大创新人才队伍，推动发展向主要依靠科技进步、劳动者素质提高、管理创新转变，加快建设创新型国家。

——坚持把保障和改善民生作为加快转变经济发展方式的根本出发点和落脚点。完善保障和改善民生的制度安排，把促进就业放在经济社会发展优先位置，加快发展各项社会事业，推进基本公共服务均等化，加大收入分配调节力度，坚定不移走共同富裕道路，使发展成果惠及全体人民。

——坚持把建设资源节约型、环境友好型社会作为加快转变经济发展方式的重要着力点。深入贯彻节约资源和保护环境基本国策，节约能源，降低温室气体排放强度，发展循环经济，推广低碳技术，积极应对全球气候变化，促进经济社会发展与人口资源环境相协调，走可持续发展之路。

——坚持把改革开放作为加快转变经济发展方式的强大动力。坚定推进经济、政治、文化、社会等领域改革，加快构建有利于科学发展的体制机制。实施互利共赢的开放战略，与国际社会共同应对全球性挑战、共同分享发展机遇。

第三章　主要目标

按照与应对国际金融危机冲击重大部署紧密衔接、与到 2020 年实现全面建设小康社会奋斗目标紧密衔接的要求，综合考虑未来发展趋势和条件，今后五年经济社会发展的主要目标是：

——经济平稳较快发展。国内生产总值年均增长 7%，城镇新增就业 4 500 万人，城镇登记失业率控制在 5%以内，价格总水平基本稳定，国际收支趋向基本平衡，经济增长质量和效益明显提高。

——结构调整取得重大进展。居民消费率上升。农业基础进一步巩固，工业结构继续优化，战略性新兴产业发展取得突破，服务业增加值占国内生产总值比重提高 4 个百分点。城镇化率提高 4 个百分点，城乡区域发展的协调性进一步增强。

——科技教育水平明显提升。九年义务教育质量显著提高，九年义务教育巩固率达到 93%，高中阶段教育毛入学率提高到 87%。研究与试验发展经费支出占国内生产总值比重达到 2.2%，每万人口发明专利拥有量提高到 3.3 件。

——资源节约环境保护成效显著。耕地保有量保持在 18.18 亿亩。单位工业增加值用水量降低 30%，农业灌溉用水有效利用系数提高到 0.53。非化石能源占一次能源消费比重达到 11.4%。单位国内生产总值能源消耗降低 16%，单位国内生产总值二氧化碳排放降低 17%。主要污染物排放总量显著减少，化学需氧量、二氧化硫排放分别减少 8%，氨氮、氮氧化物排放分别减少 10%。森林覆盖率提高到 21.66%，森林蓄积量增加 6 亿 m^3。

——人民生活持续改善。全国总人口控制在 13.9 亿人以内。人均预期寿命提高 1 岁，达到 74.5 岁。城镇居民人均可支配收入和农村居民人均纯收入分别年均增长 7%以上。新型农村社会养老保险实现制度全覆盖，城镇参加基本养老保险人数达到 3.57 亿人，城乡三项基本医疗保险参保率提高 3 个百分点。城镇保障性安居工程建设 3 600 万套。贫困人口显著减少。

——社会建设明显加强。覆盖城乡居民的基本公共服务体系逐步完善。全民族思想道德素质、科学文化素质和健康素质不断提高。社会主义民主法制更加健全，人民权益得到切实保障。文化事业加快发展，文化产业占国民经济比重明显提高。社会管理制度趋于完善，社会更加和谐稳定。

——改革开放不断深化。财税金融、要素价格、垄断行业等重要领域和关键环节改革取得明显进展，政府职能加快转变，政府公信力和行政效率进一步提高。对外开放广度和深度不断拓展，互利共赢开放格局进一步形成。

第四章　政策导向

实现经济社会发展目标，必须紧紧围绕推动科学发展、加快转变经济发展方式，统筹兼顾，改革创新，着力解决经济社会发展中不平衡、不协调、不可持续的问题，明确重大政策导向：

——加强和改善宏观调控。巩固和扩大应对国际金融危机冲击成果，把短期调控政策和长期发展政策有机结合起来，加强财政、货币、投资、产业、土地等各项政策协调配合，提高宏观调控的科学性和预见性，增强针对性和灵活性，合理调控经济增长速度，更加积极稳妥地处理好保持经济平稳较快发展、调整经济结构、管理通胀预期的关系，实现经济增长速度和结构质量效益相统一。

——建立扩大消费需求的长效机制。把扩大消费需求作为扩大内需的战略重点，通过积极稳妥推进城镇化、实施就业优先战略、深化收入分配制度改革、健全社会保障体系和营造良好的消费环境，增强居民消费能力，改善居民消费预期，促进消费结构升级，进一步释放城乡居民消费潜力，逐步使我国国内市场总体规模位居世界前列。

——调整优化投资结构。发挥投资对扩大内需的重要作用，保持投资合理增长，完善投资体制机制，明确界定政府投资范围，规范国有企业投资行为，鼓励扩大民间投资，有效遏制盲目扩张和重复建设，促进投资消费良性互动，把扩大投资和增加就业、改善民生有机结合起来，创造最终需求。

——同步推进工业化、城镇化和农业现代化。坚持工业反哺农业、城市支持农村和多予少取放活方针，充分发挥工业化、城镇化对发展现代农业、促进农民增收、加强农村基础设施和公共服务的辐射带动作用，夯实农业农村发展基础，加快现代农业发展步伐。

——依靠科技创新推动产业升级。面向国内国际两个市场，发挥科技创新对产业结构优化升级的驱动作用，加快国家创新体系建设，强化企业在技术创新中的主体地位，引导资金、人才、技术等创新资源向企业聚集，推进产学研战略联盟，提升产业核心竞争力，推动三次产业在更高水平上协同发展。

——促进区域协调互动发展。实施区域发展总体战略和主体功能区战略，把实施西部大开发战略放在区域发展总体战略优先位置，充分发挥各地区比较优势，促进区域间生产要素合理流动和产业有序转移，在中西部地区培育新的区域经济增长极，增强区域发展的协调性。

——健全节能减排激励约束机制。优化能源结构，合理控制能源消费总量，完善资源性产品价格形成机制和资源环境税费制度，健全节能减排法律法规和标准，强化节能减排目标责任考核，把资源节约和环境保护贯穿于生产、流通、消费、建设各领域各环节，提升可持续发展能力。

——推进基本公共服务均等化。把基本公共服务制度作为公共产品向全民提供，完善公共财政制度，提高政府保障能力，建立健全符合国情、比较完整、覆盖城乡、可持续的基本公共服务体系，逐步缩小城乡区域间人民生活水平和公共服务差距。

——加快城乡居民收入增长。健全初次分配和再分配调节体系，合理调整国家、企业、个人分配关系，努力实现居民收入增长和经济发展同步、劳动报酬增长和劳动生产率提高同步，明显增加低收入者收入，持续扩大中等收入群体，努力扭转城乡、区域、行业和社会成员之间收入差距扩大趋势。

——加强和创新社会管理。提高社会管理能力，创新社会管理体制机制，加快服务型政府建设，在服务中实施管理，在管理中体现服务，着力解决影响社会和谐稳定的源头性、基础性、根本性问题，保持社会安定有序和充满活力。

第十一章　推动能源生产和利用方式变革

坚持节约优先、立足国内、多元发展、保护环境，加强国际互利合作，调整优化能源结构，构建安全、稳定、经济、清洁的现代能源产业体系。

第一节　推进能源多元清洁发展

发展安全高效煤矿，推进煤炭资源整合和煤矿企业兼并重组，发展大型煤炭企业集团。有序开展煤制天然气、煤制液体燃料和煤基多联产研发示范，稳步推进产业化发展。加大石油、天然气资源勘探开发力度，稳定国内石油产量，促进天然气产量快速增长，推进煤层气、页岩气等非常规油气资源开发利用。发展清洁高效、大容量燃煤机组，优先发展大中城市、工业园区热电联产机组，以及大型坑口燃煤电站和煤矸石等综合利用电站。在做好生态保护和移民安置的前提下积极发展水电，重点推进西南地区大型水电站建设，因地制宜开发中小河流水能资源，科学规划建设抽水蓄能电站。在确保安全的基础上高效发展核电。加强并网配套工程建设，有效发展风电。积极发展太阳能、生物质能、地热能等其他新能源。促进分布式能源系统的推广应用。

第二节　优化能源开发布局

统筹规划全国能源开发布局和建设重点，建设山西、鄂尔多斯盆地、内蒙古东部地区、西南地区和新疆五大国家综合能源基地，重点在东部沿海和中部部分地区发展核电。提高能源就地加工转化水平，减少一次能源大规模长距离输送压力。合理规划建设能源储备设施，完善石油储备体系，加强天然气和煤炭储备与调峰应急能力建设。

第三节　加强能源输送通道建设

加快西北、东北、西南和海上进口油气战略通道建设，完善国内油气主干管网。统筹天然气进口管道、液化天然气接收站、跨区域骨干输气网和配气管网建设，初步形成天然气、煤层气、煤制气协调发展的供气格局。适应大规模跨区输电和新能源发电并网的要求，加快现代电网体系建设，进一步扩大西电东送规模，完善区域主干电网，发展特高压等大容量、高效率、远距离先进输电技术，依托信息、控制和储能等先进技术，推进智能电网建设，切实加强城乡电网建设与改造，增强电网优化配置电力能力和供电可靠性。

第二十一章　积极应对全球气候变化

坚持减缓和适应气候变化并重，充分发挥技术进步的作用，完善体制机制和政策体系，提高应对气候变化能力。

第一节　控制温室气体排放

综合运用调整产业结构和能源结构、节约能源和提高能效、增加森林碳汇等多种手段，大幅度降低能源消耗强度和二氧化碳排放强度，有效控制温室气体排放。合理控制能源消费总量，严格用能管理，加快制定能源发展规划，明确总量控制目标和分解落实机制。推进植树造林，新增森林面积 1 250 万 hm^2。加快低碳技术研发应用，控制工业、建筑、交通和农业等领域温室气体排放。探索建立低碳产品标准、标志和认证制度，建立完善温室气体排放统计核算制度，逐步建立碳排放交易市场。推进低碳试点示范。

第二节 增强适应气候变化能力

制定国家适应气候变化总体战略，加强气候变化科学研究、观测和影响评估。在生产力布局、基础设施、重大项目规划设计和建设中，充分考虑气候变化因素。加强适应气候变化特别是应对极端气候事件能力建设，加快适应技术研发推广，提高农业、林业、水资源等重点领域和沿海、生态脆弱地区适应气候变化水平。加强对极端天气和气候事件的监测、预警和预防，提高防御和减轻自然灾害的能力。

第三节 广泛开展国际合作

坚持共同但有区别的责任原则，积极参与国际谈判，推动建立公平合理的应对气候变化国际制度。加强气候变化领域国际交流和战略政策对话，在科学研究、技术研发和能力建设等方面开展务实合作，推动建立资金、技术转让国际合作平台和管理制度。为发展中国家应对气候变化提供支持和帮助。

第二十二章 加强资源节约和管理

落实节约优先战略，全面实行资源利用总量控制、供需双向调节、差别化管理，大幅度提高能源资源利用效率，提升各类资源保障程度。

第一节 大力推进节能降耗

抑制高耗能产业过快增长，突出抓好工业、建筑、交通、公共机构等领域节能，加强重点用能单位节能管理。强化节能目标责任考核，健全奖惩制度。完善节能法规和标准，制定完善并严格执行主要耗能产品能耗限额和产品能效标准，加强固定资产投资项目节能评估和审查。健全节能市场化机制，加快推行合同能源管理和电力需求侧管理，完善能效标志、节能产品认证和节能产品政府强制采购制度。推广先进节能技术和产品。加强节能能力建设。开展万家企业节能低碳行动，深入推进节能减排全民行动。

第二节 加强水资源节约

实行最严格的水资源管理制度，加强用水总量控制与定额管理，严格水资源保护，加快制订江河流域水量分配方案，加强水权制度建设，建设节水型社会。强化水资源有偿使用，严格水资源费的征收、使用和管理。推进农业节水增效，推广普及管道输水、膜下滴灌等高效节水灌溉技术，新增 5 000 万亩高效节水灌溉面积，支持旱作农业示范基地建设。在保障灌溉面积、灌溉保证率和农民利益的前提下，建立健全工农业用水水权转换机制。加强城市节约用水，提高工业用水效率，促进重点用水行业节水技术改造和居民生活节水。加强水量水质监测能力建设。实施地下水监测工程，严格控制地下水开采。大力推进再生水、矿井水、海水淡化和苦咸水利用。

第三节　节约集约利用土地

坚持最严格的耕地保护制度，划定永久基本农田，建立保护补偿机制，从严控制各类建设占用耕地，落实耕地占补平衡，实行先补后占，确保耕地保有量不减少。实行最严格的节约用地制度，从严控制建设用地总规模。按照节约集约和总量控制的原则，合理确定新增建设用地规模、结构、时序。提高土地保有成本，盘活存量建设用地，加大闲置土地清理处置力度，鼓励深度开发利用地上地下空间。强化土地利用总体规划和年度计划管控，严格用途管制，健全节约土地标准，加强用地节地责任和考核。单位国内生产总值建设用地下降 30%。

第四节　加强矿产资源勘查、保护和合理开发

实施地质找矿战略工程，加大勘查力度，实现地质找矿重大突破，形成一批重要矿产资源的战略接续区。建立重要矿产资源储备体系。加强重要优势矿产保护和开采管理，完善矿产资源有偿使用制度，严格执行矿产资源规划分区管理制度，促进矿业权合理设置和勘查开发布局优化。实行矿山最低开采规模标准，推进规模化开采。发展绿色矿业，强化矿产资源节约与综合利用，提高矿产资源开采回采率、选矿回收率和综合利用率。推进矿山地质环境恢复治理和矿区土地复垦，完善矿山环境恢复治理保证金制度。加强矿产资源和地质环境保护执法监察，坚决制止乱挖滥采。

第二十三章　大力发展循环经济

按照减量化、再利用、资源化的原则，减量化优先，以提高资源产出效率为目标，推进生产、流通、消费各环节循环经济发展，加快构建覆盖全社会的资源循环利用体系。

第一节　推行循环型生产方式

加快推行清洁生产，在农业、工业、建筑、商贸服务等重点领域推进清洁生产示范，从源头和全过程控制污染物产生和排放，降低资源消耗。加强共伴生矿产及尾矿综合利用，提高资源综合利用水平。推进大宗工业固体废物和建筑、道

路废弃物以及农林废物资源化利用，工业固体废物综合利用率达到72%。按照循环经济要求规划、建设和改造各类产业园区，实现土地集约利用、废物交换利用、能量梯级利用、废水循环利用和污染物集中处理。推动产业循环式组合，构筑链接循环的产业体系。资源产出率提高15%。

第二节　健全资源循环利用回收体系

完善再生资源回收体系，加快建设城市社区和乡村回收站点、分拣中心、集散市场“三位一体”的回收网络，推进再生资源规模化利用。加快完善再制造旧件回收体系，推进再制造产业发展。建立健全垃圾分类回收制度，完善分类回收、密闭运输、集中处理体系，推进餐厨废弃物等垃圾资源化利用和无害化处理。

第三节　推广绿色消费模式

倡导文明、节约、绿色、低碳消费理念，推动形成与我国国情相适应的绿色生活方式和消费模式。鼓励消费者购买使用节能节水产品、节能环保型汽车和节能省地型住宅，减少使用一次性用品，限制过度包装，抑制不合理消费。推行政府绿色采购，逐步提高节能节水产品和再生利用产品比重。

第四节　强化政策和技术支撑

加强规划指导、财税金融等政策支持，完善法律法规和标准，实行生产者责任延伸制度，制订循环经济技术和产品名录，建立再生产品标志制度，建立完善循环经济统计评价制度。开发应用源头减量、循环利用、再制造、零排放和产业链接技术，推广循环经济典型模式。深入推进国家循环经济示范，组织实施循环经济“十百千示范”行动。推进甘肃省和青海柴达木循环经济示范区等循环经济示范试点、山西资源型经济转型综合配套改革试验区建设。

第二十四章　加大环境保护力度

以解决饮用水不安全和空气、土壤污染等损害群众健康的突出环境问题为重点，加强综合治理，明显改善环境质量。

第一节　强化污染物减排和治理

实施主要污染物排放总量控制。实行严格的饮用水水源地保护制度，提高集中式饮用水水源地水质达标率。加强造纸、印染、化工、制革、规模化畜禽养殖等行业污染治理，继续推进重点流域和区域水污染防治，加强重点湖库及河流环境保护和生态治理，加大重点跨界河流环境管理和污染防治力度，加强地下水污染防治。推进火电、钢铁、有色、化工、建材等行业二氧化硫和氮氧化物治理，强化脱硫脱硝设施稳定运行，加大机动车尾气治理力度。深化颗粒物污染防治。加强恶臭污染物治理。建立健全区域大气污染联防联控机制，控制区域复合型大气污染。地级以上城市空气质量达到二级标准以上的比例达到80%。有效控制城市噪声污染。提高城镇生活污水和垃圾处理能力，城市污水处理率和生活垃圾无害化处理率分别达到85%和80%。

第二节　防范环境风险

加强重金属污染综合治理，以湘江流域为重点，开展重金属污染治理与修复试点示范。加大持久性有机物、危险废物、危险化学品污染防治力度，开展受污染场地、土壤、水体等污染治理与修复试点示范。强化核与辐射监管能力，确保核与辐射安全。推进历史遗留的重大环境隐患治理。加强对重大环境风险源的动态监测与风险预警及控制，提高环境与健康风险评估能力。

第三节　加强环境监管

健全环境保护法律法规和标准体系，完善环境保护科技和经济政策，加强环境监测、预警和应急能力建设。加大环境执法力度，实行严格的环保准入，依法开展环境影响评价，强化产业转移承接的环境监管。严格落实环境保护目标责任制，强化总量控制指标考核，健全重大环境事件和污染事故责任追究制度，建立环保社会监督机制。

第四十九章　深化资源性产品价格和环保收费改革

建立健全能够灵活反映市场供求关系、资源稀缺程度和环境损害成本的资源性产品价格形成机制，促进结构调整、资源节约和环境保护。

第一节　完善资源性产品价格形成机制

继续推进水价改革，完善水资源费、水利工程供水价格和城市供水价格政策。积极推进电价改革，推行大用户电力直接交易和竞价上网试点，完善输配电价形成机制，改革销售电价分类结构。积极推行居民用电、用水阶梯价格制度。进一步完善成品油价格形成机制，积极推进市场化改革。理顺天然气与可替代能源比价关系。按照价、税、费、租联动机制，适当提高资源税税负，完善计征方式，将重要资源产品由从量定额征收改为从价定率征收，促进资源合理开发利用。

第二节　推进环保收费制度改革

建立健全污染者付费制度，提高排污费征收率。改革垃圾处理费征收方式，适度提高垃圾处理费标准和财政补贴水平。完善污水处理收费制度。积极推进环境税费改革，选择防治任务繁重、技术标准成熟的税目开征环境保护税，逐步扩大征收范围。

第三节　建立健全资源环境产权交易机制

引入市场机制，建立健全矿业权和排污权有偿使用和交易制度。规范发展探矿权、采矿权交易市场，发展排污权交易市场，规范排污权交易价格行为，健全法律法规和政策体系，促进资源环境产权有序流转和公开、公平、公正交易。

附录2　国家发展和改革委员会关于开展低碳省区和低碳城市试点工作的通知

各省、自治区、直辖市及计划单列市和新疆生产建设兵团发展改革委：

去年11月国务院提出我国2020年控制温室气体排放行动目标后，各地纷纷主动采取行动落实中央决策部署。不少地方提出发展低碳产业、建设低碳城市、倡导低碳生活，一些省市还向我委申请开展低碳试点工作。积极探索我国工业化城镇化快速发展阶段既发展经济、改善民生又应对气候变化、降低碳强度、推进绿色发展的做法和经验，非常必要。经国务院领导同意，我委将组织开展低碳省区和低碳城市试点工作。现将有关事项通知如下：

一、目的意义

气候变化深刻影响着人类生存和发展，是世界各国共同面临的重大挑战。积极应对气候变化，是我国经济社会发展的一项重大战略，也是加快经济发展方式转变和经济结构调整的重大机遇。我国正处在全面建设小康社会的关键时期和工业化、城镇化加快发展的重要阶段，能源需求还将继续增长，在发展经济、改善民生的同时，如何有效控制温室气体排放，妥善应对气候变化，是一项全新的课题。我们必须坚持以我为主、从实际出发的方针，立足国情、统筹兼顾、综合规划，加大改革力度、完善体制机制，依靠科技进步、加强示范推广，努力建设以低碳排放为特征的产业体系和消费模式。开展低碳省区和低碳城市的试点，有利于充分调动各方面积极性，有利于积累对不同地区和行业分类指导的工作经验，是推动落实我国控制温室气体排放行动目标的重要抓手。

二、试点范围

根据地方申报情况，统筹考虑各地方的工作基础和试点布局的代表性，经沟通和研究，我委确定首先在广东、辽宁、湖北、陕西、云南五省和天津、重庆、深圳、厦门、杭州、南昌、贵阳、保定八市开展试点工作。

三、具体任务

（一）编制低碳发展规划。试点省和试点城市要将应对气候变化工作全面纳入本地区“十二五”规划，研究制定试点省和试点城市低碳发展规划。要开展调查研究，明确试点思路，发挥规划综合引导作用，将调整产业结构、优化能源结构、节能增效、增加碳汇等工作结合起来，明确提出本地区控制温室气体排放的行动目标、重点任务和具体措施，降低碳排放强度，积极探索低碳绿色发展模式。

（二）制定支持低碳绿色发展的配套政策。试点地区要发挥应对气候变化与节能环保、新能源发展、生态建设等方面的协同效应，积极探索有利于节能减排和低碳产业发展的体制机制，实行控制温室气体排放目标责任制，探索有效的政府引导和经济激励政策，研究运用市场机制推动控制温室气体排放目标的落实。

（三）加快建立以低碳排放为特征的产业体系。试点地区要结合当地产业特色和发展战略，加快低碳技术创新，推进低碳技术研发、示范和产业化，积极运用低碳技术改造提升传统产业，加快发展低碳建筑、低碳交通，培育壮大节能环保、新能源等战略性新兴产业。同时要密切跟踪低碳领域技术进步最新进展，积极推动技术引进消化吸收再创新或与国外的联合研发。

（四）建立温室气体排放数据统计和管理体系。试点地区要加强温室气体排放统计工作，建立完整的数据收集和核算系统，加强能力建设，提供机构和人员保障。

（五）积极倡导低碳绿色生活方式和消费模式。试点地区要举办面向各级、各部门领导干部的培训活动，提高决策、执行等环节对气候变化问题的重视程度和认识水平。大力开展宣传教育普及活动，鼓励低碳生活方式和行为，推广使用低碳产品，弘扬低碳生活理念，推动全民广泛参与和自觉行动。

四、工作要求

低碳试点工作关系经济社会发展全局，需要切实加强领导，抓好落实，务求实效。试点地区要建立由主要领导负责抓总的工作机制，发展改革部门要负责做好相关组织协调工作；辖区内有试点城市的省级发展改革部门，要加强对试点城市的支持和指导，协调解决工作中的困难；试点工作要结合本地实际，突出特色，大胆探索，注重积累成功经验，坚决杜绝概念炒作和搞形象工程。试点地区要抓紧制订工作实施方案，并于8月31日前报送我委。

我委将与试点地区发展改革部门建立联系机制，加强沟通交流，定期对试点进展情况进行评估，指导开展相关国际合作，加强能力建设，做好服务工作。对于试点地区的成功经验和做法将及时总结，并加以推广示范。

特此通知。

2010年7月19日

附录3 湖北省人民政府关于发展低碳经济的若干意见

各市、州、县人民政府，省政府各部门：

低碳经济是以低能耗、低污染、低排放为基础的经济模式，其实质是能源高效利用、清洁能源开发和发展绿色 GDP，核心是能源技术和减排技术创新、产业结构优化升级、制度创新以及人类生存发展观念的根本性转变。为推动全省低碳经济发展，根据《中国应对气候变化国家方案》《中国应对气候变化的政策与行动》等有关规定，现结合我省实际提出如下意见。

一、充分认识发展低碳经济的重要性

（一）发展低碳经济是落实科学发展观，促进产业结构调整的重要途径。湖北能源资源十分匮乏，缺煤、少油、乏气，能源需求对外依存度较大。当前，我省正处于工业化中期，工业结构偏重，能源消耗以煤为主，能源供求矛盾日益突出，环境压力不断加大。发展低碳经济，有利于提高能源利用效率、节约能源、发展和利用可再生能源、减少煤炭的使用，促进我省产业调整和升级，同时也有利于发展新兴产业，形成新的经济增长点，对于推进武汉城市圈“两型”社会建设、落实全省节能减排目标、倡导生态文明和实现可持续发展具有重要意义。

（二）发展低碳经济是促进我省参与国际合作、树立良好形象的重要方面。利用《京都议定书》中的清洁发展机制（CDM），积极参与 CDM 项目合作，有利于减少温室气体排放，促进我省在资金和先进技术引进等领域的国际合作，有利于改善我省生态环境状况，创造更加美好的人居环境，树立湖北良好的对外形象。

二、指导思想、基本原则和主要目标

（三）指导思想。以科学发展观为指导，坚持资源节约和环境保护的基本国策，抓住武汉城市圈“两型”社会综合配套改革试验重要战略机遇，紧紧围绕实现经济发展方式的根本转变，以优化能源结构、提高能源利用效率、降低单位 GDP 碳排放强度为核心，以减少温室气体排放、增强可持续发展能力为目标，以技术创新和制度创新为动力，大力发展低碳产业和低碳服务产业，完善管理体制、政策机制等支撑体系建设，逐步建立与全省发展相适应的低碳发展模式，促进经济社会健康快速发展。

（四）基本原则。坚持低碳发展与经济发展相互促进原则；坚持能源节约与可再生资源开发利用并举原则；坚持科技先导、自主创新，技术进步推进原则；

坚持政府引导、总体谋划、突出重点，提高竞争力原则；坚持与现行节能减排、循环经济、生态经济政策相结合原则。

（五）主要目标。发展低碳经济是经济社会发展模式的新探索，是一个长期努力和实践的过程。到 2020 年，全省能源消费结构进一步优化，核电和可再生能源比重增加到22%左右；产业结构进一步调整，服务业与高技术产业比重逐步增加，新能源及其低碳装备制造产业居国内领先地位；单位 GDP 能耗降低到 1t 标准煤以下，碳排放强度年均降低 4%以上，主要高耗能行业单位产品能耗达到国内先进水平；建立较完善的低碳发展法规保障体系、政策支撑体系、技术创新体系和激励约束机制；建成若干以低碳发展方式和低碳消费方式为特征的低碳经济示范区。

三、主要任务

（六）调整产业结构，转变经济发展方式。以提高能源效率、减少污染排放、促进“两高一资”（高耗能、高污染和资源性）行业转型升级，积极发展先进制造业、高技术产业和服务业，减少对能源的依赖。加快高新技术产业发展和快速扩张，优先发展对经济增长有重大带动作用、低能耗的信息产业，大力调整工业部门内部的产业结构、产品结构和能源消费结构。运用高新技术和先进适用技术改造和提升传统产业，推动传统产业提高能源使用效率和污染减排，促进传统结构优化和升级。不断提升服务业在三次产业中的比重，改造和升级零售、餐饮、生活服务等传统服务业，积极发展金融保险业、文化产业、生态旅游业、软件信息产业等资源能源消耗少的现代服务业，促进低碳服务产业的发展。

（七）改善能源结构，加快发展新能源产业。积极发展核电，广泛应用世界先进的核电技术，科学选址，研究核电项目的关联效应，加快咸宁大畈核电站的建设进程，积极谋划和筹备后续核电站的建设；在保护生态环境的基础上开发水电资源，因地制宜，科学规划，合理建设水电项目；有序推进清洁能源开发，推动小汽车主要燃料向压缩天然气转化，推广汽车利用醇类燃料、合成燃料、生物柴油、替代燃料及电动汽车技术；因地制宜推进生物质能源的开发和利用，推广能源作物种植，大力推广沼气和农林废弃物气化碳化、压缩成型技术，提高清洁、可再生能源在农村地区生活用能中的比例；加快风电开发和建设，使我省在风电建设领域取得新的突破；积极推进太阳能利用，推广太阳能利用产品的应用，发展太阳能热利用产业集群，加快太阳能光伏一体化发电项目建设。

（八）推进节能降耗，提高能源使用效率。进一步完善节能减排管理机制和体系，落实《湖北省节能中长期专项规划》和《湖北省“十一五”节能行动计划》，狠抓重点行业和重点企业节能管理，强化能源节约和高效利用，继续实施十大节能工程，开展先进节能技术开发、示范和推广，推进工业、交通、建筑三大领域节能，加大依法实施节能管理力度，不断降低能源消费强度，加快淘汰电力、钢铁、建材、造纸等行业的落后生产能力，重点落实“十五小”和“新五小”专项治理工作，努力降低单位能耗。鼓励常规火电厂进行供热改造，积极推进节能的余热（气、压）发电、热电联产及热电冷联供的电站建设。

（九）发展循环经济，提高资源综合利用效率。发展低碳经济是循环经济理念的体现。贯彻落实《中华人民共和国循环经济促进法》，进一步深化循环经济示范试点和汽车零部件再制造试点，支持一批循环经济重点项目，大幅度减少资源、能源消耗。推动青山—阳逻—鄂州大循环经济示范区建设，建立和完善循环经济发展模式，推进循环经济形成较大规模。发展可再生资源产业，建立可再生资源回收网络体系，建立再生资源产业基地和产业园区。完善资源有偿取得制度，建立反映市场供求关系、资源稀缺程度、环境损害成本的资源要素价格形成机制。严格资源开采准入制度，合理利用资源、能源及废弃物，支持开发低品位矿产资源，提高废渣、废水、废气综合利用率。积极推行利用城市垃圾发电。

（十）开展低碳试点，探索低碳发展模式。在全省有条件的地区开展低碳经济试点工作，探索低碳发展模式和有效运行机制，积累经验，提升竞争力，有目的、有计划、有步骤地引导其他地区的低碳发展。在武汉城市圈着手建立低碳经济试验示范区，探索区域低碳能源、低碳交通、低碳产业发展模式，发挥示范作用，建立促进资源节约、低碳经济发展的政策体系，重点推动一批低碳经济示范工程建设。

（十一）优化消费过程，积极创建低碳型消费模式。加强政府对企业和公众的引导，在不影响人民生活质量的前提下，鼓励消费领域节能和减少 CO_2 排放。鼓励和倡导低碳生活方式，倡导节约用电、用水，增强垃圾自觉分类和循环利用意识，鼓励节能灯、太阳能热水器等节能产品的使用，提倡低碳消费，遏制奢侈消费，引导合理消费，逐步减少一次性用品的使用，严格执行规定的家电标准，优化消费过程；引导公众树立节约型汽车消费理念，鼓励使用节能环保型小排量汽车，研究鼓励混合动力汽车、纯电动汽车的消费政策；大力发展城市公共交通，减少私家车出行，鼓励自行车出行，增加免费租用自行车网点。加快强制淘汰废旧汽车，缩短高耗能、高排放的老旧公交车型的报废期限。

四、大力发展低碳相关产业

（十二）培育壮大低碳装备制造业。依托全省现有产业基础，加大研发投入，强化企业自主创新主体地位，大力扶持风电、核电、生物质能、太阳能光伏发电设备等新能源装备制造产业发展壮大，支持风电机组、核电设备及配套材料、太阳能电池板及组件、多晶硅材料、环保机械、资源综合利用设备、节能技术改造关键设备研发和生产企业的做大做强，提升综合竞争力，力争走在全国前列，提前抢占市场份额，以适应未来大规模新能源建设的需要。依托武汉“中国光谷”，重点支持太阳能建筑一体化构件及集成系统、太阳能照明和光伏并网电站等的设计、研发、生产和安装。

（十三）推动低碳技术产品产业化发展。抓住国家大型核电站集中建设的机遇，重点发展核电生产必备的电机、压缩机、鼓风机、输变电设备、高性能仪器仪表、核电保温材料、高压泵阀、核电专用工具、电器开关等配套产品，力争形成核电配套产业群。充分利用国家产业政策导向，发挥东风公司开发电动车的技术优势，加大新能源汽车研发和产业化力度，提高电动汽车生产规模和市场份额。推动我省高效汽车蓄电池、太阳能蓄电池组、混合动力汽车发动机及高效节能电冰箱、空调器、洗衣机、太阳能热水器等家用电器的开发和生产，加快开发新型紧凑型荧光灯、直管荧光灯、金属卤化物灯、LED 灯、太阳能灯及微型太阳能光伏发电机组，并实现产业化发展，形成一批具有一定规模和实力的低碳产业群。

（十四）大力发展电子信息产业。围绕国家重点发展的电子元器件、集成电路、通信设备等领域，结合我省科教优势和产业实际，大力推动光电子、通信设备等特色优势产业快速发展，形成技术领先与规模优势。加快建设消费电子、集成电路等产业集群，实现规模与结构协调发展。大力发展软件及信息服务业，加快具有自主知识产权的技术成果产业化，实现我省电子信息产业跨越式发展。

（十五）加快发展碳汇产业。重点发展高效经济林、速生丰产林、花卉苗木、中药材产业及生态旅游业。通过加快林业产业集聚，打造林业科技产业园。积极开展碳汇造林，鼓励大型企业、组织、团体出资营造碳汇林或自愿购买森林碳汇。开展林业碳汇研究，加快培育二氧化碳吸收率高的树种和品种，探索二氧化碳清除率高的营造林模式。加强碳汇林固碳能力的计量与监测，为碳汇林的营建提供科技支撑。

五、推动低碳技术的研究应用与创新

（十六）加快低碳技术的引进和研发。通过 CDM 项目引进发达国家先进的低碳技术，鼓励企业依靠商业渠道引进技术，鼓励企业通过 CDM 项目在联合国 CDM 执行理事会注册，以获得更多的资金及技术支持，同时加强地区间交流与合作，促进发达地区对我省的技术转让。增强自主创新能力，鼓励企业开发低碳技术和低碳产品，重点研究新一代生物燃料技术、二氧化碳捕集、运送和埋存技术、智能电力系统开发和电力储存以及提高能效的相关技术等。大力实施煤炭净化技术和加强相关基础设施的建设。

（十七）加强低碳技术及产品的推广应用。研究制定发展低碳经济的技术指导目录和技术发展指导意见，鼓励低碳服务公司或中介服务机构的发展。推广批先进成熟适用的低碳技术及产品，加快科技成果转化；加快太阳能光电技术、新型墙体材料、可再生能源等在城乡建筑领域的应用，逐步扩大覆盖面。推广高能效空调和冰蓄冷技术，加快中央空调系统改造。积极实施“金太阳示范工程”，推进光伏发电的规模化示范应用。在城市推广普及太阳能集中供热水工程，建设太阳能采暖和制冷示范工程，在农村和城镇推广户用太阳能热水器、太阳房和太阳灶等。

（十八）建立低碳技术支撑体系。建立以政府为主导、企业为主体、产学研相结合的低碳技术创新体系，建立低碳技术网络平台。各地各有关部门要密切配合，加强合作，及时跟踪国际低碳经济及相关影响事件的最新动态，加强与相关专业机构和高校、研究院所的技术合作，提高全省低碳经济研究水平；加大低碳经济相关研究的投入，加快有关技术的研发、示范和推广，提高科技创新和推广应用水平；统筹开展可再生能源、清洁能源、节能新技术、温室气体减排技术以及促进碳吸收技术等领域的适应性技术研究。加快建立人才基地，培养一批专业化的人才队伍。

六、保障措施

（十九）加强组织协调。省应对气候变化领导小组负责制定全省低碳经济的发展战略、方针和对策，协调解决低碳经济工作中的重大问题，组织、指导和推动低碳发展工作以及低碳经济示范试点工作。要进一步完善多部门参与的决策协调机制，建立各级政府推动、企业和公众广泛参与发展低碳经济的体制和行动机制，形成与未来低碳经济工作相适应的、高效的组织机构和管理体系，在减缓和适应气候变化方面取得实际效果。

（二十）强化应对气候变化工作。制订出台《湖北省应对气候变化行动方案》，将低碳发展理念和行动纳入经济和社会发展规划以及各类相关区域发展规划、城市总体规划等专项规划，将低碳发展目标纳入“十二五”发展规划和重点产业发展规划之中，制订低碳发展实施方案。以提高能效和降低碳排放强度为核心，通过综合措施不断增强适应气候变化能力，以节约资源、优化能源结构、加强生态保护和建设为突破口，发展低碳生产、低碳运输和低碳社区，增加自然生态系统碳汇，积极开展清洁发展机制（CDM）国际互惠交易。

（二十一）建立健全相关法规制度。建立和健全与低碳发展相关的法规和制度，研究制定促进低碳发展的科技、产业、税收、金融、价格等政策和措施，建立发展低碳经济的财政转移支付制度，完善环境经济政策。抓紧制订和完善《湖北省应对气候变化行动方案》《湖北省实施〈中华人民共和国循环经济促进法〉办法》《湖北省气候可行性论证管理办法》、修订《湖北省实施〈中华人民共和国节约能源法〉办法》等相关法规制度。

（二十二）制定和落实支持低碳经济发展的激励约束政策机制。认真贯彻落实国家关于节能、循环经济、新能源等方面的各项优惠政策，通过政府、行业指导，制约企业行为和市场消费行为推动低碳经济发展，实施新建企业的技术水平、生产规模等准入门槛，鼓励新节约产品推广，利用税收政策，限制高能耗、高水耗、高污染和高资源消耗的低附加值产品出口。在理顺现有收费和资金来源的基础上，积极探索建立和完善碳排放交易机制和生态环境效益补偿机制。进一步深化能源价格改革，利用价格机制，调整能源产品之间的比价关系，促进能源的合理开发、高效利用和有效保护。

（二十三）加强政府引导，建立促进低碳发展的资金投入机制。建立稳定的财政资金投入机制，整合现有财政专项资金，对低碳发展的重大项目和科技、产业化示范项目采取引导、激励、奖励或贴息贷款等方式给予支持；拓展融资渠道，尝试建立碳金融公司，创新金融制度和金融工具，为低碳产业发展提供资金支持；吸引社会各界资金投入低碳经济工作，将科技风险投资引入低碳经济领域；充分发挥企业作为技术创新主体的作用，引导企业加大对低碳经济领域技术研发的投入；积极争取利用外国政府、国际组织等双边和多边基金，开展低碳经济领域的科学研究与技术开发。

（二十四）组织开展低碳经济的宣传、教育和培训。各地、各部门要动员社会各方面力量，完善信息发布的渠道和制度，充分发挥新闻媒体的舆论监督和导向作用，大力开展低碳发展与应对气候变化的宣传活动，宣传国家和省发展低碳经济的各项方针政策，提高全社会对发展低碳经济的认识，鼓励和倡导低碳消费方式。在基础教育、成人教育、高等教育中纳入低碳经济普及与教育的内容，针对不同的培训对象举办形式多样的培训和实践活动，努力把低碳消费转变成全体公民的自觉行为，形成发展低碳经济的良好社会氛围。

2009年11月10日

附录4 广州市关于大力发展低碳经济的指导意见

各区、县级市人民政府，市政府各部门、各直属机构：

低碳经济具有低能耗、低排放、低污染和高效益等特征，是国际公认的应对气候变化、促进可持续发展的新经济增长形态。国际金融危机爆发以来，为应对金融危机、能源危机和环境危机，欧美发达国家普遍选择了以发展低碳经济为主攻方向。我国政府也提出了一系列促进低碳发展的意见和措施。目前，我市人均GDP（地区生产总值）已超过 13 000 美元，正处于发展模式由外延扩张向内涵提升转变、发展动力由要素驱动向创新驱动转变、经济形态由工业型向服务型转变的关键时期和全面建设国家中心城市的重要阶段，经济社会发展转型面临严峻挑战，必须以全球视野、世界眼光、战略思维认识和积极谋划我市低碳经济的发展。在新一轮国际竞争中加快发展科技含量高、消耗能源少、环境污染少、附加值高的低碳产业，树立产品的绿色形象，打破低碳壁垒，在综合成本不断上升的市场环境中站稳脚跟，增强产业集聚力、辐射力和核心竞争力。各级政府和部门要充分认识我市发展低碳经济的重要性、紧迫性，加强宣传，抓好培训，突出重点，找准突破口先行先试，努力推动低碳生产，倡导低碳生活，营造低碳环境，加快建设低碳广州，建设资源节约型、环境友好型社会，形成节约资源能源和保护生态环境的产业结构、增长方式和消费模式。现根据国家、省有关发展低碳经济的精神，结合我市实际，提出 2011 年至 2015 年我市关于大力发展低碳经济的指导意见如下：

一、指导思想

坚持以科学发展观为指导，深入贯彻实施《珠江三角洲地区改革发展规划纲要（2008—2020 年）》，围绕实现经济发展方式转变，以提升可持续发展能力为核心，以技术进步和制度创新为动力，以发展低碳产业为抓手，以大力节约资源、优化能源结构、加强环境保护和生态建设为突破口，完善技术、标准和产业政策，探索低碳发展模式，全力推进节能减排和循环利用，发展低碳经济，建设低碳社会，促进我市经济社会科学发展、和谐发展。

二、工作目标

到 2015 年我市发展低碳经济的工作目标是：“一年开好局，三年打基础，五年见成效”。即 2011 年统筹部署，编制规划，制定政策和工作实施方案，加强宣传，全面启动发展低碳经济行动；到 2013 年，产业低碳水平整体提升，低碳排放的生产方式和生活方式初步建立；到 2015 年，单位地区生产总值能耗降低至 0.54～0.56 t 标准煤，碳排放强度年均下降 3%左右，力争优于国家和省同期标准。

——低碳产业特征进一步凸显。产业重点向高端产品、高端环节聚焦，产业空间更加集约化、集聚化；低碳产业技术创新能力大幅增强，以服务业为主导的产业格局巩固提升，现代制造业振兴升级，新能源和节能环保等战略性新兴产业发展壮大；全社会清洁生产的深度、广度持续拓展，广泛采用新技术、新产品、新工艺，更大规模推动企业实施清洁生产活动。

——低碳消费体系进一步完善。低碳消费品认证审核和促进机制进一步完善，低碳产品的消费比重进一步提升；低碳建筑得到广泛推广，单位建筑面积能耗和资源消耗水平进一步降低；现代交通运输体系更加完善，公共交通出行效率进一步提高；居民生活垃圾分类管理体系持续完善，生活垃圾分类达标和资源化率进一步提高。

——资源利用效率进一步提高。能源结构进一步优化、清洁能源占能源消费总量比重稳步提升，节能技术推广应用和重点领域节能改造工程实施取得突破；用发展循环经济理念指导工业园区（基地）建设、固体废弃物资源化利用和无害化处置水平显著提高。

三、主要任务

围绕“资源节约型、环境友好型社会”建设，立足广州国家中心城市的功能定位和城市总体规划要求，突出抓好产业、能源、建筑、交通、消费等领域的低碳化，扎实推进低碳“十大”工程，提高低碳经济发展水平。

（一）低碳产业促进工程。以产业低碳化为目标，结合现代产业体系建设，优先发展现代服务业，加快发展金融、旅游、会展、物流等产业，积极发展总部经济。以制造业低碳化为突破口，大力推进汽车、钢铁、石化、造船等制造业低碳化和资源循环利用，加快推动新能源汽车项目建设，积极打造广州核电产业链，大力发展新能源、新材料、生物医药、高端电子信息制造、软件与信息服务、物联网、三网融合、创意设计、海洋产业等战略性新兴产业，大力发展文化、教育、体育、医疗保健、休闲旅游等低碳产业，支持休闲农业、花卉产业、特色果品、有机蔬菜等绿色农业发展，打造都市型现代农业体系。

（二）能源高效利用工程。改革、创新和变革传统生产方式和工艺流程，提高生产过程中能源利用效率；在对化石能源进行清洁开发、高效使用、节约利用的同时，不断开辟可再生能源。加快淘汰钢铁、建材、造纸等行业的落后生产能力，鼓励常规火电厂进行供热改造，积极推进节能的余热（气、压）发电、热电联产及热电冷联供的电站建设。进一步完善节能减排管理机制和体系，加强考核力度，增强对节能工作的监督和指导。研究推行合同能源管理，努力创造良好的政策环境，促进节能服务产业加快发展。加快发展清洁能源，研究提出广州市太阳能光伏发电的发展思路，制定发展目标和实施计划，组织实施太阳能光伏发电工程，重点支持一批兆瓦级发电项目列入金太阳示范工程；大力实施绿色照明工程，加快推广节能路灯的改造，培育振兴广州市半导体照明节能产业；大力推进天然气的利用和推广，加快推进天然气高压管网的规划和建设，提高管网的覆盖率，构建全市统一的天然气高压管网，积极争取上游气源，提高天然气供应保障能力；积极开发生物能源，改善全市用能结构。

（三）低碳技术开发应用工程。鼓励企业开发低碳技术和低碳产品，重点研究新一代生物燃料技术、二氧化碳捕集、运送、埋存和有效利用技术、智能电力系统开发和电力储存以及提高能效的相关技术等。加强排放监控技术和重点行业清洁生产工艺技术的开发与应用。加快发展新能源汽车、清洁汽车技术和汽车尾气控制技术的研发与产业化。积极开发工业固体废物高效利用技术。组织实施光伏发电、生物质能发电以及与建筑一体化的光伏屋顶、光伏幕墙等重大科技成果应用示范项目。依托高校、科研院所建立低碳实验室，引导其面向应用、面向企业，推动建立以企业为主体、产学研相结合的低碳技术创新与成果转化体系。密切跟踪低碳领域技术进步最新进展，积极推动技术引进消化吸收再创新或与国外的联合研发。

（四）碳汇产业发展工程。重点发展碳汇林业、生态公益林、珍贵乡土用材林、高效经济林、速生丰产林、花卉苗木及生态旅游业。加快林业产业集聚，打造林业科技产业园。开展林业碳汇研究，加快培育吸收二氧化碳能力强的树种和品种，探索构建二氧化碳吸收储存能力强的营造林模式和林分改造模式。加强森林固碳能力的计量与监测，为林分改造和碳汇林的营造提供技术支撑。建立森林资源及生态状况年报制度，完善森林生态状况动态监测。大力开展碳汇造林，探索建立区域性森林碳汇交易平台，鼓励大型企业、组织、团体出资营造碳汇林或自愿购买森林碳汇。积极开展“绿道”、城市公园、城市林带建设，继续实施“青山绿地”工程，林木绿化率达到45%以上。

（五）资源综合利用效率提升工程。贯彻落实《中华人民共和国循环经济促进法》，支持一批循环经济重点项目，进一步深化广州开发区等循环经济示范试点，争取创建成为国家循环经济试点城市。发展可再生资源产业，建立可再生资源回收网络体系，落实资源综合利用减免税政策，提高废渣、废水、废气综合利用率。完善资源有偿取得制度，建立反映市场供求关系、资源稀缺程度、环境损害成本的资源要素价格形成机制。严格资源开采准入制度，合理利用资源。

（六）绿色建筑推广工程。推广绿色建筑标准，加大对工程设计、施工、验收等环节的执行监察力度。强化节能设计，鼓励新建居住建筑采用新型结构体系、新型墙体材料和可再生能源。组织推广绿色建筑和实施节能建筑示范工程，扩大太阳能、水源热能等可再生能源利用。研究政策措施，加快对非节能居住建筑、大型公共建筑和党政机关办公楼的节能改造。

（七）低碳交通出行工程。大力发展公共交通系统，加快轨道交通建设，到2015年总里程达到475.6公里；优化调整公交线路，完善线网功能结构；积极推广清洁能源环保汽车，在公共交通领域开展以混合动力和纯电动汽车应用为重点的研究和试用；完善智能交通体系，重点建设新型公共交通动态路径、动态停车诱导系统，以及汽车租赁信息服务系统，在完善停车场和公共交通组合的基础上建设驻车换乘信息诱导系统；进一步推进利用媒体和手机、车载导航等信息终端，为公众提供实时、便捷、个性化的交通信息服务。积极发展电子商务、网上办公，减少出行。

（八）低碳园区示范工程。在城市新区开发、社区建设、旧区改造过程中，选择具有典型代表地区推广绿色建筑和实施节能建筑，树立一批展示城市绿色发展的示范项目。积极推进南沙核电装备产业园、广州市节能和新能源（白云）产业基地及空港经济花都高新科技产业基地建设，鼓励珠江新城、琶洲——员村地区、白云新城以及白云湖周边地区、白鹅潭地区、新中轴线南段地区、广州（黄埔）临港商务区、越秀北部核心产业功能提升区等重点区域，采用低排放、低污染的规划理念与标准，从土地利用、建筑、交通、能源、市政、绿化景观等多角度，集成低碳新技术，打造若干低碳示范园区。进一步谋划中新广州知识城、南沙低碳城、广州民营科技园绿色低碳新城、广州国际生物岛、广州科学城等，努力构建低碳经济发展和绿色优质生活圈的示范区。积极争取申报国家、省级低碳经济试点地区。结合“一带六区”的产业布局推进产业园区建设，以现有的开发区、产业带、工业园区为平台，促进产业集中布局、土地集约利用、能源节约使用、污染集中处理。

（九）碳市场培育工程。建立国内有影响的碳交易市场，率先形成较完善的碳市场服务体系。积极探索节能量和节水量指标交易，试点开展以二氧化硫和水污染物为主的排污权交易，研究碳减排交易机制；探索发展碳金融，支持开展碳交易业务；积极推进林权交易，开展补偿机制试点研究。研究设立碳中和基金，通过募集资金的运作，增加广州及周边地区森林碳汇，构建绿色生态屏障。支持在绿色产业领域的创业活动，培育、扶持一批实力雄厚、具有核心技术的节能减排市场服务机构，为工业、建筑、交通等领域的节能节水改造提供第三方审计、诊断、设计、改造、运行、管理等服务。

（十）低碳型消费模式创建工程。进一步加强公共机构节能管理，加强政府对企业和公众的引导，鼓励消费领域节能和减少二氧化碳排放。鼓励和倡导低碳生活方式，引导消费者判断和选择低碳产品，倡导节约用电、用水、用材，增强垃圾自觉分类和循环利用意识，减少一次性用品的使用；引导和鼓励企业开展节能灯、太阳能热水器、节能空调、冰箱、洗衣机、平板电视、燃气热水器、电机等低碳产品的生产和销售；积极推进企业开展低碳产品认证工作；限制过度包装，推动社会低碳生产和低碳消费的进程。制定低碳产品补贴政策，加大政府采购力度。贯彻实施《关于印发广州市鼓励淘汰黄标车暨汽车以旧换新实施办法的通知》（穗经贸[2009]20 号），引导高排放车辆淘汰更新。

四、保障措施

（一）加强组织协调。成立以市长为组长、分管副市长任副组长，市委宣传部、市发展改革委、经贸委、教育局、科技和信息化局、财政局、国土房管局、环保局、建委、交委、农业局、外经贸局、规划局、统计局、物价局、林业和园林局、旅游局及市府研究室、市金融办等部门为成员单位的低碳经济发展领导小组，领导小组办公室设在市发展改革委，负责协调制定低碳经济的发展战略、方针和政策，解决低碳经济发展中的重大问题，组织和推动低碳经济发展以及低碳经济示范试点工作。建立政府推动、企业和公众广泛参与发展低碳经济的体制和机制，加大低碳经济相关领域各类监察执法的统筹协调力度，逐步将低碳经济的相关指标纳入政府绩效考核体系。

（二）制定专项规划。开展城乡规划的碳排放影响评价研究，开展低碳城乡规划相关研究，探索广州低碳城市的控制性详细规划指标体系和建设指引。将低碳经济发展纳入“十二五”规划和相关专项规划，每年度制订工作计划，明确提出本市控制温室气体排放的行动目标、重点任务和具体措施，降低碳排放强度，探索低碳绿色发展模式。

（三）落实政策措施。认真贯彻落实国家关于节能、循环经济、新能源等方面的政策措施，通过政府、行业指导，推动低碳经济发展。跟踪了解全市及主要耗能行业的碳足迹，开展低碳经济指标体系研究，建立、健全和完善一系列低碳经济统计、评估和考核体系。利用价格机制，调整低碳产品之间的比价关系，促进能源、资源的合理开发、高效利用和有效保护。实行控制温室气体排放目标责任制，探索有效的政府引导和经济激励政策。

（四）建立投入机制。鼓励各种性质的企业、高等院校、科研单位以及其他社会组织开展旨在促进低碳经济发展的技术研发和实施产业化示范应用项目。在已设立的财政专项资金和现有切块资金中对符合条件的项目给予适当补助、贷款贴息支持；将科技风险投资引入低碳经济领域，引导企业和社会加大对低碳技术研发和成果转化的投入，积极争取利用外国资本在我市投资低碳经济行业，促进境外企业与我市企业开展低碳领域的资本与技术合作交流。

（五）加强宣传教育。充分发挥新闻媒体的舆论监督和导向作用，大力开展低碳经济发展与应对气候变化的宣传活动，宣传国家、省、市发展低碳经济的各项方针政策，提高全社会对发展低碳经济的认识。举办高层次的"低碳经济"发展论坛和领导干部讲座，在基础教育、职业教育、成人教育和高等教育中纳入低碳经济普及与教育内容，通过形式多样的教育、培训和实践活动，把低碳生活方式和消费方式转变成全体公民的自觉行为，形成发展低碳经济的良好社会氛围。

2010年9月13日

教师反馈卡

尊敬的老师：您好！

谢谢您购买本书。为了进一步加强我们与老师之间的联系与沟通，请您协助填妥下表，以便定期向您寄送最新的出版信息，您还有机会获得我们免费寄送的样书及相关的教辅材料；同时我们还会为您的教学工作以及论著或译著的出版提供尽可能的帮助。欢迎您对我们的产品和服务提出宝贵意见，非常感谢您的大力支持与帮助。

姓名：__________年龄：________职务：____________职称：____________

系别：__________学院：________学校：________________________

通信地址：____________________________邮编：____________

电话（办）：____________（家）______________E-mail ____________

学历：________________毕业学校：__________________________

国外进修或讲学经历：________________________________

	教授课程	学生水平	学生人数/年	开课时间
1.				
2.				
3.				

您的研究领域：________________________________

您现在授课使用的教材名称：____________________________

您使用的教材的出版社：____________________________

您是否已经采用本书作为教材：□是；□没有。

采用人数：____________

您使用的教材的购买渠道：□教材科；□出版社；□书店；□其他。

您需要以下教辅：□教师手册；□学生手册；□PPT；□习题集；□其他____________________

（我们将为选择本教材的老师提供现有教辅产品）

您对本书的意见：________________________________

您是否有翻译意向：□有；□没有

您的翻译方向：________________________________

您是否计划或正在编著专著：□是：□没有。

您编著的专著的方向：____________________________

您还希望获得的服务：____________________________

填妥后请选择以下任何一种方式将此表返回（如方便请赐名片）：

地址：北京市崇文区广渠门内大街 16 号　中国环境科学出版社教材图书出版中心

邮编：100062　　电话（传真）：（010）67113412

E-mail：shenjian1960@126.com　　网址：http://www.cesp.cn